Mark Zahel

Kleinwalsertal

Mit Oberstdorf und Umgebung

42 ausgewählte Touren

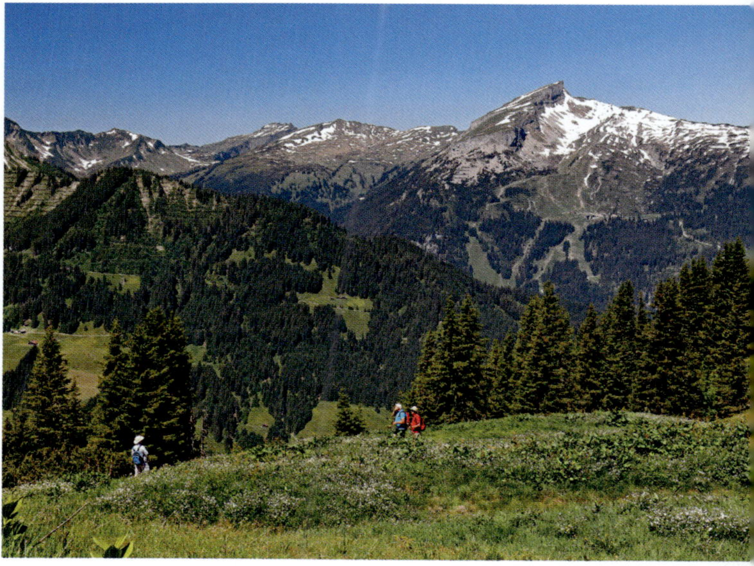

ROTHER
BERGVERLAG

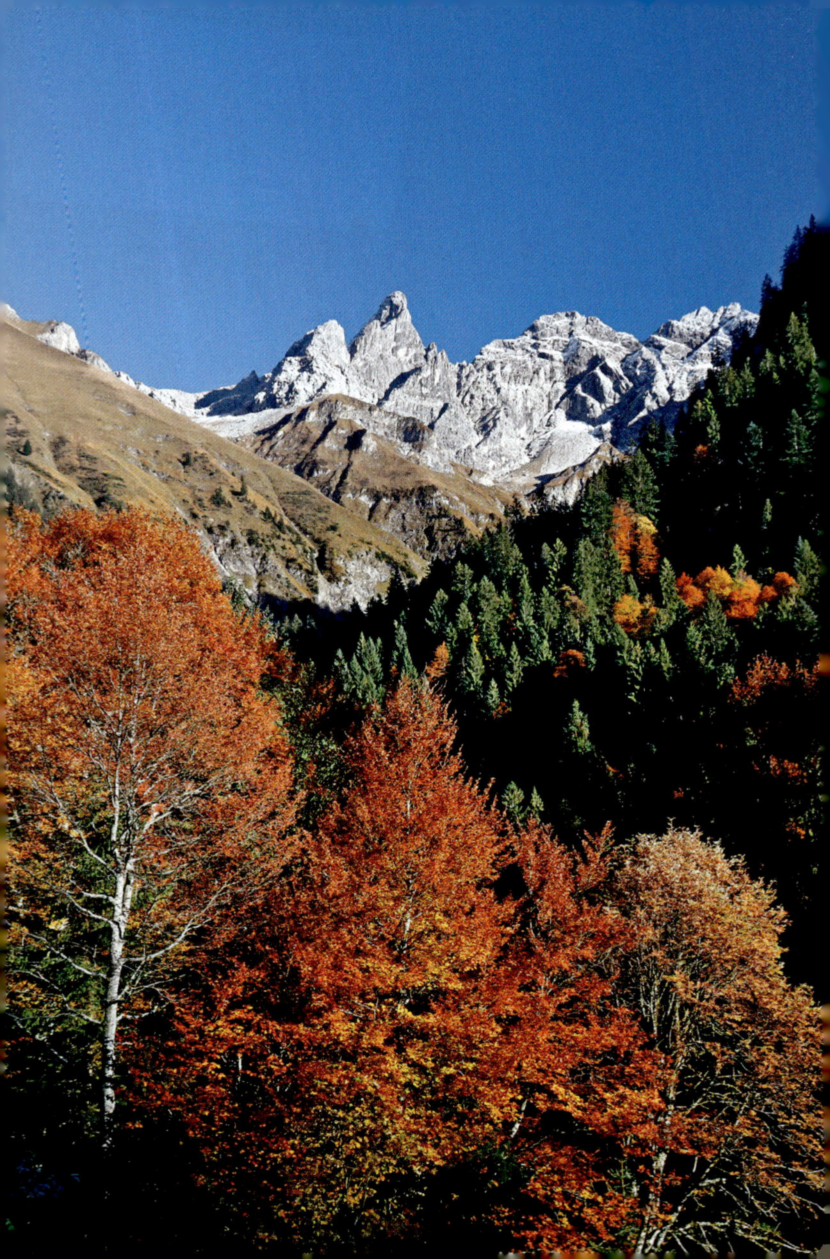

VORWORT

Das Kleinwalsertal grenzt unmittelbar an das Oberallgäu, gehört selbst aber zu Vorarlberg und stellt trotz seiner Kleinräumigkeit eine der bedeutendsten Tourismusdestinationen ganz Österreichs dar. Eine malerische Berglandschaft, die den Besucher gleichsam mit offenen Armen empfängt, neben anheimelnden aber durchaus auch wilde Facetten offenbart, kennzeichnet das im 13. Jahrhundert von Walsern besiedelte Tal der Breitach. Die vier Dörfer Riezlern, Hirschegg, Mittelberg und Baad sind auf drei Seiten durch hohe Kämme abgeschirmt und infrastrukturell gänzlich zum deutschen Allgäu hin orientiert. Dies mag auch die starke touristische Verbandelung mit Oberstdorf erklären. Im vorliegenden Band wird diesem Umstand Rechnung getragen und damit quasi das Herz der Allgäuer Alpen im Zusammenhang behandelt. Neben einer sehr dichten Tourenauswahl im eigentlichen Kleinwalsertal findet der Interessierte also auch die besten Unternehmungen rund um Oberstdorf.
Sei es ein Gang durch die spektakuläre Breitachklamm oder die Weltentrücktheit des Gottesackerplateaus am Hohen Ifen, sei es ein klassischer Panoramaweg am Fellhorn oder eine Insidertour am Bärenkopf – der Tisch ist für genussorientierte ebenso wie für ambitioniertere Wanderer reich gedeckt. Was natürlich auch in kulinarischer Hinsicht gilt, denn die zahlreichen Berg- und Alphütten laden bei fast jeder Tour zur Einkehr ein. Ein gutes halbes Dutzend Seilbahnen werden gern angenommen, um die Zustiege in die höheren Stockwerke zu erleichtern. Besonders hervorzuheben sind eine fünftägige Hüttentour rund um das Kleinwalsertal sowie eine viertägige rund um Oberstdorf, die etappenweise beschrieben sind und einige der spannendsten Höhenwege überhaupt beinhalten – unter anderem auch den legendären Heilbronner Weg. Abwechslung wird also reichlich geboten, von der beschaulichen Talwanderung bis zur zünftigen Bergtour!
Mit der 4. Auflage habe ich die Autorenschaft übernommen und das Werk in Text und Bild vollkommen neu aufgestellt. Auch der Ablauf etlicher Tourenvorschläge wurde überarbeitet und speziell für Oberstdorf und Umgebung erschien es mir sinnvoll, größere Lücken zu füllen, sodass die Auswahl ein durchgängiges Konzept ohne Anhängsel erfüllt. Treffliche Charakterisierungen und zuverlässige Routenbeschreibungen, detaillierte Kartenausschnitte und Höhenprofile sowie GPS-Daten für sämtliche Touren machen den Wanderführer auch in der aktualisierten 6. Auflage zur nützlichen Planungshilfe und zu einem treuen Begleiter unterwegs.
Bleibt mir, Ihnen viel Spaß und Inspiration bei der Lektüre sowie tolle Erlebnisse in der Bergwelt des Kleinwalsertals und Oberstdorfs zu wünschen.

Mark Zahel, im Sommer 2024

Hinter Einödsbach ragen Trettachspitze und Mädelegabel in den Himmel.

INHALTSVERZEICHNIS

Touren von Hütte zu Hütte

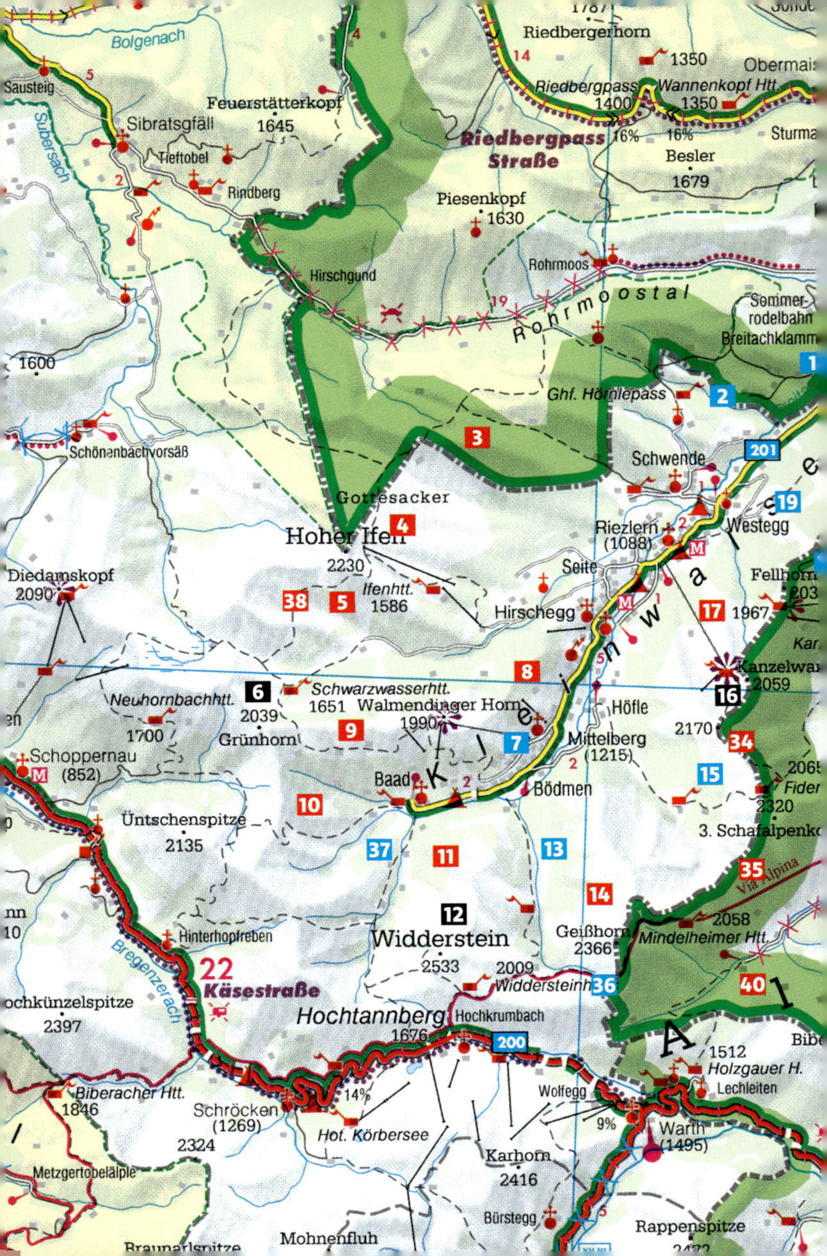

Bolgenach
Sausteig
Sibratsgfäll
Feuerstätterkopf
1645
Subersach
Tieftobel
Rindberg
Riedbergerhorn
1350
Obermaiselstein
Riedbergpass
1400
Wannenkopf Htt.
1350
16%
16%
Sturmannshöhle
Riedbergpass Straße
Besler
1679
Piesenkopf
1630
Hirschgund
Rohrmoos
Rohrmoostal
Sommer-rodelbahn
Breitachklamm
1600
Ghf. Hörnlepass
Schönenbachvorsäß
Schwende
201
Gottesacker
Hoher Ifen
2230
Riezlern
(1088)
Westegg
Seite
Diedamskopf
2090
Ifenhtt.
1586
Hirschegg
Fellhorn
1967
Kanzelwand
2059
Kleinwalsertal
Neuhornbachhtt.
Schwarzwasserhtt.
1651
2039
Walmendinger Horn
1990
Höfle
Grünhorn
1700
Mittelberg
(1215)
2170
2065
Fiderepass
2320
Schoppernau
(852)
Baad
Bödmen
Üntschenspitze
2135
3. Schafalpenkopf
Via Alpina
Geißhorn
2366
2058
Mindelheimer Htt.
Hinterhopfreben
Widderstein
2533
2009
Widdersteinhütte
Bregenzerach
Käsestraße
ochkünzelspitze
2397
Hochtannberg
1676
Hochkrumbach
200
Alpen
1512
Holzgauer H.
Lechleiten
Biberacher Htt.
1846
Schröcken
(1269)
14%
Wolfegg
9%
Warth
(1495)
2324
Hot. Körbersee
Karhorn
2416
Metzgertobelälple
Bürstegg
Rappenspitze
Braunarlspitze
Mohnenfluh

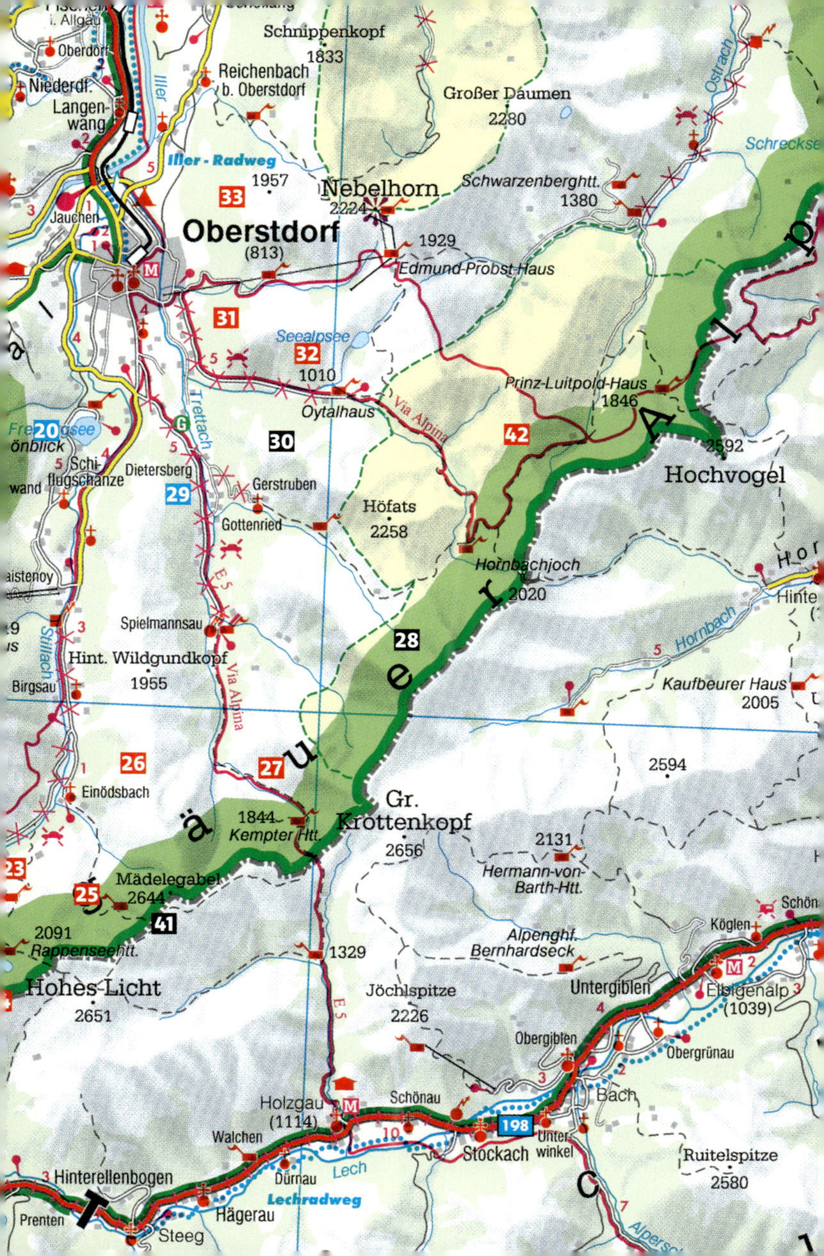

Schnippenkopf
1833
Großer Daumen
2280
Reichenbach b. Oberstdorf
Oberdorf
Niederdf.
Langenwang
Iller
Iller - Radweg
1957
Nebelhorn
2224
Schwarzenberghtt.
1380
Ostrach
Jauchen
Oberstdorf
(813)
1929
Edmund-Probst-Haus
Seealpsee
1010
Oytalhaus
Via Alpina
Prinz-Luitpold-Haus
1846
2592
Hochvogel
Freibergsee
Schiflugschanze
Dietersberg
Trettach
Gerstruben
Gottenried
Höfats
2258
Hornbachjoch
2020
Spielmannsau
Hint. Wildgundkopf
1955
Birgsau
Stillach
Hornbach
Kaufbeurer Haus
2005
2594
Einödsbach
1844
Kempter Htt.
Gr. Krottenkopf
2656
2131
Hermann-von-Barth-Htt.
Mädelegabel
2644
2091
Rappenseehtt.
Alpenghf. Bernhardseck
Köglen
Elbigenalp
(1039)
1329
Hohes Licht
2651
Jöchlspitze
2226
Untergiblen
Obergiblen
Obergrünau
Bach
Holzgau
(1114)
Schönau
Walchen
Stockach
Unterwinkel
Ruitelspitze
2580
Hinterellenbogen
Dürnau
Lech
Lechradweg
Hägerau
Prenten
Steeg
Allgäuer Alpen

TOP-TOUREN

Durch die Breitachklamm
Wenig anstrengende Talwanderung mit einem absoluten Natur-Highlight. Die dramatische Klammstrecke ist aufwendig erschlossen (Tour 1, 3.15 Std.).

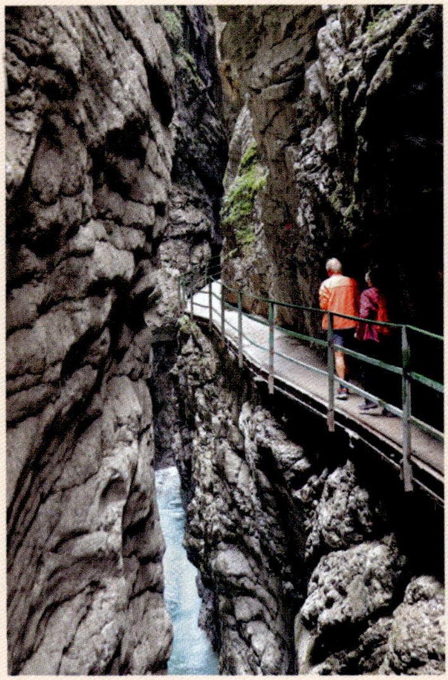

Hoher Ifen
Überschreitung eines Kleinwalsertaler Paradeberges, der mit vielseitiger Umgebung und packenden Ausblicken glänzt (Tour 5, 5.15 Std.).

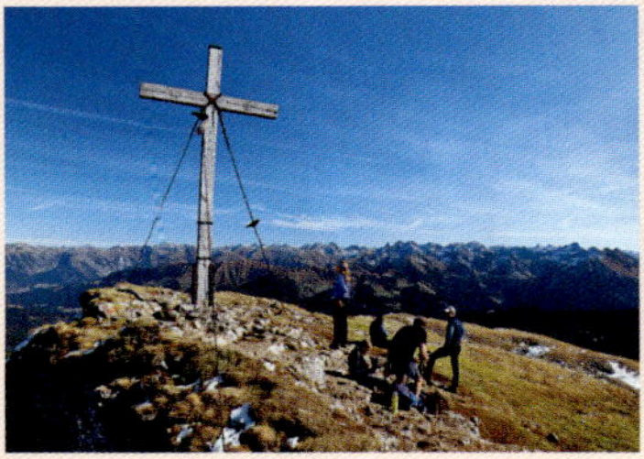

Güntlespitze und Hochstarzel
Typische Tour in den üppig grünen Flyschbergen, im Kernstück sehr aussichtsreich auf freien Gratkämmen verlaufend (Tour 10, 5.20 Std.).

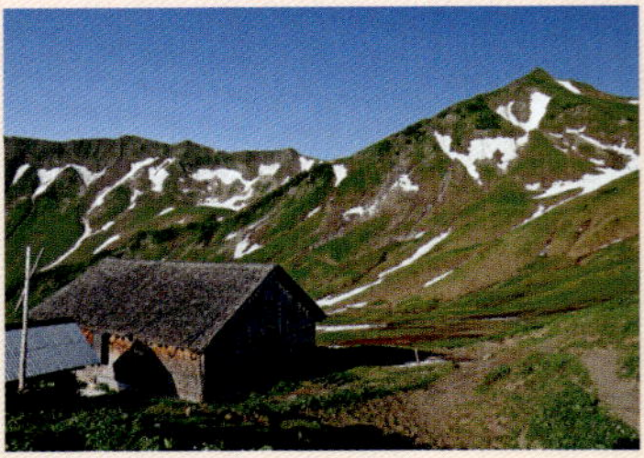

Widderstein-Runde
Der höchste Gipfel in der Kleinwalsertaler Bergumrahmung verspricht eine zünftige Besteigung, für weniger Geübte auch eine abwechslungsreiche Rundtour durch zwei urtümliche Hochtäler (Tour 12, 8.15 bzw. 5.30 Std.).

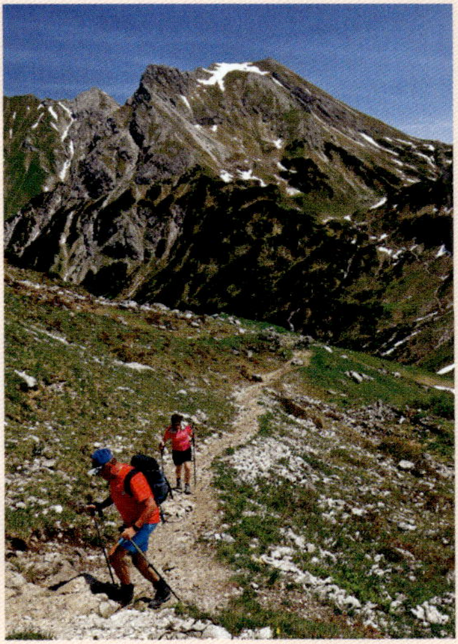

Fiderepasshütte
Herrlich am Grenzkamm gelegenes Hüttenziel, über mehrere Alpgebiete im Bereich des Wildentals als genussvolle Schleife ausgestaltet (Tour 15, 4.45 Std.).

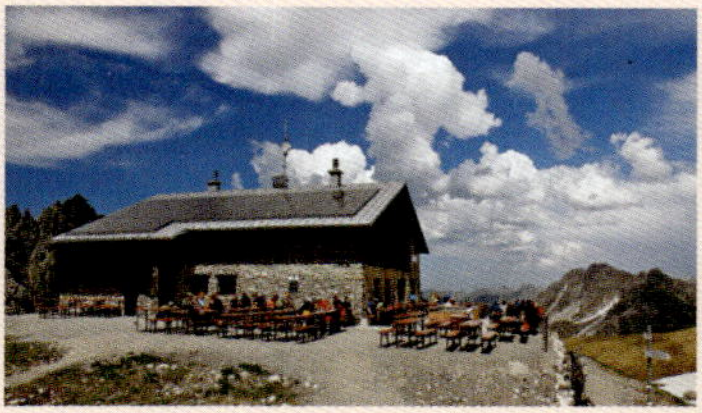

Über den Fellhornkamm
Einer der beliebtesten Panoramawege im Allgäu, bequem von Seilbahn zu Seilbahn und in beiden Richtungen lohnend (Tour 18, 3.30 Std.).

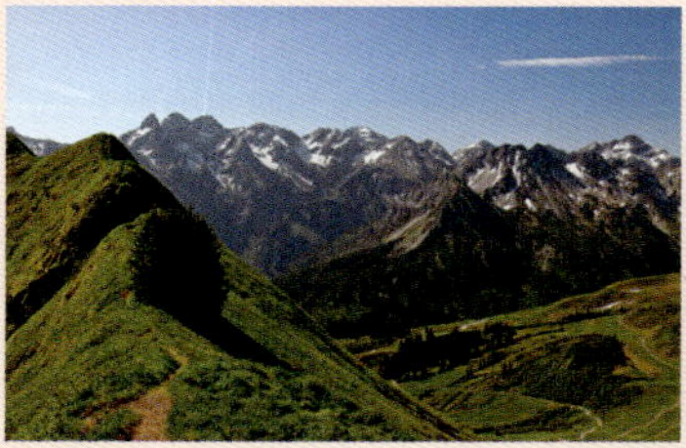

Mindelheimer Hütte über Guggersee
Ausschweifender Hüttenzugang über dem versteckten Rappenalpental, ebenfalls als veritable Panoramaroute zu bezeichnen (Tour 22, 8.45 Std.).

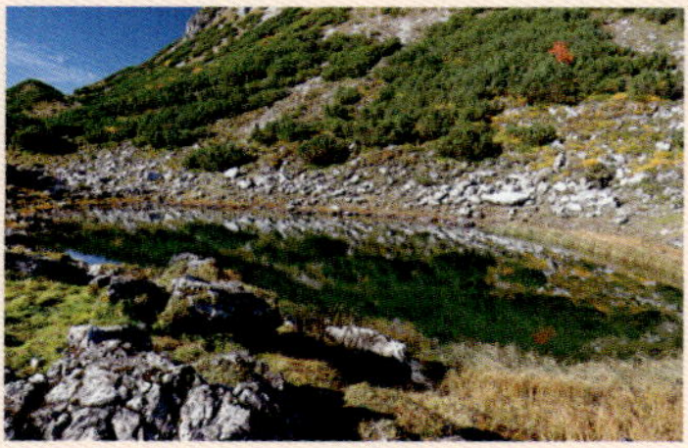

Riefenkopf und Hahnenköpfle
Relativ wenig begangene Überschreitung zwischen Trettach- und Oytal mit zwei kleineren, aber überraschend aussichtsreichen Gipfeln (Tour 30, 6.30 Std.).

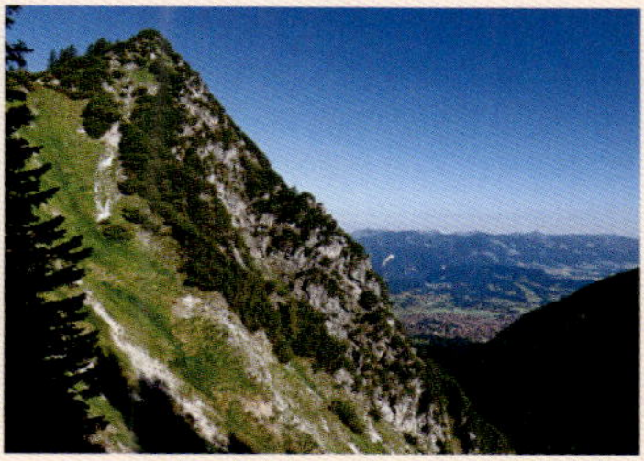

Rubihorn
Fantastischer Aussichtsberg über dem Illertal, unmittelbar nordöstlich von Oberstdorf. Die Rundtour besitzt mit dem Gaisalpsee einen zusätzlichen Traumfleck (Tour 33, 7.15 Std.).

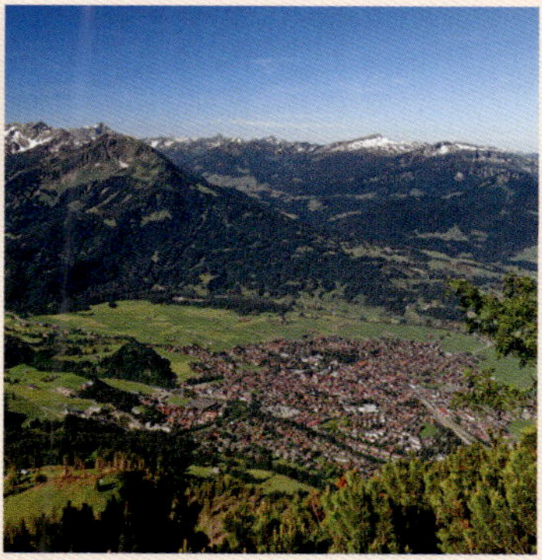

Heilbronner Weg
Hochalpine Verbindung zwischen Rappensee- und Kemptner Hütte am Allgäuer Hauptkamm, Kernstück der Oberstdorfer Hüttenrunde und einer der populärsten Höhensteige alpenweit (Tour 41, 5.30 Std.).

WICHTIGE HINWEISE FÜR UNTERWEGS

Schwierigkeitseinstufung

Die in diesem Band vorgestellten Touren richten sich hauptsächlich an Bergwanderer und verlaufen zumeist auf markierten, mehr oder weniger gut ausgebauten Wegen und Steigen. Dennoch gibt es aufgrund der Steilheit und Beschaffenheit des Geländes, der Höhenlage und der Länge eine erhebliche Spannbreite in den Anforderungen. Die Farbe der Tourennummer in der Titelzeile vermittelt einen groben Hinweis auf das Schwierigkeitsniveau. Es werden drei Kategorien unterschieden:

SCHWIERIGKEITSKATEGORIEN

■ = Leicht

Bergwanderung auf gut ausgebauten und markierten Wegen von meist nur mäßiger Steilheit. Passagen in abschüssigem Gelände sind selten. Ein Grundmaß an Trittsicherheit kann vorteilhaft sein, sonst stellen sich aber keine besonderen Anforderungen. Auch konditionell nicht überdurchschnittlich fordernd.

■ = Mittel

Wege und Bergpfade, die solide Trittsicherheit erfordern, in ausgesetztem Gelände auch Schwindelfreiheit. Sie sind in der Regel ebenfalls ausreichend markiert, besitzen aber nicht selten schmalen Verlauf und können gesicherte Stellen aufweisen. Im alpinen Gelände nimmt die Abhängigkeit von den herrschenden Verhältnissen zu. Ist bei technisch leichteren Routen allein der konditionelle Anspruch hoch, wird ebenfalls in diese Kategorie eingestuft.

■ = Schwierig

Anspruchsvollere Routen in oft hochalpinem, beschwerlichem Gelände. Eventuell kann eine erkennbare Trasse am Boden fehlen, außerdem ist mit einfachen Kletterstellen zu rechnen. Absolute Trittsicherheit und Schwindelfreiheit sind ebenso unerlässlich wie eine umfassendere alpine Erfahrung. Die Abhängigkeit von Wetter und Verhältnissen ist umso mehr zu beachten.

Für Jung und Alt: Mancher Wanderweg gleicht einer Promenade.

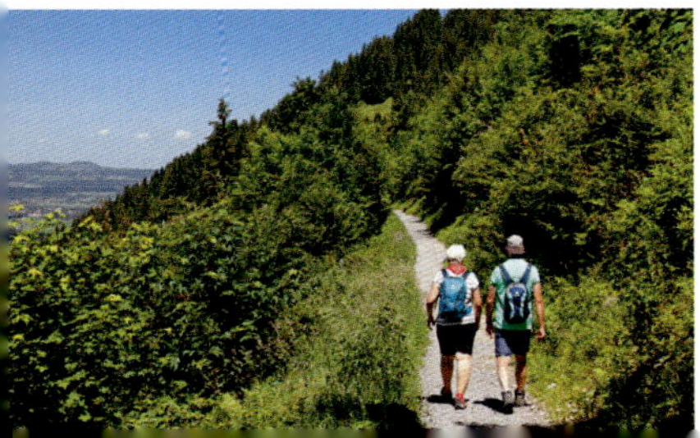

Im Zuge einer differenzierten Bewertungspraxis soll in diesem Führer zusätzlich auf die ursprünglich vom Schweizer Alpenclub entworfene »T-Skala« zurückgegriffen werden. Bis T2 gilt üblicherweise die Einstufung »blau«, spätestens ab T4 »schwarz«. Nachfolgend die maßgeblichen Definitionen in angepasster Form:

DIE SCHWIERIGKEITSSKALA NACH MUSTER DES SAC		
Grad	**Weg, Gelände**	**Anforderungen**
T1 Wandern	Weg gut gebahnt, Gelände flach oder leicht geneigt, keine Absturzgefahr.	Keine Anforderungen, auch mit Turnschuhen geeignet, Orientierung problemlos.
T2 Bergwandern	Weg mit durchgehender Trasse, Gelände teilweise steil, Absturzgefahr nicht ausgeschlossen.	Etwas Trittsicherheit, Trekkingschuhe empfehlenswert, elementares Orientierungsvermögen.
T3 Anspruchsvolles Bergwandern	Weg nicht unbedingt durchgehend, ausgesetzte Stellen evtl. gesichert, ggf. etwas Händeunterstützung, Geröllflächen, einfache Schrofen.	Trittsicherheit, Trekkingschuhe, elementare alpine Erfahrung, durchschnittliches Orientierungsvermögen.
T4 Alpinwandern	Weg nicht zwingend vorhanden, stellenweise leichte Kletterei, Gelände recht exponiert, heikle Grashalden, Schrofen, Firnfelder.	Ausgeprägte Trittsicherheit, Vertrautheit mit exponiertem Gelände, solide alpine Erfahrung, gutes Orientierungsvermögen.
T5 Anspruchsvolles Alpinwandern	Teils weglos mit Kletterpassagen im I. Grad, evtl. nicht markiert. Häufig exponiertes bzw. heikles Gelände.	Gute alpine Erfahrung und sicheres Beurteilungsvermögen auch im hochalpinen Gelände.
T6 Schwieriges Alpinwandern	Meist weglos und in der Regel nicht markiert. Kletterpassagen bis II bei diffizilen Rahmenbedingungen.	Umfassende alpine Erfahrung inkl. grundlegender Kletterkenntnisse.

Unter dem wichtigen Punkt »Anforderungen« im Tourensteckbrief wird die Einstufung in die Schwierigkeitsskala verbal präzisiert, etwa über die Beschaffenheit der Wege bzw. des Geländes, über besonders relevante Schwierigkeiten sowie an die Begeher gestellte Voraussetzungen. Dabei gilt grundsätzlich die Annahme günstiger Verhältnisse. Dass beispielsweise Schlechtwetter die Anforderungen spürbar erhöhen kann, muss zusätzlich einkalkuliert werden.

Gehzeiten

Maßgeblich ist immer die reine Gehzeit ohne Pausen, wobei in der Praxis abhängig von diversen Faktoren, besonders natürlich der Leistungsfähigkeit jedes einzelnen, eine breite Streuung auftreten kann. Die Angaben orientieren sich an berggewohnten, ausdauernden Wanderern ohne erhöhten sportlichen Anspruch, die im Aufstieg normalerweise 300 bis maximal 400 Höhenmeter pro Stunde zurücklegen, im Abstieg etwa das 1,5-fache.

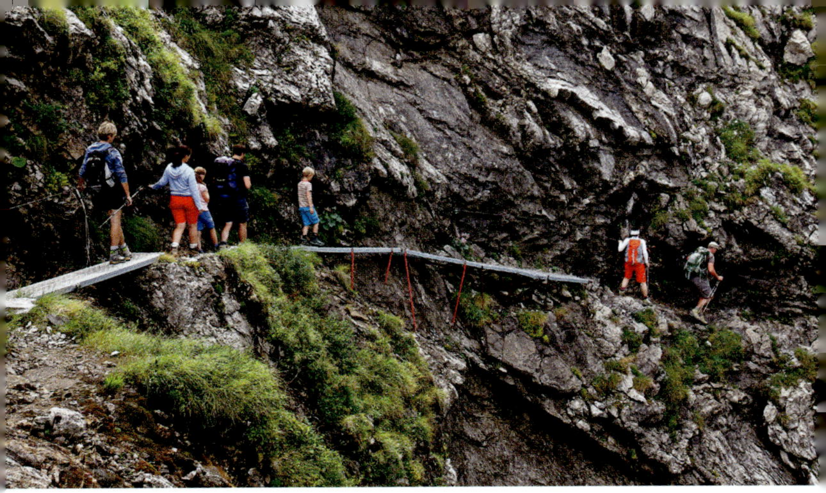

Ausgesetzte Passagen sind häufig gesichert, wie hier im Bacherloch.

Bei flachem, hindernisarmem Gelände – das im Hochgebirge freilich selten in Reinkultur zu finden ist – kalkuliert man etwa vier Streckenkilometer pro Stunde, was auf typischen Höhenwegen normalerweise aber schon deutlich zu reduzieren ist, selbst wenn der Steig phasenweise quasi horizontal verlaufen mag. Die Gesamtgehzeit, die mitunter von Wegweisern oder anderswo veröffentlichten Angaben abweichen kann, steht als wichtige Größe sofort erkennbar in der Titelzeile.

Höhenunterschiede

Damit sind die insgesamt zu bewältigenden Höhenmeter gemeint. Die Angaben berücksichtigen ein zwischenzeitliches Auf und Ab so genau wie möglich und sinnvoll.

SYMBOLE

Symbole im Tourenkopf

- Mit Bahn / Bus erreichbar
- Einkehrmöglichkeit unterwegs
- für Kinder geeignet

Symbole im Höhenprofil

- Ort mit Einkehrmöglichkeit
- Einkehrmöglichkeit
- P Parkplatz
- Bushaltestelle
- † Gipfel
- Kirche, Kapelle
- Aussichtsplatz
- Auf- / Abfahrt mit Seilbahn
-)(Joch, Passübergang
- Abzweigung
- Höhle

Routenbeschreibungen

Der Autor ist um angemessene Ausführlichkeit bemüht, damit die Route an Zwischenpunkten oder auch an Wechseln der Geländebeschaffenheit gut nachzuvollziehen ist. Jedes denkbare Detail zu erwähnen, würde den Rahmen aber sprengen und auch im Sinne der Übersichtlichkeit eher kontraproduktiv sein. Gleichwohl kann man sagen, dass die Beschreibungen wesentlich akribischer ausfallen als in Broschüren der Tourismuswerbung – ein essenzieller Mehrwert für den Nutzer!

Kartenausschnitte und Profile

Weitere visuelle Planungshilfen sind der Kartenausschnitt sowie das Höhenprofil, das die wesentlichen Steigungsverläufe wiedergibt und den Überblick über die Gehzeiten (einschließlich Zwischenwerte) enthält. Zudem sind jeweils wichtige Wegpunkte, die auch in der Routenbeschreibung kenntlich gemacht werden und mit dem GPS-Track korrespondieren, verortet.

Einkehrmöglichkeiten

Stehen auf einer Tour Hütten bzw. Jausenstationen zur Verfügung, kann der eigene Proviant knapper bemessen werden – für viele, insbesondere genussorientierte Wanderer ein wichtiges Kriterium schon bei der Auswahl. Natürlich sind dabei die Öffnungszeiten ins Kalkül zu ziehen, die je nach Jahr und Witterung ein wenig variieren können. Die hoch gelegenen Alpen-

Der Gaisalpsee lädt zum Verweilen und Träumen ein.

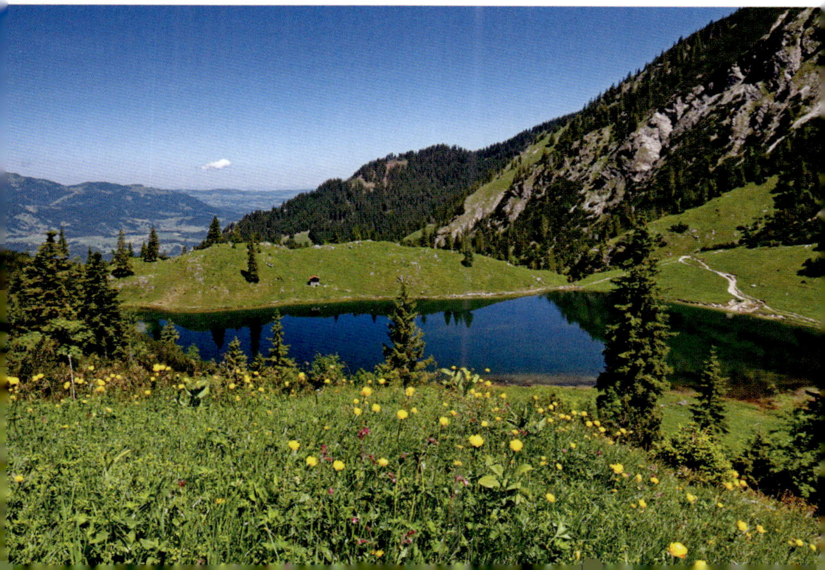

GPS-TRACKS UND KOORDINATEN DER AUSGANGSPUNKTE

Auf **gps.rother.de** stehen zu diesem Wanderführer GPS-Tracks und die Koordinaten der Ausgangspunkte zum kostenlosen Download bereit. Dieser QR-Code führt direkt zum Download.
6. Auflage, Passwort: **455906zre**
Die GPS-Tracks können in die **Rother App** importiert werden. In der App kann man unterwegs stets sehen, wo man gerade ist und wo es langgeht. **Anleitungen dazu: rother.de/gps**
Trotz sorgfältiger Prüfung können wir Fehler und zwischenzeitliche Veränderungen nicht ausschließen. Verlassen Sie sich für die Orientierung niemals einzig und allein auf die GPS-Daten, sondern beurteilen Sie die Verhältnisse vor Ort.

vereinshütten sperren je nach Schneesituation meist gegen Anfang oder Mitte Juni auf und schließen Anfang oder Mitte Oktober, auch wenn die äußeren Bedingungen eigentlich noch gut sein sollten. Bei den Alphütten ist die Handhabung hingegen sehr individuell. Steht die traditionelle Bewirtschaftung nach wie vor im Mittelpunkt, so endet die Saison oft schon nach dem Viehscheid im September. Trägt der angeschlossene Gastbetrieb eine sehr wesentliche Bedeutung, kann man auch im späteren Herbst eventuell noch einkehren. Zu bedenken sind ferner die Ruhetage, die für diesen Füh-

Am Freibergsee kann man sich herrlich erfrischen.

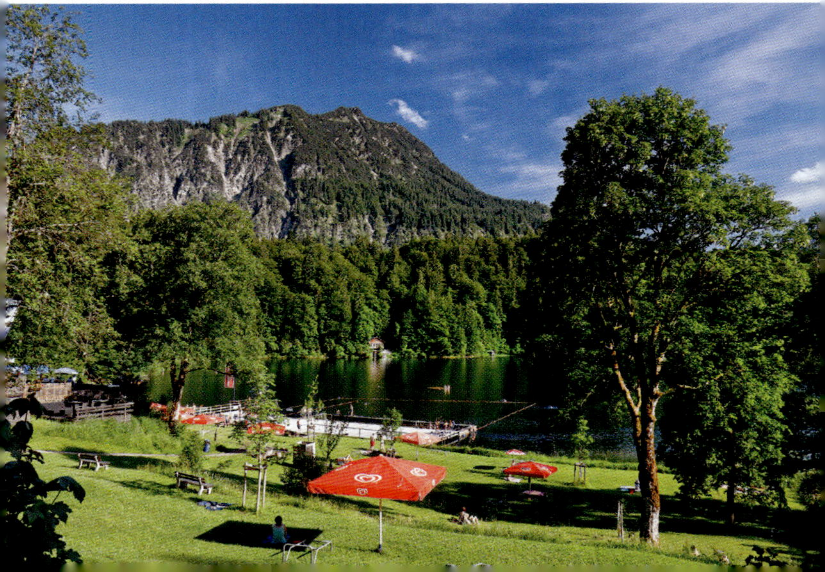

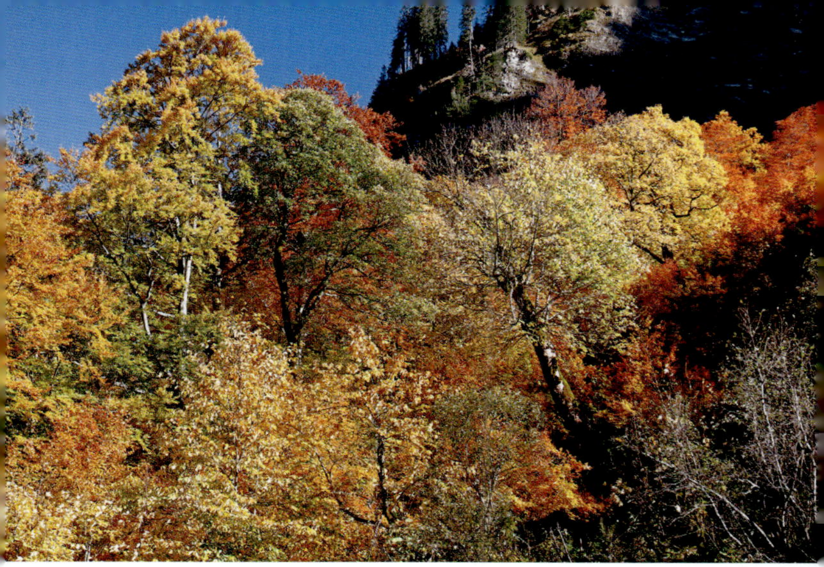

Farbenprächtiger Bergwald im Oktober.

rer bestmöglich recherchiert wurden. Im Zweifel erkundige man sich vor Ort telefonisch oder beim Tourismusbüro.

Beste Jahreszeit

Diese Angabe beruht auf Erfahrungswerten und ist als Tendenz zu verstehen. Natürlich geben immer die aktuellen Bedingungen den Ausschlag für die Durchführbarkeit einer Tour.

Mit Kindern unterwegs

Lange Forststraßenmärsche sind langweilig, gibt es auf abwechslungsreichen Wegen und Pfaden allerdings immer wieder etwas zu entdecken und zu spielen, können Kinder viel Spaß am Bergwandern entwickeln. Mit dem entsprechenden Symbol in der Titelzeile wird angezeigt, ob eine Tour prinzipiell als familientauglich eingestuft werden kann. Das ist nicht unbedingt gleichbedeutend mit einem geringen Schwierigkeitsgrad. Freilich müssen diese Kriterien letztlich ganz individuell gesehen und von den Eltern im Hinblick auf Alter und Belastbarkeit ihres Nachwuchses verantwortungsvoll selbst eingeschätzt werden. Einerseits zeigt die Erfahrung, dass Kinder – falls ihr Interesse geweckt ist – durchaus häufig bereits eine gewisse körperliche Leistungsfähigkeit mitbringen. Andererseits wird von einer konkreten Altersempfehlung bewusst abgesehen. Denn eine Achtjährige mit reichlich Bewegungstalent tut sich womöglich leichter als ein Elfjähriger,

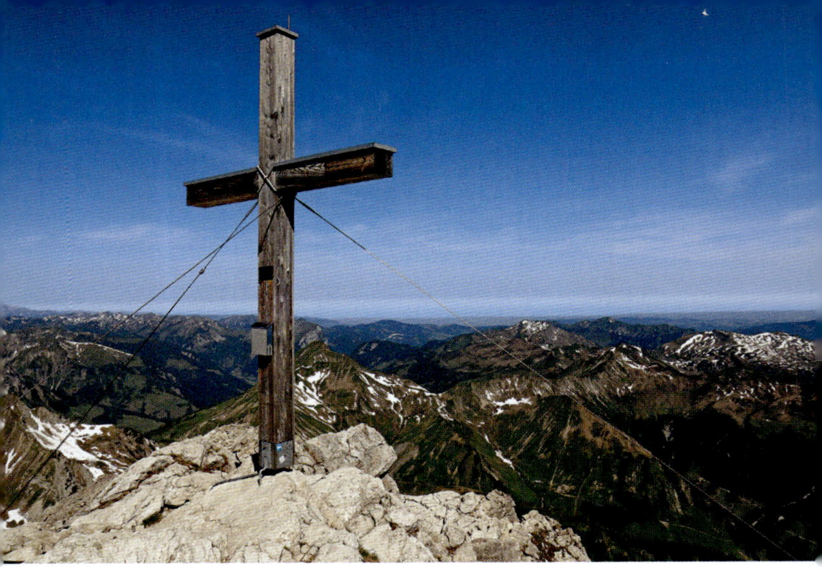

Das Gipfelkreuz am Widderstein erreichen wohl nur echte Bergfexe.

der Sport hauptsächlich nur aus dem Fernsehen kennt ... Nicht anders als bei Erwachsenen spielt natürlich auch Übung eine erhebliche Rolle. Daher ist es sinnvoll, Kinder behutsam an das Bergwandern heranzuführen, ihre Trittsicherheit und Ausdauer maßvoll zu erproben und sie gegebenenfalls auch schon an der Tourenauswahl teilhaben zu lassen.

Ausrüstung

Wichtigster Ausrüstungsgegenstand ist das Schuhwerk, das möglichst robust sein soll, ohne dabei den Tragekomfort zu vernachlässigen. Bei Bergwanderern haben deshalb sogenannte Trekkingschuhe weite Verbreitung gefunden. Bei hochalpinen Touren sollte man Schuhe mit festerem Schaft bevorzugen. Von den Herstellern wird heutzutage eine schier unüberschaubare Auswahl an outdoortauglicher Kleidung angeboten. Prinzipiell gilt Analoges zu den Schuhen, nämlich in Abstimmung auf den Charakter der Tour sowie der Witterung ein zweckmäßiges und gleichzeitig bequemes Material. Die Mitnahme von Regen- und Kälteschutz ist im Hochgebirge Standard, auch wenn ein sonniger, warmer Tag avisiert wird. Freilich hat man dann auch gern einmal die kurze Hose zur Hand, will man nicht über Gebühr schwitzen.
Das Vorhandensein von bewirtschafteten Hütten oder Jausenstationen gibt den Ausschlag über die Bemessung des Proviants. Etwas für zwischendurch sollte zumindest bei tagfüllenden Wanderungen nie fehlen, vor al-

lem sollte immer an ausreichend Flüssigkeit gedacht werden. Sonnenbrille und Sonnenschutzcreme, ein Taschenmesser und eine kleine Notfallapotheke gehören zum wichtigen »Kleinkram«, ebenso wie die Wanderkarte und natürlich dieser Führer. Ein GPS-Gerät kann optional nützlich sein, ist aber sicher nicht essenziell für Wanderungen auf markierten Wegen. Bei der Verwendung von Teleskopstöcken scheiden sich die Geister. Vorteile gewähren sie durch eine Entlastung der Gelenke (vor allem im Abstieg) sowie zur Unterstützung der Balance. In manchem Gelände sind sie allerdings hinderlich und können schlimmstenfalls sogar selbst zur Stolperfalle werden. Man sollte Stöcke deshalb nicht zwanghaft, sondern der Situation angepasst einsetzen.

Wanderkarten

Die Kartenausschnitte in diesem Führer stammen aus der Wanderkarte von Freytag & Berndt. Verwendung finden hier die Blätter 364 »Bregenzerwald« und 351 »Lechtaler-Allgäuer Alpen« im Maßstab 1:50.000. Besonders empfehlenswert sind darüber hinaus die Alpenvereinskarten im detaillierteren Maßstab 1:25.000. Relevant sind für uns die Blätter BY2 »Kleinwalsertal – Hoher Ifen, Widderstein« und BY4 »Allgäuer Hochalpen – Hochvogel, Krottenkopf«, in alternativer Darstellung gegebenenfalls auch noch 2/1 »Allgäuer-Lechtaler Alpen West«. Davon abgesehen bieten weitere Verlage eigene Kartenwerke über die Region Allgäu an (diese begutachte man am besten in Geschäften vor Ort, um ihre Tauglichkeit abzuschätzen).

In den Tobeln begeistert uns immer wieder stürzendes Wasser.

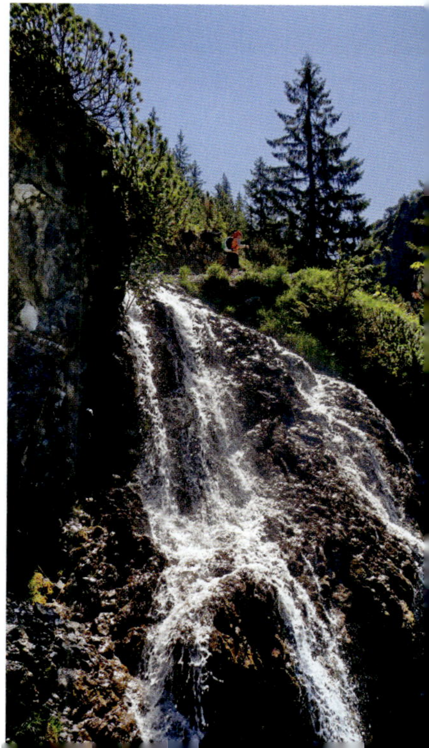

Wetter

Das grundsätzlich Schöne am Bergwandern ist das Draußensein in der Natur, womit natürlich eine gewisse Abhängigkeit vom Wetter besteht. Denn der berühmte Satz »es gibt kein schlechtes Wetter, sondern nur falsche Kleidung« besitzt für Gebirgstouren angesichts potenzieller Gefahren nur eingeschränkte Gültigkeit. Eine niederschlagsreiche

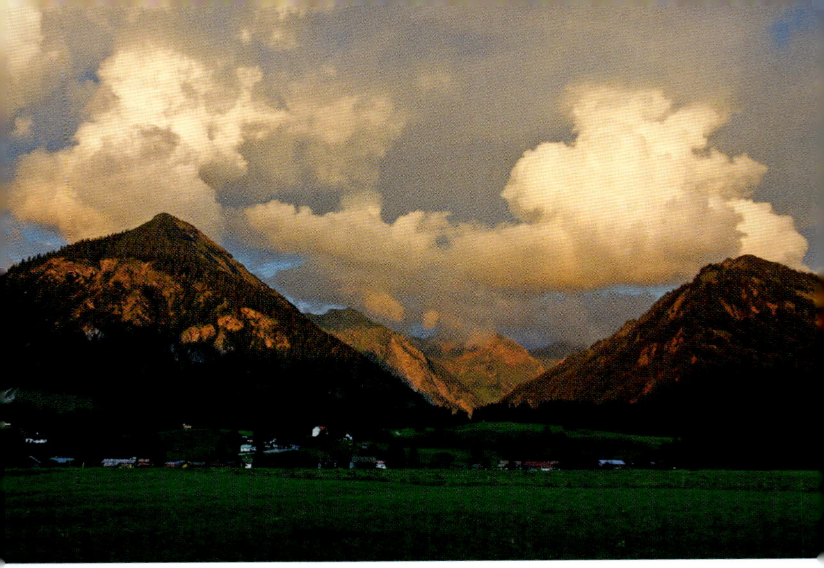

Im Sommer wachsen sich Quellwolken rasch zu Gewittern aus.

Randlage im Staubereich der Alpennordseite kennzeichnet unser Tourengebiet. In Oberstdorf werden durchschnittlich an 160 Tagen im Jahr Niederschläge registriert, mit einer Gesamtsumme von etwa 1800 Millimetern. Die Berglagen erreichen teilweise noch beträchtlich höhere Werte. Eine klassische Schönwetterregion sind die Allgäuer Alpen also sicher nicht.
Freilich ist für den eigenen Urlaub weniger die Jahresstatistik als vielmehr die aktuelle Großwetterlage entscheidend. Und in dieser Hinsicht lassen sich durchaus einige Gesetzmäßigkeiten festhalten. Aufgrund der Alpenrandlage ist in den Sommermonaten die Gewitterträchtigkeit merklich

WETTER ONLINE

br.de/wetter (Bayernwetter mit Regional- und 7-Tage-Prognose)
wetter.orf.at/vorarlberg (Regionalwetter für Vorarlberg mit 6-Tage-Prognose)
wetter-allgaeu.de (eher schematisch aufgemachte Seite über die Region Allgäu)
alpenvereinaktiv.com/de/bergwetter oder **alpenverein.de/DAV-Services/** (klassischer Alpenvereinswetterbericht für die Alpen und all ihre Teilregionen)
wetterzentrale.de (wissenschaftlich aufgemachte Seite, die Nutzern mit Hintergrundwissen sehr hilfreich ist)

höher als im Flachland. Bei störungsarmen Wetterlagen herrschen ausgeprägte thermische Windsysteme, die an den Bergen regelmäßig zu Konvektion, sprich Quellwolkenbildung, führen. Während herbstlicher oder winterlicher Inversionslagen befinden sich die tiefen Regionen häufig unter einer Nebelschicht, die sich unter Umständen als zäh oder sogar beständig erweisen kann, während in der Höhe oft die Sonne scheint. Ein anderer wichtiger und speziell im Frühjahr und Herbst häufig auftretender Einfluss geht vom Föhn aus. Als Fallwind, der das Gebirge überströmt, sorgt dieser für eine übernormal warme Witterung und in der Regel auch für günstiges Tourenwetter (abgesehen vom zuweilen kräftigen Wind, der auf den Gipfeln mitunter Sturmstärke erreichen kann). Und zwar so lange, bis eine Kaltfront (meist aus westlichen Richtungen) übergreift und den Föhn zusammenbrechen lässt. Das Gegenstück einer solchen Südföhnlage ist die Nordstaulage – und damit schließt sich der Kreis zum Merkmal des regenreichen Allgäus, denn wenn die feuchten Luftmassen unter der entsprechenden Strömung so richtig an den Bergen ausgepresst werden, dann gilt es für Wanderer, sich mit Geduld zu wappnen.
In jedem Fall gehört es zum Elementaren, sich mit der Wetterprognose gründlich auseinanderzusetzen. Diverse Medien überfluten uns mittlerweile mit derartigen Informationen – leider nicht immer in hoher Qualität –, doch die schlechteste aller Varianten wäre, gar keine Information zu haben und aufs Geratewohl loszulaufen. Nützliche Websites sind im Kasten zusammengefasst.

Wer früh auf den Beinen ist, kommt in den Genuss besonderer Lichtstimmungen, hier an den Bergen zwischen Griesgundkopf und Hammerspitzen.

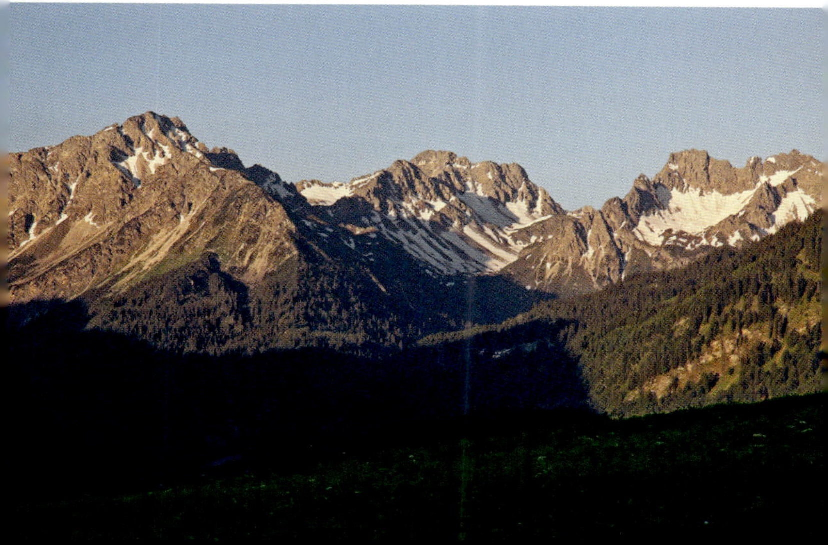

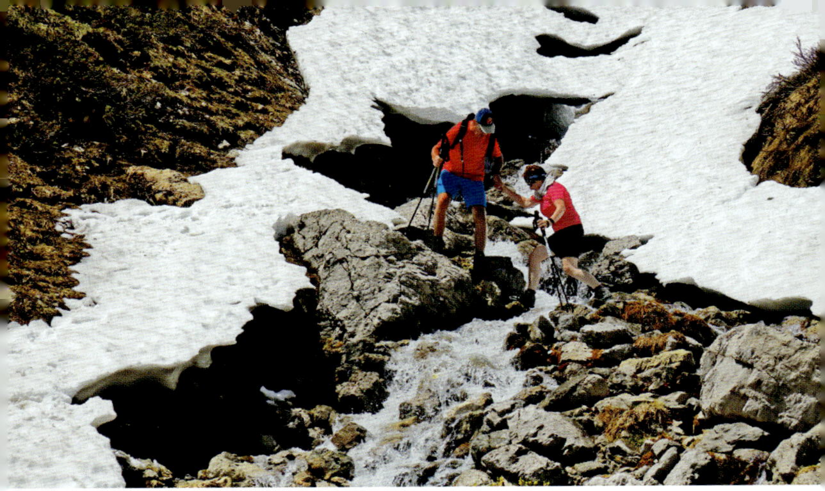

Mit Altschnee gefüllte Rinnen bergen ein Gefahrenpotenzial.

Gefahren

Auch wenn man die alpinen Gefahren in einem Wanderführer wie diesem keinesfalls hochstilisieren muss, so gilt es doch daran zu erinnern, dass jedwedes Unterwegssein im Gebirge mit einem Restrisiko verbunden ist. Eine der häufigsten Ursachen für eine Notsituation oder gewisse Unannehmlichkeiten liegt bei Bergwanderungen wohl in der Selbstüberschätzung. Diese kann sich sowohl auf den geländebedingten als auch auf den konditionellen Anspruch beziehen, ist aber durch eine sorgfältige Vorbereitung und umsichtige Durchführung der Tour vermeidbar. Mit reifender Erfahrung tut man sich diesbezüglich leichter. Nicht zu vernachlässigen ist auch der Einfluss einer etwaigen Gruppendynamik mit ihren (scheinbaren) Zwängen. Daneben gibt es aber auch objektive Gefahren, die das Gebirge an sich mitbringt, vor allem im Zusammenspiel mit dem Wetter. Dazu eine kurze Auflistung:

- **Absturzgefahr:** In ausgesetztem Gelände müssen Trittsicherheit und Schwindelfreiheit entsprechend ausgelegt sein, was eine verantwortungsvolle Selbsteinschätzung erfordert. Konzentrierte Fortbewegung und erhöhte Vorsicht speziell bei brüchigem Fels, instabilen Geröllhalden und nassen Grashängen sind angezeigt.
- **Schneefelder:** Diese treten hauptsächlich im Frühsommer auf und können – falls hartgefroren – sehr tückisch sein. Teleskopstöcke bieten nur in mäßig steilem Gelände eine gewisse Hilfe, andernfalls muss mit Pickel und Steigeisen vorgesorgt werden. Im Falle eines Sturzes sofort in die bremsende Liegestützhaltung gehen, bevor der Körper beschleunigt. Besser man unternimmt die Tour erst, sobald der Altschnee vom letzten Winter weithin

abgeschmolzen ist. Im Fall eines Kaltlufteinbruchs mit Neuschnee ist besonders kritisches Beurteilungsvermögen gefragt, je nach Intensität bleibt manchmal nur ein Verzicht bzw. Abbruch.

■ **Wildbäche:** Ohne Brücken oder Stege können diese je nach Wasseraufkommen ein erhebliches Hindernis bedeuten. Man sucht geduldig eine geeignete Stelle zum Queren (bei Blöcken auf deren Stabilität achten!) und setzt mit Vorteil Stöcke zum Abstützen ein.

■ **Steinschlag:** Dieser tritt vor allem in steilen, brüchigen Fels- und Schrofenzonen, besonders im Bereich von Rinnen, auf und wird von Wanderern nicht selten selbst ausgelöst. Die gefährdeten Passagen sind rasch, aber konzentriert hinter sich zu bringen.

■ **Gewitter:** Es besteht unmittelbare Lebensgefahr durch Blitzschlag, daher sind exponierte Punkte und Gerinne unverzüglich zu verlassen. Am besten deutet man die Warnsignale (zunehmende Quellbewölkung, schwüle Luft, Fallen des Luftdrucks) und sucht rechtzeitig Schutz auf. Lokalen Wärmegewittern, die bevorzugt in der zweiten Tageshälfte auftreten, lässt sich recht effektiv durch frühen Aufbruch begegnen. Frontgewitter werden indes in der Regel gut vorhergesagt, sodass wir Gelegenheit haben, unsere Taktik danach auszurichten. Man bedenke stets auch die mittelbaren Gefahren wie Nässe, Abkühlung und mögliche Vermurungen bei Starkregen.

■ **Schlechte Sicht:** Dadurch verkompliziert sich speziell auf weniger gut markierten Routen die Orientierung. Hilfsmittel wie Kompass, Höhenmesser oder idealerweise GPS können nützlich werden. Wegloses Gelände sollte bei anhaltend dichtem Nebel tabu sein. Bei Verlust der Markierung gehe man zurück bis zum letzten bekannten Punkt.

An Wegverzweigungen stehen oft detaillierte Schilder.

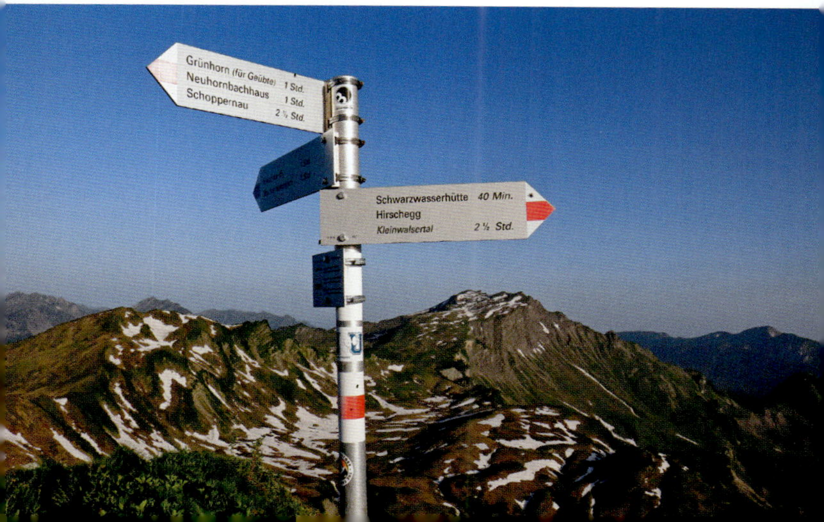

SEILBAHNEN		
Seilbahn/Ort	**Höhe Tal-/Bergstation**	**Betriebszeiten**
Kanzelwandbahn/Riezlern	1088 m/1949 m	8.30 – 16.45 Uhr
Ifenbahn/Schwarzwassertal (Auenhütte)	1275 m/1586 m (im Winter bis 2020 m)	8.30 – 16.45 Uhr
Heubergbahn/Hirschegg	1124 m/1370 m	8.30 – 16.45 Uhr
Zafernabahn/Mittelberg	1200 m/1420 m	9.00 – 16.30 Uhr
Walmendingerhornbahn/ Mittelberg	1215 m/1946 m	8.30 – 16.45 Uhr
Söllereckbahn/Straße Oberstdorf – Riezlern	1013 m/1345 m	9.00 – 17.00 Uhr
Fellhornbahn/Stillachtal (Faistenoy)	920 m/1780 m/1967 m	8.30 – 16.45 Uhr
Nebelhornbahn/Oberstdorf	826 m/1929 m/2224 m	8.30 – 16.30 Uhr

Notsituationen

Falls man in eine Notlage gerät oder sich sogar ein ernsthafter Unfall ereignet hat, gilt es zunächst Ruhe zu bewahren und Verletzten Erste Hilfe zu leisten. Mit einem Mobiltelefon lässt sich direkt die Rettung verständigen. Die allgemeine Notrufnummer lautet 112. In Österreich gilt daneben auch noch die Alpin-Notrufnummer 140.

Mit der Seilbahn geht's mühelos aufs Walmendinger Horn.

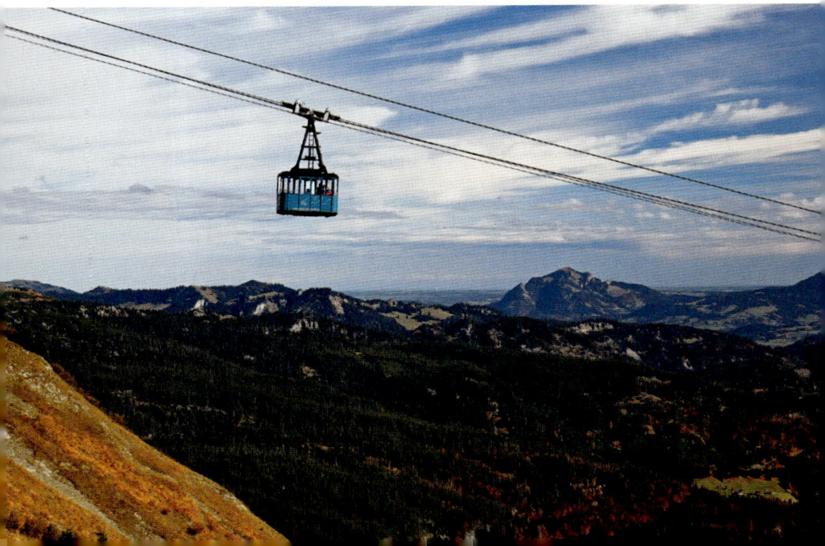

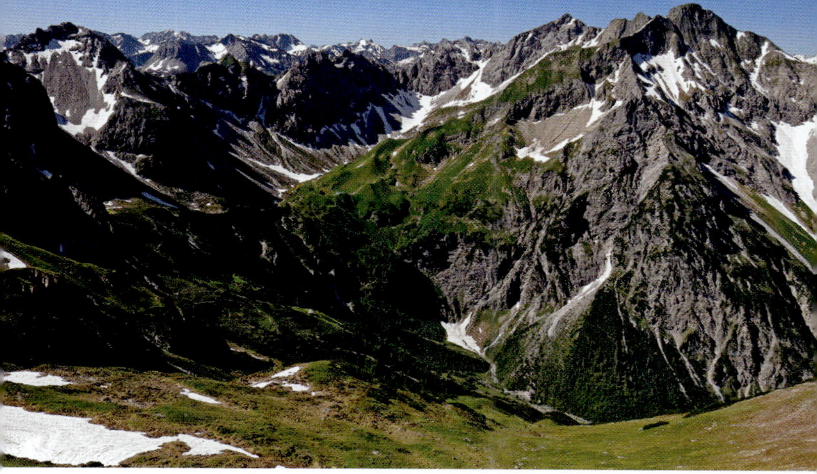

Das innere Wildental mit seiner Bergumrahmung.

Sollte eine direkte Verbindung nicht möglich sein, muss das alpine Notsignal abgegeben werden: 6-mal pro Minute ein optisches oder akustisches Zeichen. Mit je einer Minute Pause dazwischen wird dies so lange wiederholt, bis man Antwort erhält. Diese besteht aus 3-maligem Zeichen innerhalb einer Minute.

Anreise mit Pkw und Parksituation

Das Kleinwalsertal lässt sich motorisiert ausschließlich über Deutschland erreichen. Der Fernverkehr reist hauptsächlich über die A7 aus Richtung Ulm an, vom Dreieck Allgäu mit der Querverbindung zur B19, die nach Oberstdorf führt. Jenseits der Grenze, also im vorarlbergischen Kleinwalsertal, setzt sie sich als B201 nahtlos fort. Von Oberstdorf bis Baad im Talschluss (Sackgasse) sind es ungefähr 20 Kilometer.
An Parkplätzen herrscht im gesamten Tourengebiet kein Mangel. Allerdings sind im Laufe der Zeit praktisch alle kostenfreien Abstellmöglichkeiten eliminiert worden. Die einzelnen Gebühren sind unterschiedlich und mitunter recht hoch. Bei manchen Bergbahnen wird ein Teilbetrag erstattet. Nehmen Sie genügend Kleingeld für die Automaten mit – diese wechseln in der Regel nicht. Mit der Allgäu-Walser-Card (siehe unten) kann man an etlichen Standorten gratis parken.

Anreise mit öffentlichen Verkehrsmitteln und mobil vor Ort

Von Augsburg, München, Ulm und Lindau fahren Züge Richtung Oberstdorf (siehe bahn.de). Die Buslinie vom Bahnhof ins Kleinwalsertal (Linie 1

Der Umwelt zuliebe ...

Auch beim Wandern hinterlassen wir einen ökologischen Fußabdruck, aber im Einklang mit der Natur unterwegs zu sein, ist gar nicht so schwer!

VORBEREITUNG UND ANFAHRT

- Sich vorab informieren, worauf in Bezug auf Natur und Umwelt in der jeweiligen Wanderregion besonders zu achten ist.
- Soweit möglich mit Bahn und Bus anreisen, Wander- und Rufbusse nutzen.
- Ist eine Anfahrt mit dem Auto nötig, Fahrgemeinschaften bilden.
- Bei weiten Anfahrten Mehrtagestouren planen oder von einem Quartier vor Ort aus mehrere Touren absolvieren.
- Flugreisen möglichst reduzieren und durch Beiträge zu Klimaschutzprojekten kompensieren.

KLEIDUNG UND AUSRÜSTUNG

- Beim Kauf von Outdoor-Kleidung auf umweltfreundliche und faire Herstellung achten und Kleidungsstücke möglichst viele Jahre nutzen.
- Ausrüstung kann man eventuell auch gebraucht kaufen oder ausleihen.
- Reparieren statt neu kaufen.

VERPFLEGUNG

- Beim Einkauf Bio-Ware, regionale und saisonale Erzeugnisse bevorzugen.
- Hütten und Gasthäuser auswählen, die regionale Produkte verwenden.
- Auf Einwegflaschen und Plastikverpackungen verzichten, stattdessen wiederverwendbare Trinkflaschen und Brotzeitboxen benutzen.

ÜBERNACHTUNG

- Bei lokalen Anbietern buchen, damit Menschen vor Ort profitieren.
- Auf Hütten und in anderen Unterkünften Strom und Wasser sparen.

UNTERWEGS

- Wege benutzen und Abkürzer vermeiden.
- Sperrungen von Wegen und Schutzgebieten respektieren.
- Keine Blumen pflücken und keine Pflanzen entnehmen.
- Waldbrandgefahr beachten.
- Müll wieder mit nach Hause nehmen und dort entsorgen.
- Toilettengänge in freier Natur möglichst vermeiden.
- Lärm vermeiden.
- Hunde an die Leine nehmen.

ROTHER BERGVERLAG

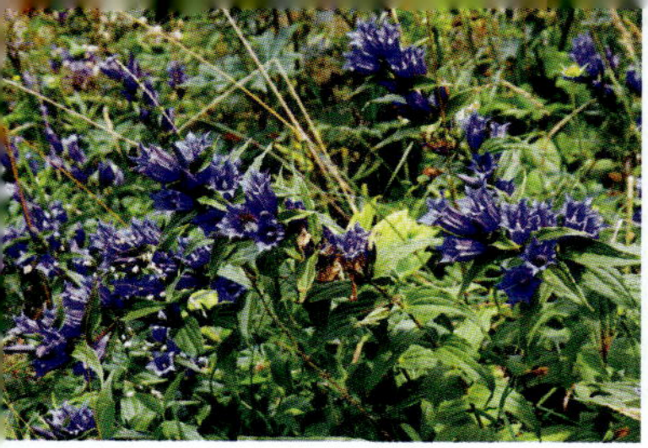

Blaue Farbtupfer am Wegrand: Schwalbenenzian.

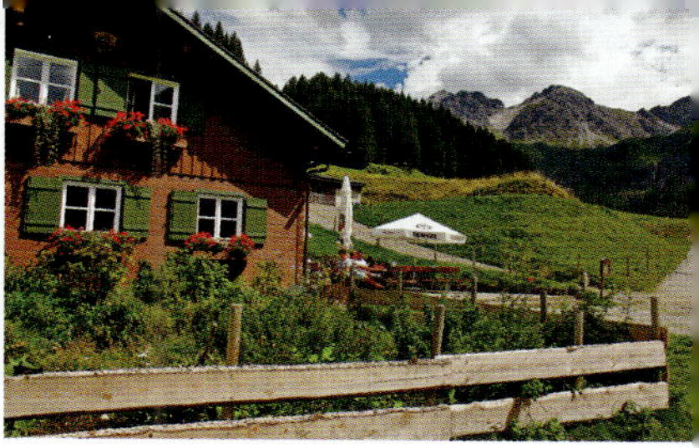

Gemütlichkeit bei der Inneren Wiesalpe im Wildental.

nach Baad) weist eine der dichtesten Taktungen auf, die es in einem alpinen Tal überhaupt gibt. Zwischen etwa 8 und 18 Uhr kann man alle 10 bis 20 Minuten mit einem Bus rechnen. Der erste Kurs verkehrt um 5.35 Uhr (retour um 6.15 Uhr), der letzte um 21.00 Uhr (retour um 21.40 Uhr). Im Kleinwalsertal existieren außerdem vier kleinere Linien zu abseits der Hauptstrecke gelegenen Weilern bzw. Ausgangspunkten: Linie 2 nach Egg und Schwende (Endpunkte Hörnlepass bzw. Mahdtalhaus), Linie 3 nach Wäldele, Linie 4 von Mittelberg nach Höfle und Linie 5 ab Riezlern zur Auenhütte (Ifen). Die Taktung ist etwas geringer, aber immerhin noch halbstündlich oder stündlich. Genaue Fahr- und Streckenpläne findet man unter **kleinwalsertal.com**.
Die Oberstdorfer Gebirgstäler, namentlich das Stillach- und Trettachtal, werden ebenfalls vom Bahnhof aus angefahren. Somit erreicht man mit Birgsau (respektive Fellhornbahn) und Spielmannsau auch wichtige Ausgangspunkte bequem mit öffentlichen Verkehrsmitteln. Fahrpläne unter **brutscher-reisen.de**, für Recherchen im erweiterten Oberallgäu auch unter **mona-allgaeu.de** und **rvo-bus.de**.

Allgäu-Walser-Card

Übernachtungsgäste erhalten bei ihrer Ankunft im Quartier gegen Pfandgebühr eine Chip-Karte, mit der sie kostenlos die Busse im Kleinwalsertal nutzen können und Ermäßigungen für zahlreiche Freizeitangebote genießen, z. B. bei Seilbahnen, Outdoor- und Sportanlagen, Freibädern und Museen. Zusätzliche Upgrades können gegen Pauschalgebühr auf die Karte geladen werden und verschaffen speziell dem Urlauber, der etwas länger in der Region verweilt, noch mehr Vorteile.

TOURISMUSINFORMATIONEN

Kleinwalsertal-Tourismus, Walserstraße 264, A-6992 Hirschegg, Tel. +43 5517 51140, kleinwalsertal.com
Tourismus Oberstdorf, Prinzregenten-Platz 1, D-87561 Oberstdorf, Tel. +49 8322 7000, oberstdorf.de

DAS KLEINWALSERTAL

Obwohl im Osten des österreichischen Bundeslandes Vorarlberg gelegen, bildet das Kleinwalsertal in geografischer, wirtschaftlicher und touristischer Hinsicht eine Einheit mit dem Allgäu. Es kann somit als funktionale Enklave Deutschlands bezeichnet werden. Hauptsächlicher Grund dafür ist, dass die hohen Berge ringsum einen verkehrstechnischen Anschluss an österreichisches Staatsgebiet verhindern. Das Kleinwalsertal ist also nur vom Oberallgäu aus erreichbar (wenngleich die Besiedlung im Spätmittelalter durch die Walser tatsächlich über die Gebirgspässe im Süden erfolgte). Um einer wirtschaftlichen Isolation entgegenzuwirken, wurde schon 1891 eine Zoll- und Währungsunion mit Deutschland gegründet, die bis zum Aufbau des EU-Binnenmarktes aufrecht blieb.

Der enorme Zustrom insbesondere deutscher Feriengäste beschert der Talschaft eine bemerkenswerte touristische Bedeutung und sogar einen der vorderen Plätze im gesamtösterreichischen Ranking. Pro Jahr zählt man rund 1,7 Millionen Nächtigungen, etwa gleichmäßig auf Sommer- und Wintersaison verteilt. Diese Ausgewogenheit zwischen Wander- und Skitourismus mag eine besondere Stärke der Region sein.

Das Kleinwalsertal wird von der Breitach durchflossen und fungiert wie seine östlichen Nachbarfurchen Stillach- und Trettachtal südlich von Oberstdorf als Ursprungstal der Iller. Im Gegensatz zu diesen präsentiert es sich jedoch weniger stark eingekerbt und damit insgesamt offener und siedlungsfreundlicher. Das hat ab 1270 wohl auch die aus dem Oberwallis stammenden Bergbauern bewogen, sich hier niederzulassen. Ihre Rodungen brachten eine typische, heitere Wiesenlandschaft mit Streusiedlungsstruktur hervor, mit der sich im Zuge einer über die Jahrhunderte betriebenen Alpwirtschaft jene Kulturlandschaft etablierte, die der Wanderer allgemein so sehr schätzt und im Vebund mit den Gipfelkulissen als »malerisch« empfindet.

Die Pfarrkirche von Riezlern bei Nacht.

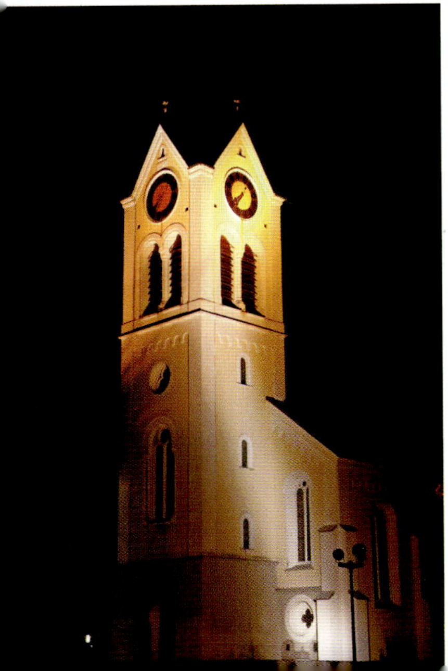

Mit dem wachsenden Fremdenverkehr der Nachkriegsjahrzehnte, als beispielsweise auch die stark frequentierten Bergbahnen ihren

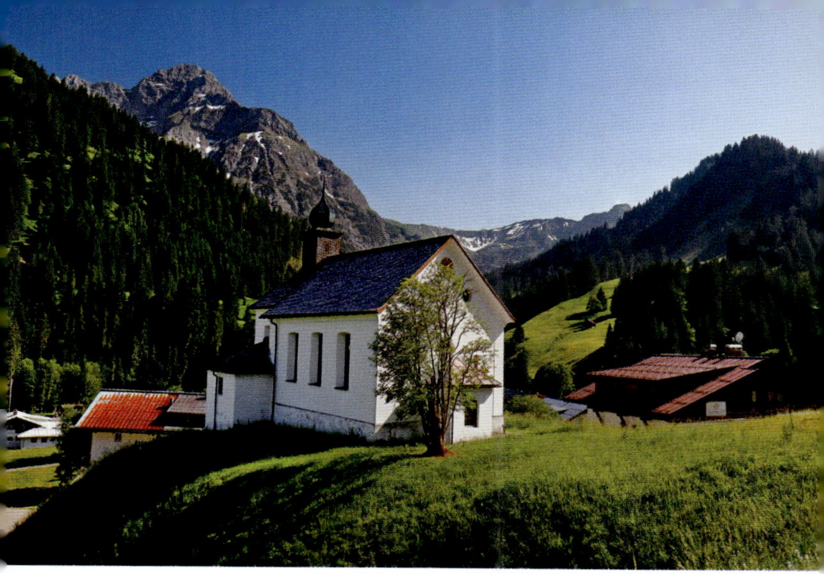

In Baad ist die Welt quasi zu Ende – außer für Wanderer und Bergsteiger …

Betrieb aufnahmen, setzte entlang der Talsohle allerdings verstärkte Bautätigkeit ein. Wo einst nur Einzelhöfe und kleine Weiler beheimatet waren, gehen die Dörfer Riezlern, Hirschegg und Mittelberg mittlerweile praktisch nahtlos ineinander über. Zwar finden sich immer noch alte, traditionelle Walserhäuser, doch das Gesamtbild beherrschen heute eher die Hotels und Gasthöfe im pseudoalpinen Stil. Die Streifen satten Wiesengrüns dazwischen sind enger geworden und hier und da auch einer skisportlichen Nutzung gewichen: Dilemma einer Region, die naturgemäß räumlich nicht expandieren kann, aber ganz überwiegend von touristischer Wertschöpfung leben muss. Nichtsdestotrotz: Die unmittelbar ins Gebirge hineingreifenden Seitentäler eignen sich – wenn überhaupt – nur sehr bedingt zur Erschließung. Von Tobeln zerschnitten und im Winter lawinengefährdet – dort gibt wie eh und je eine unzähmbare Natur den Takt vor. So liegen die schönsten Wanderbereiche gewiss im Schwarzwasser- oder Turatal, im Bärgunt-, Gemstel- oder Wildental, die allesamt mit tollen, ursprünglichen Wanderrouten aufwarten.

Politisch besteht das Kleinwalsertal aus einer einzigen Gemeinde, die nach dem Ort Mittelberg benannt ist. Die Bevölkerung umfasst gut 5000 Einwohner, also lediglich einen Bruchteil dessen, was über den größten Zeitraum des Jahres tatsächlich vor Ort logiert. Tritt man von Oberstdorf her über die Walserschanz in die Talschaft ein, so kommt man als Erstes ins quirlige Riezlern: größtes Dorf und nomineller Verwaltungssitz der Ge-

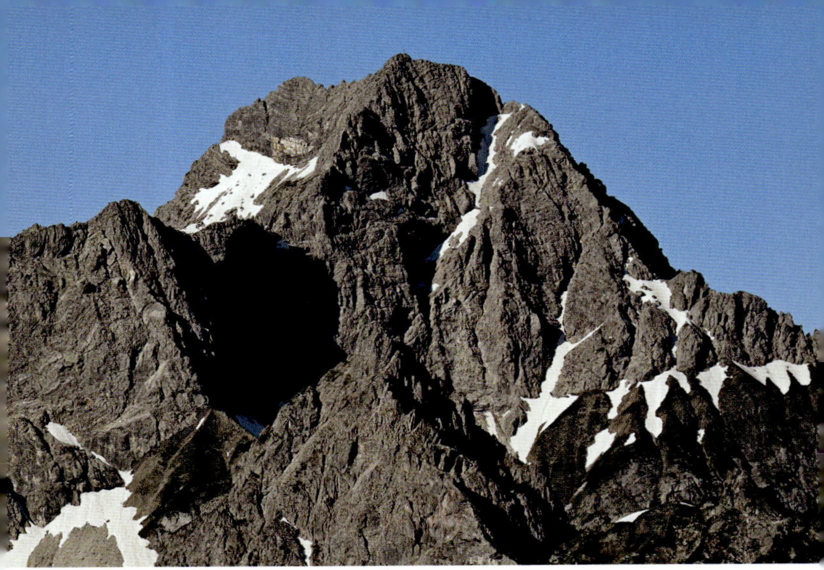

Dem Felsklotz des Widderstein gebührt die Krone der Walsertaler Bergwelt.

meinde. Es wird flankiert vom Fellhornkamm auf der einen und dem großräumig unter Naturschutz stehenden Ifengebiet mit dem Gottesackerplateau auf der anderen Seite. In Riezlern gibt es jede Menge touristischer Infrastruktur und sogar ein Casino; für Bergaktive ist besonders die Kanzelwandbahn von Bedeutung.
Der ebenfalls lang gestreckte Ort Hirschegg schließt sich entlang der Walserstraße quasi direkt an. Im alten Dorfkern findet man das Besucherzentrum Walserhaus sowie den Heuberglift. Das südseitig unterm Ifenstock gelegene Schwarzwassertal gehört ebenfalls zu Hirschegg – von der Ifenbahn ist sommers aber nur die erste Sektion in Betrieb.
Mittelberg schmiegt sich an die Sonnseite des Walmendinger Horns und gilt bei vielen als schönstes Dorf des Kleinwalsertals. Der Kirchturm vor erhabener Bergkulisse ist ein beliebtes Fotomotiv. Auch hier findet der Urlauber praktisch alle notwendige Infrastruktur. Eine Seilbahn erschließt das Walmendinger Horn, der kleine Zafernalift überdies die nähere Hanglage. Gegenüber öffnen sich von links nach rechts Wilden-, Gemstel- und Bärgunttal, Letzteres schon auf der Höhe von Baad, der innersten Siedlung, die bloß aus zwei Dutzend Häusern besteht und den überkommenen bäuerlichen Charakter wohl noch am besten widerspiegelt. Das offiziell zu Mittelberg zählende, aber doch irgendwie eigenständig wirkende Baad ist umgeben von steilen Flyschbergen und dem mächtigen, alles überragenden Widderstein: ein großartiger Talschluss wie aus dem Bilderbuch!

DAS OBERALLGÄU UM OBERSTDORF

Versetzen wir uns gedanklich doch einmal in die Zeit vor rund 20.000 Jahren zurück. Wo heute Oberstdorf liegt, bedeckte damals während der Würm-Kaltzeit mehrere Hundert Meter dickes Eis das Gelände – beinahe unvorstellbar! Der Illergletscher wirkte gleichsam als Landschaftsmodelleur und hobelte einen breiten Talboden aus, der uns heute offen und einladend empfängt, wenn wir uns der Herzkammer des Oberallgäus von Norden her nähern. Oberstdorf befindet sich im innersten Kessel vor einer Bergwelt, die sich geradezu kulissenartig aufbaut. Gleichsam wie die abgespreizten Finger einer Hand greifen die Furchen von Breitach, Stillach, Trettach und Oybach in die Gebirgsmasse der Allgäuer Alpen hinein. Die drei erstgenannten Flüsse vereinigen sich knapp nördlich des Hauptortes zur Iller, die später bei Ulm in die Donau mündet.
Verwaltungspolitisch und geografisch nimmt Oberstdorf einen beachtlichen Raum ein: Zur fast 10.000 Einwohner zählenden Marktgemeinde gehören insgesamt 44 einzelne Dörfer, Weiler und Einöden, die sich auf einer Fläche von insgesamt 230 Quadratkilometern erstrecken (inklusive der praktisch unbesiedelten Gebirgszone im südlichen Teil). Dies wird bayernweit nur von der Landeshauptstadt München sowie von Lenggries übertroffen. Noch gewichtiger liest sich die Tourismusstatistik: Mit rund zweieinhalb Millionen Nächtigungen jährlich steht der Kurort Oberstdorf gemeinhin an der Spitze aller deutschen Urlaubsorte. Da kann es nicht

Oberstdorf ist so etwas wie das »Mekka« der Allgäuer Alpen.

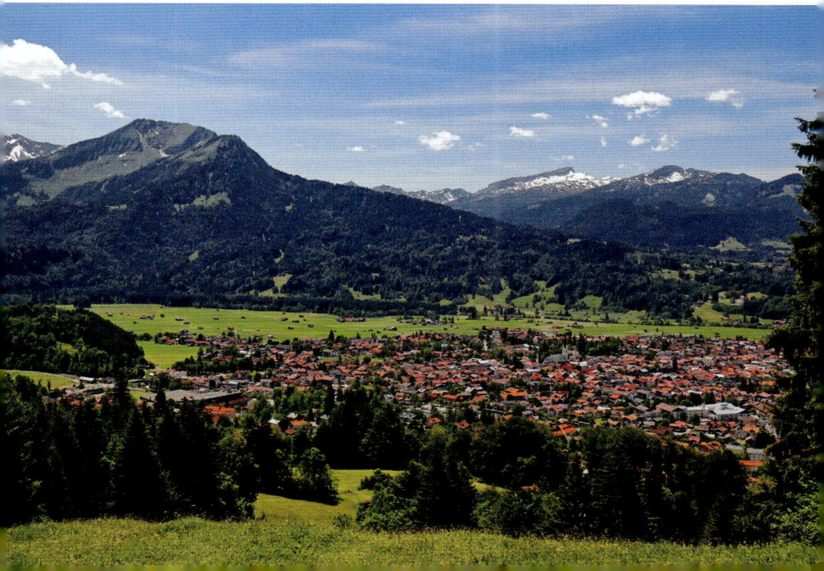

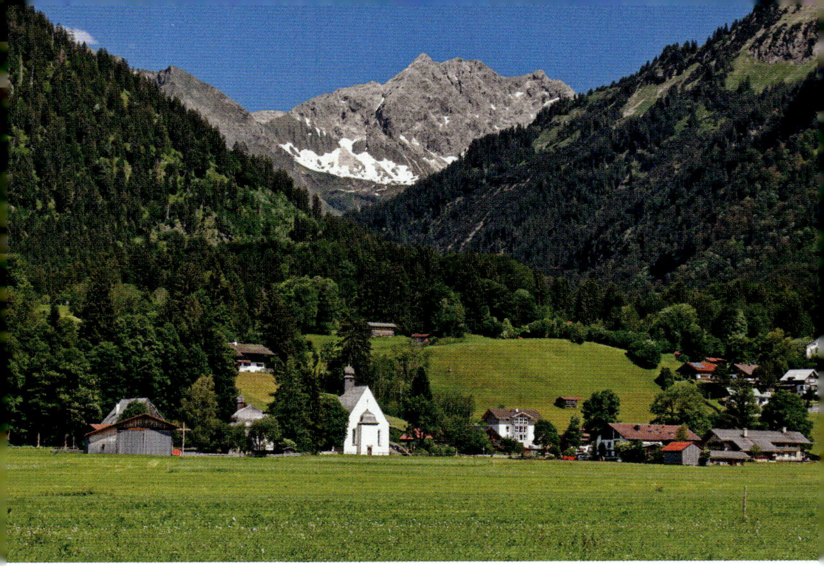

Bei St. Loretto mit Blick ins Oytal.

verwundern, dass allenthalben ein buntes, geschäftiges Treiben herrscht und den Bedürfnissen des (gut zahlenden) Gastes auch manches Althergebrachte untergeordnet wurde.
Dennoch scheint rund um Oberstdorf die Waage zwischen Massentourismus und heiler Natur noch einigermaßen in Balance zu sein. Hotspots wie Nebelhorn-, Fellhorn- und Söllereckbahn tragen natürlich Scharen von Menschen in die höheren Stockwerke und stellen wichtige Säulen des Bergtourismus dar. Die Gebirgstäler gen Süden sind jedoch (fast) autofrei geblieben, legendäre Vorzeigeidyllen wie Einödsbach, die Spielmannsau oder das denkmalgeschützte Gerstruben haben kaum etwas von ihrem Charme eingebüßt. Und auch das Ortszentrum präsentiert sich seit 1992

Die Seealpe im Nebelhorngebiet, am Weg zum Rubihorn.

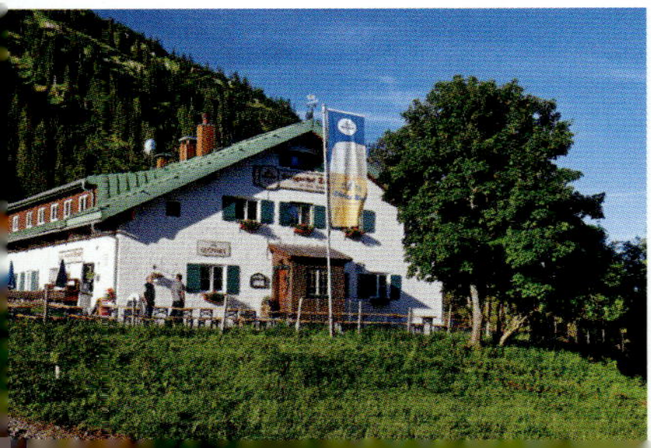

Blick in die südlichen Oberstdorfer Täler und zum Allgäuer Hauptkamm.

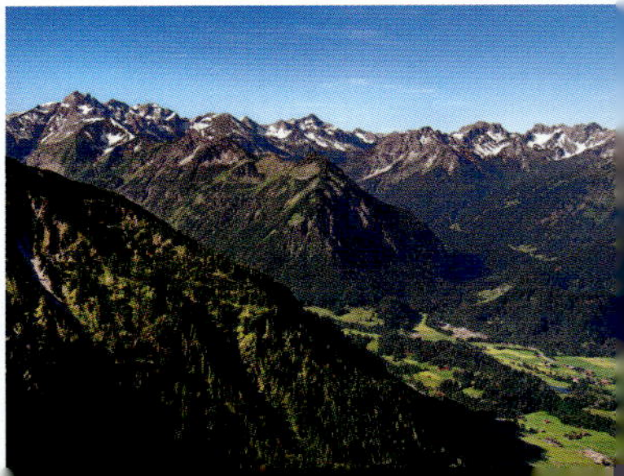

verkehrsberuhigt und ist stets bestrebt, eine Art »Wohlfühl-Flair« zu versprühen.
Wer auf ein breites touristisches Angebot erpicht ist, wird in Oberstdorf jedenfalls kaum irgendeinen Mangel erfahren. Selbst Großevents wie das alljährliche Skispringen im Rahmen der Vierschanzentournee gehören dazu. Wer indes ruhige Tage in ursprünglicher Bergnatur verbringen möchte, findet in der Umgebung reichlich Auslauf und mit ein bisschen Esprit sogar ziemlich einsame Ziele. Auf den Hauptwanderwegen zu bewirtschafteten Hütten und Alpen ist freilich meist eine ganze Menge los. Denn was die landschaftliche Attraktivität betrifft, so ist der südlichste Zipfel Deutschlands über alle Zweifel erhaben ...

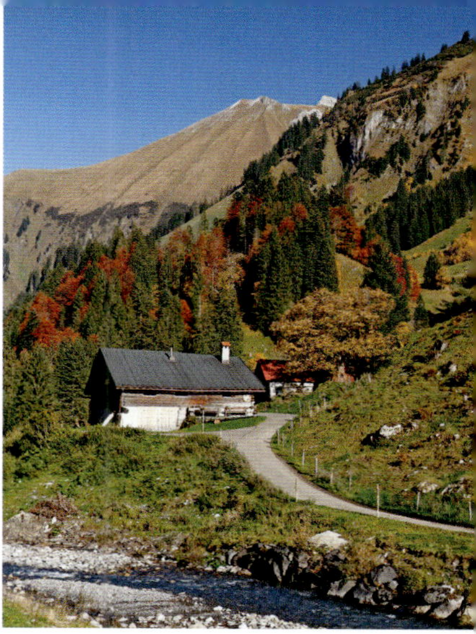

Die Alpe Breitengehren im Rappenalpental.

Der zauberhafte Seealpsee mit dem Seeköpfle rechts.

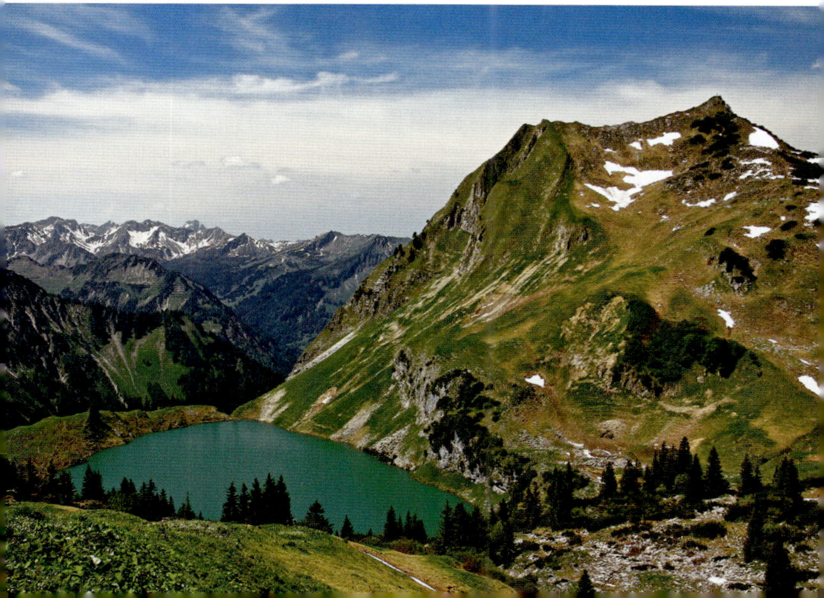

GEOLOGIE

Wer beim Stichwort »Geologie« trockene Wissenschaft befürchtet und sich am liebsten gleich praktischeren Dingen zuwendet, sollte sich einmal Folgendes bewusst machen: Das Landschaftsbild, das wir in den Allgäuer Alpen – und generell im Gebirge – so bestaunen und bewundern, steht buchstäblich in den Steinen geschrieben. Und weil das in unserer Region im Laufe der Erdgeschichte überaus abwechslungsreich geschehen ist, haben wir es mit besonders spannenden Kontrasten zu tun, mit einer Vielseitigkeit auf engem Raum, die keine Langeweile aufkommen lässt. Deshalb soll an dieser Stelle kurz auf die wichtigsten Bergtypen eingegangen werden. Jeder besitzt einen ureigenen Charakter!

Flysch

Das Wort stammt wohl aus dem Schweizerischen und bezieht sich auf eine morsche, weiche und auffallend schiefrige Gesteinsstruktur. Sie entstand durch Ablagerungen von Sand und Schlamm unterschiedlicher Körnung. Die Erosion findet allenthalben Angriffsflächen, weshalb für Flyschberge abgerundete Formen und oft tief eingeschnittene Tobel typisch sind. Als weitere Merkmale fallen der starke Bewuchs und auf Wanderwegen ein erdiger, bei Nässe unangenehm glitschiger Untergrund ins Auge. Im Kleinwalsertal bestehen zahlreiche Berge aus Flysch, etwa die gesamte Zone zwischen Walmendinger Horn, Grünhorn und Üntschenspitze oder auch der Fellhornzug. Vorbehaltlich einiger schärferer Gratpartien eignen sich diese Kämme häufig für Überschreitungen, während die Flanken mitunter ziemlich steil und nicht unbedingt vorteilhaft begehbar sind.

Hauptdolomit

Betrachtet man die Allgäuer Alpen in ihrer Gesamtheit, so handelt es sich hierbei um den wichtigsten Gipfelbildner. Schroffes, vegetationsarmes und in der Regel auch brüchig-splittriges Felsgelände ist kennzeichnend. Am Fuße der Berge, etwa in den Karen, häufen sich ausgedehnte Geröllhalden an und auch der Fels selbst ist meist schuttbedeckt, sodass mit einer erhöhten Steinschlaggefahr gerechnet werden muss. Gipfeltouren im Hauptdolomit sind normalerweise größere, anspruchsvollere Bergtouren, häufig mit Kletterei. Wegen der Klüftung und starken Gliederung im Detail kann ein findiger Bergsteiger übermäßigen Schwierigkeiten aber durchaus ein Schnippchen schlagen. Einige Gipfel hat man sogar mit einem Steig erschlossen – eine spannende Sache für robuste, tritt-

Wasserfälle sind stets ein Hingucker.

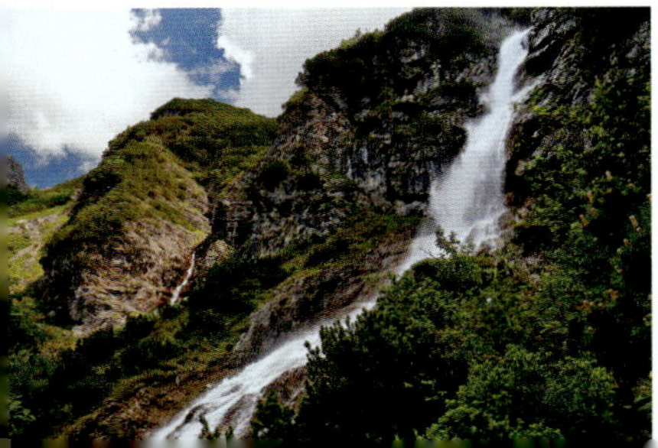

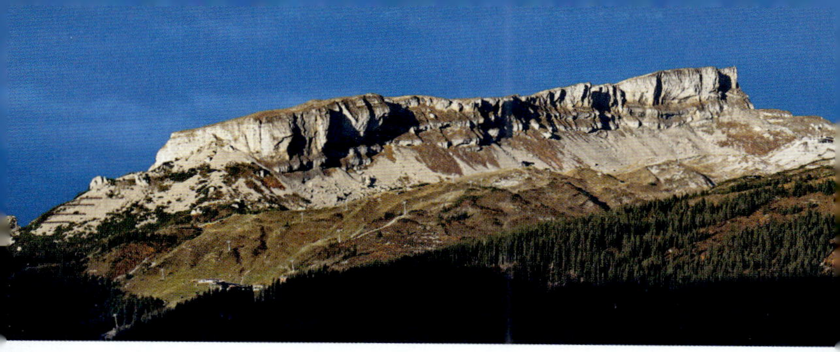

Eine kompakte Schicht aus hartem Schrattenkalk formiert die Gipfeldecke des Hohen Ifen.

sichere Berggänger. Die südöstlichen Walsertaler Berge von den Hammerspitzen über die Schafalpenköpfe bis zum Widderstein sind allesamt aus Hauptdolomit aufgebaut, ebenso der Allgäuer Hauptkamm im Grenzbereich zu Tirol. Dabei handelt es sich überwiegend auch um die höchsten Berge unserer Region (bis 2651 Meter am Hohen Licht).

Fleckenmergel und Aptychenkalk

Eine starke Vegetationsbedeckung ist das gemeinsame Merkmal dieser beiden sonst sehr unterschiedlichen Gesteine, die nur kleinere, dafür aber umso interessantere Bereiche einnehmen. Denn sie sorgen für das Vorkommen der legendären Allgäuer Steilgrasberge, mit ihrem fast wie Samt erscheinenden Pelz und einer besonders reichhaltigen Flora. Höfats und Schneck sind wohl die berühmtesten Vertreter der widerstandsfähigen Aptychenkalke, während sich die weicheren Fleckenmergel etwa am Kreuzeck-Rauheck-Zug oder am Linkerskopf bemerkbar machen. Steilgrasberge werden bei suboptimalen Bedingungen besonders tückisch.

Schrattenkalk

In den Schweizer Alpen findet man den Schrattenkalk häufiger – und erdgeschichtlich eng damit verbunden ist auch das Auftreten im Bereich des Hohen Ifen, der somit einen ganz eigenständigen Bergtypus in unserer Region verkörpert. Das Gestein ist in seiner Substanz eigentlich sehr fest, allerdings ausgesprochen angreifbar für die chemische Verwitterung. Dadurch kommt es zu Karsterscheinungen, zu geomorphologischen Formen, die sonst mit nichts zu vergleichen sind. Selbst die mitunter verwendete Metapher »Mondlandschaft« trifft es nur bedingt. Kleine Vertiefungen wachsen sich durch stetig fortschreitende Lösung zu großflächig zerschründeten Karrenfeldern aus, durchsetzt von tiefen Dolinentrichtern, die sich unterirdisch in Höhlen und ganzen Höhlensystemen fortsetzen. Es gibt praktisch kein Oberflächenwasser; dieses versickert augenblicklich in den Spalten und tritt meist erst viel weiter unten in Karstquellen wieder

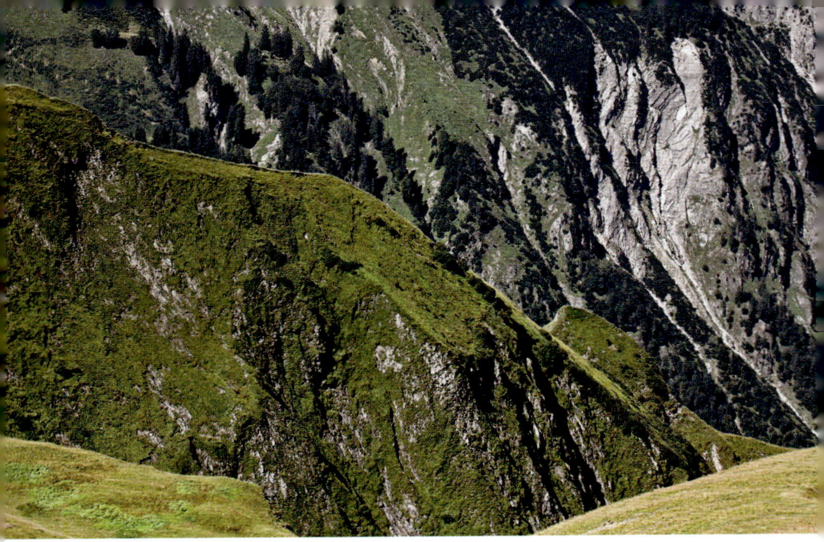

Vielfältige Gesteine bescheren den Allgäuer Alpen ein spannendes Relief.

zutage. Für die Berglagen ist eine wellige Hochflächenbildung wie am Gottesacker typisch. Die Orientierung kann speziell bei Nebel heikel werden. Auch die berühmte Breitachklamm hat sich übrigens in den Schrattenkalk eingeschnitten – deshalb die praktisch senkrechten Seitenwände.

Mit den wichtigsten Gesteinen haben wir gleichsam die Substanz der Berge kennengelernt; die eigentliche Ausformung des Geländes geschah und geschieht freilich durch die fortwährend einwirkenden Erosionskräfte. Den größten Einfluss übten dabei die gewaltigen Gletscher der Eiszeiten aus, indem sie Karmulden und ganze Bergtäler aushobelten. An manchen Stellen finden wir hübsche Bergseen als Hinterlassenschaft bzw. Folge glazialer Kräfte, etwa im Nebelhorn-Daumen-Gebiet oder bei der Rappenseehütte. Die Galtöde im Schwarzwassertal ist hingegen bereits wieder verlandet, was beweist, dass Seen in erdgeschichtlichen Dimensionen eher kurzlebige Phänomene darstellen. Wesentlich zur Gestaltung des Reliefs trägt auch das fließende Wasser bei. Am augenscheinlichsten ist dies wohl in den tiefen Schluchten, Tobeln und Klammen. Je härter das Gestein, desto enger der Einschnitt – die berühmte Breitachklamm liefert das absolute Musterbeispiel dafür! An Steilstufen können die Abtragungskräfte besonders gut angreifen. Immer wieder treten dabei auch stiebende Wasserfälle in Erscheinung – für uns Wanderer wundervolle Schauspiele der Natur. Man erkennt also, geologische Zusammenhänge sind in Wirklichkeit alles andere als langweilig ...

ALPWIRTSCHAFT

Bereits der Ursprung des Wortes »Allgäu« (= Alp-Gau) deutet auf die Viehwirtschaft hin. Sie war lange Zeit der wichtigste Wirtschaftszweig in unserem Gebiet und schuf eine Szenerie, die gemeinhin als idyllisch und besonders anheimelnd empfunden wird – und deshalb ja auch so viele Urlauber und Ausflügler anzieht. Dabei war die überwältigende Bedeutung der Alpwirtschaft hier zunächst dem Umstand geschuldet, dass sich Ackerbau aufgrund der Höhenlage und der damit verbundenen klimatischen Bedingungen oft als schwierig und wenig ertragreich erwies. Oberstdorf liegt immerhin schon auf gut 800 Meter Höhe, die Dörfer des Kleinwalsertals gar auf 1100 bis 1200 Meter. Da musste man möglichst viele Flächen zur Beweidung gewinnen, womit der Wald allmählich zurückgedrängt und die Landschaft offener wurde. Früher wurden sogar noch viel mehr Alpgebiete bestoßen – selbst sehr abgelegene, schwer zugängliche –, konnten es sich die Bergbauern doch kaum erlauben, irgendwo Potenzial ungenutzt liegen zu lassen. Durch den Zwang zur Rationalisierung sowie den allgemeinen Strukturwandel hin zu einer mehr dienstleistungsorientierten Gesellschaft hat man dann nach und nach manches aufgegeben. Für die effektive Milchwirtschaft samt Käseherstellung ist heute ein gewisses Maß an Infrastruktur vonnöten, nicht zuletzt auch eine Zufahrt. Auf höher gelegenen Weiden sömmert daher meist nur noch das Jung- bzw. Galtvieh. Gleichwohl lässt sich feststellen, dass in den Allgäuer Alpen traditionelle Weidewirtschaft nach wie vor eine Heimstatt besitzt. Häufig ist ja auch eine touristische Vermarktung als zweites Standbein hinzugekommen. Die Wanderer freut dies zweifelsohne, denn eine deftige Jause im Angesicht der Bergwelt ist doch stets aufs Neue ein authentischer Genuss.

Auf der Zwerenalpe oberhalb von Riezlern gruppieren sich mehrere Hütten zusammen.

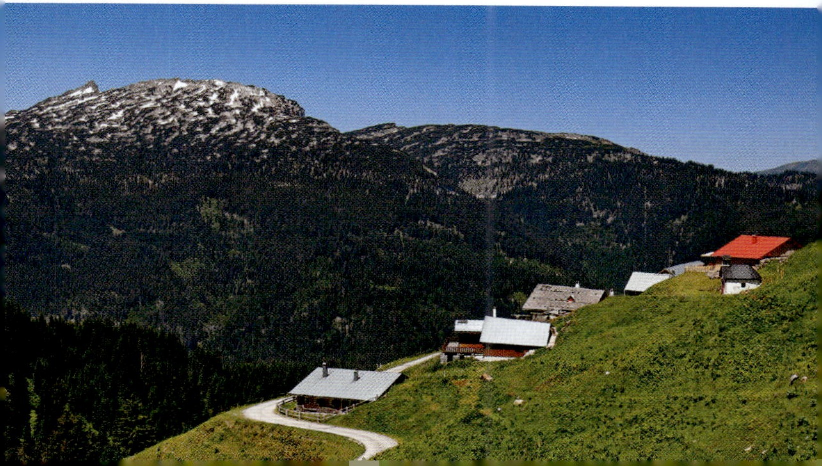

KLETTERSTEIGE IN DER REGION

Sportliche Bergwanderer, die schon reichlich Erfahrung im Felsgelände gesammelt haben und eine prickelnde Ausgesetztheit als Herausforderung annehmen, erweitern ihren Aktionsradius gern einmal auf Klettersteige. Für die Sicherheit dabei sorgt die spezifische Ausrüstung: zwei Karabiner, die über die beiden Äste des Klettersteigsets mit einem Hüft- oder Kombigurt verbunden werden. Ein Fangstoßdämpfer garantiert bei einem Sturz die Aufnahme der Fallenergie. Und natürlich gehört ein Helm auf den Kopf, denn mit potenzieller Steinschlaggefahr muss immer gerechnet werden. Einsteiger sollten sich vorab unbedingt dezidiert mit den Anforderungen vertraut machen und auch die Bedeutung der verschiedenen Schwierigkeitsgrade lernen. Die am meisten verbreitete Skala umfasst die Stufen A (= wenig schwierig) bis E (= extrem schwierig).

Erlebnisklettersteig »Walsersteig«

Diese kurze Ferrata an der Kanzelwand – rasch von der Bergstation aus zu erreichen – eignet sich gut für erste Erprobungen, durchaus auch für sportliche, mutige Kinder, sofern die Eltern die entsprechende Erfahrung mitbringen. Technisch wird in der Schlüsselstelle immerhin der Grat B/C erreicht, allerdings ist das Ganze bei nicht einmal 100 Metern Kletterhöhe überschaubar und nicht sonderlich anstrengend.

Hochbetrieb: Eisenwege erfreuen sich großer Beliebtheit.

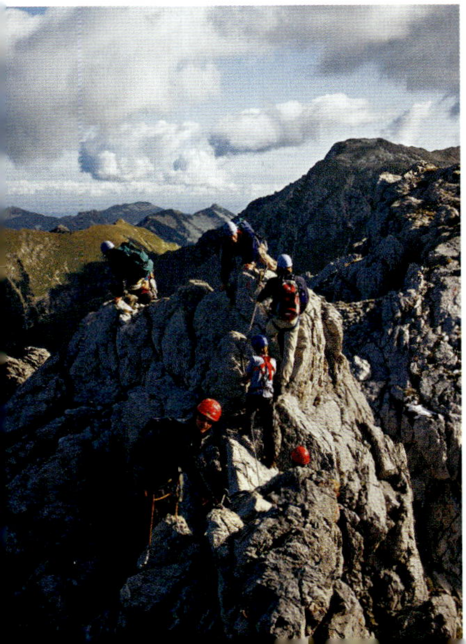

Zwei-Länder-Sportklettersteig

Ein anderes Kaliber verspricht diese im Jahr 2007 eingerichtete Route an der Nordostwand der Kanzelwand. Zwar profitiert man ebenfalls von einem recht kurzen Zustieg, doch größere Ausgesetztheit und anhaltende Kletterschwierigkeiten bis zum Grad C/D verlangen deutlich mehr Einsatz. Deshalb nichts für Neulinge! Die Durchstiegszeit variiert je nach Können und Andrang (dieser ist oft ziemlich stark) zwischen 1 und 2 Std.

Mindelheimer Klettersteig

Längst zum Klassiker avanciert ist der 1975 erbaute Klettersteig über die drei Schafalpenköpfe zwischen Fiderepass- und Mindelheimer Hütte.

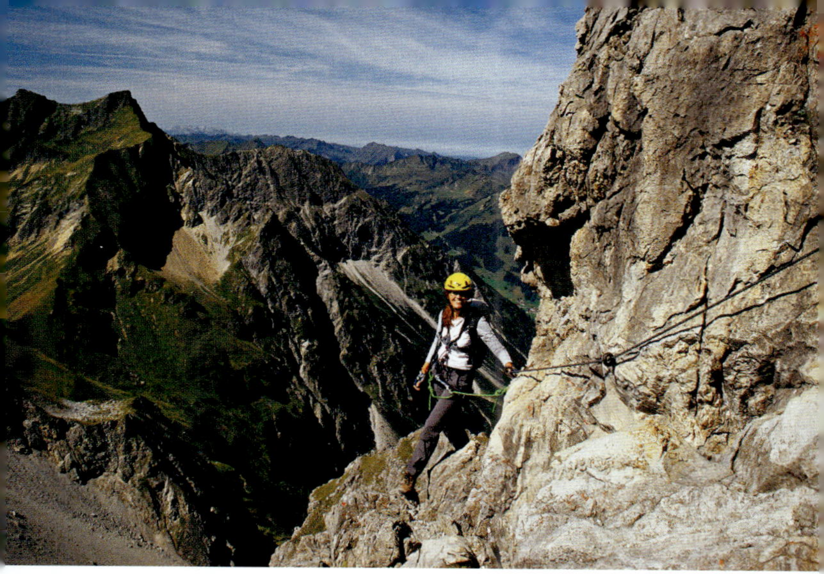

Der Mindelheimer zählt zu den attraktivsten Klettersteigen in den Nordalpen.

Da man sich im Wesentlichen über einen Grat bewegt, ist die Aussicht bestechend und das Kraxelerlebnis außerordentlich vielfältig. Der in beiden Richtungen viel begangene Mindelheimer Klettersteig wird mit dem Schwierigkeitsgrad C bewertet, die reine Gehzeit zwischen den beiden Hütten beträgt im Normalfall rund 4 Std., inklusive Zu- und Abstieg ab Schwendle fast 9 Std.

Hindelanger Klettersteig

Quasi ein Pendant ist die am Nebelhorn beginnende Gratroute über die Wengenköpfe Richtung Großer Daumen. Auch hier erwarten uns ausgesprochen abwechslungsreiche Balancierstückchen im kleinräumigen Auf und Ab über diverse Gratzacken und -türmchen, an den schwierigsten Stellen ebenfalls mit C zu bewerten. Da man direkt bei der Seilbahnstation einsteigen kann, ist der Hindelanger Klettersteig häufig sehr überlaufen. Bis zum Großen Daumen rechnet man 4 bis 4.30 Std. Die insgesamt leichtere Fortsetzung (maximal B, oft Gehgelände) führt Richtung Breitenberg und später hinab nach Hinterstein, während die meisten Aspiranten allerdings nach dem ersten, rassigeren Teil über das Koblat zur Seilbahn zurückkehren.

Luftige Platte am Hindelanger Klettersteig.

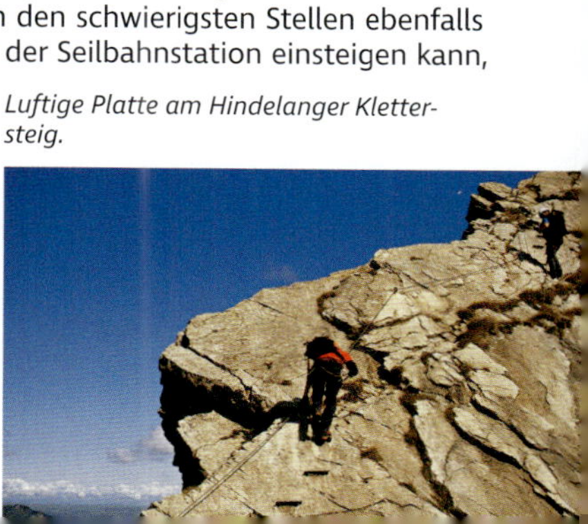

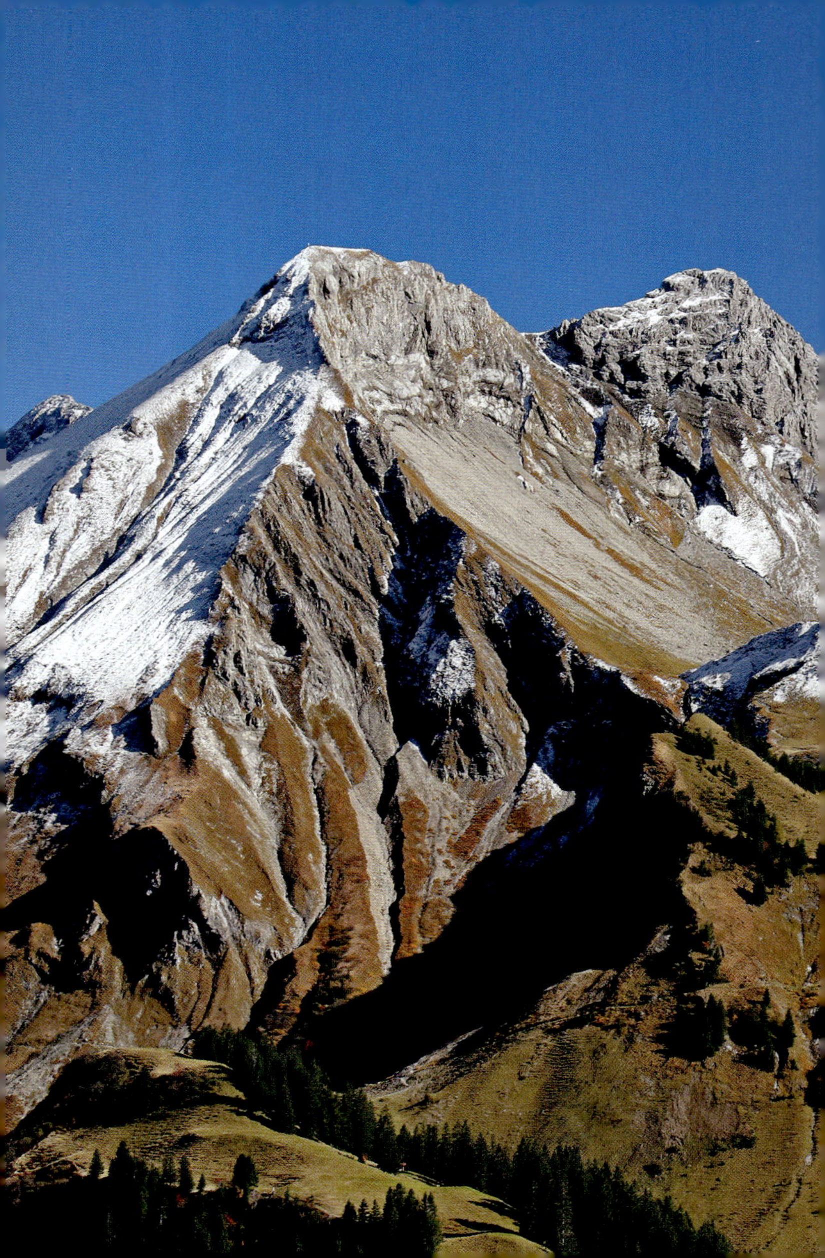

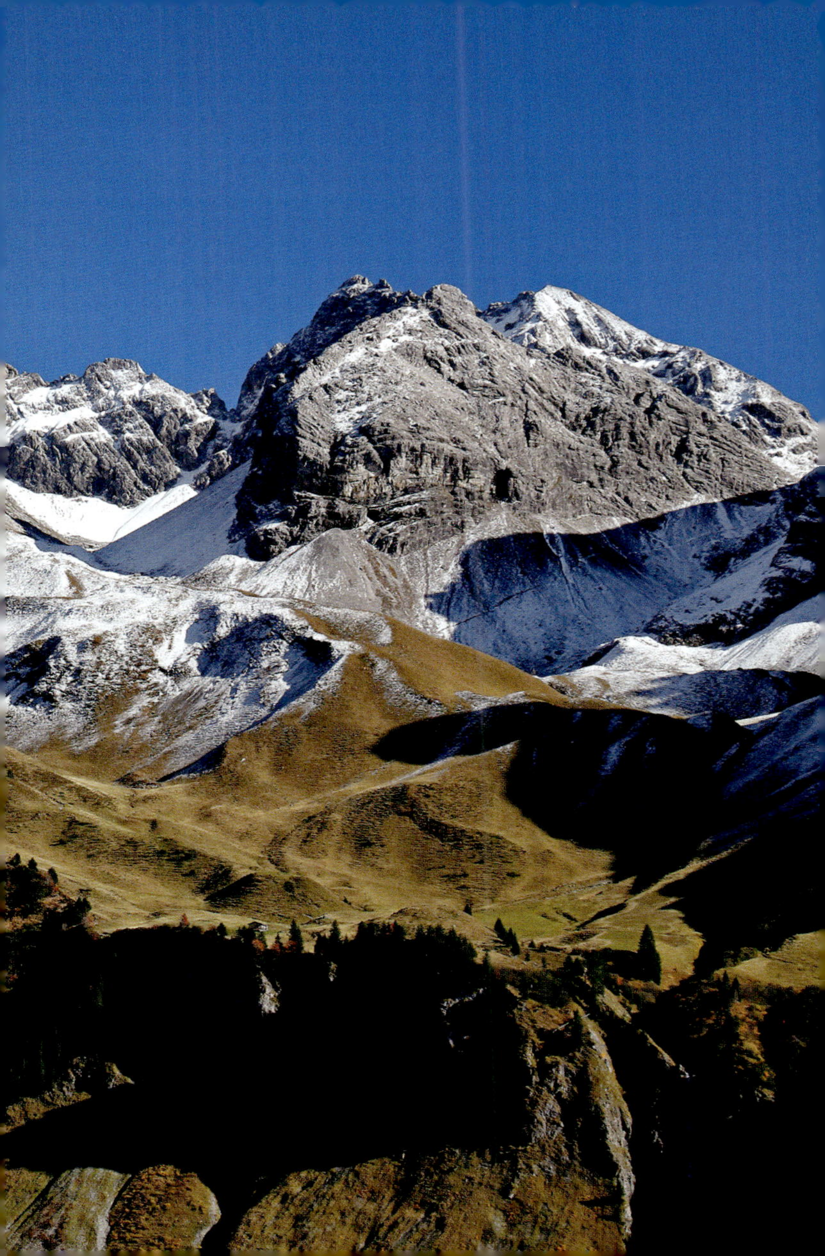

TOP

↗ 180 m | ↘ 370 m | 10.9 km

1 Durch die Breitachklamm

3.15 h

Spektakuläre Schluchtwanderung am Ausgang des Kleinwalsertals

Seit ihrer Erschließung 1904/05 kann man in der Breitachklamm eines der größten Naturwunder des Allgäus hautnah erleben. Die enorme Zahl von mehr als 300.000 Besuchern jährlich ist ein klares Indiz dafür, welchen touristischen Stellenwert diese fesselnde Sehenswürdigkeit besitzt. Nach der Würm-Eiszeit vor rund 10.000 Jahren begann der Fluss, sich in den harten Gesteinsuntergrund einzufräsen und schuf damit eine gewundene Felsenenge, die stellenweise nur wenige Meter breit ist und kaum ein Stück vom Himmel durchblicken lässt. Das Wasser gischtet derweil durch tiefe, glattpolierte Kolke, stürzt sich über Kaskaden und sorgt für eine beachtliche Geräuschkulisse in düsterer Umgebung. Tröpfchenschleier rieseln von den Wänden, die sich senkrecht bis zu 100 Meter über unseren Köpfen auftürmen. Nicht umsonst gilt die Breitachklamm als eine der tiefsten und spektakulärsten ihrer Art. Wir binden die knapp zwei Kilometer messende, eigentliche Klammstrecke in eine Wanderung ein, die bereits in Riezlern beginnt und uns damit noch einen längeren Abschnitt des Kleinwalsertaler Flusses nahebringt, unter anderem auch das »Steinmandlufer«.

Die Steinmandlkolonie am Uferweg wächst ständig weiter.

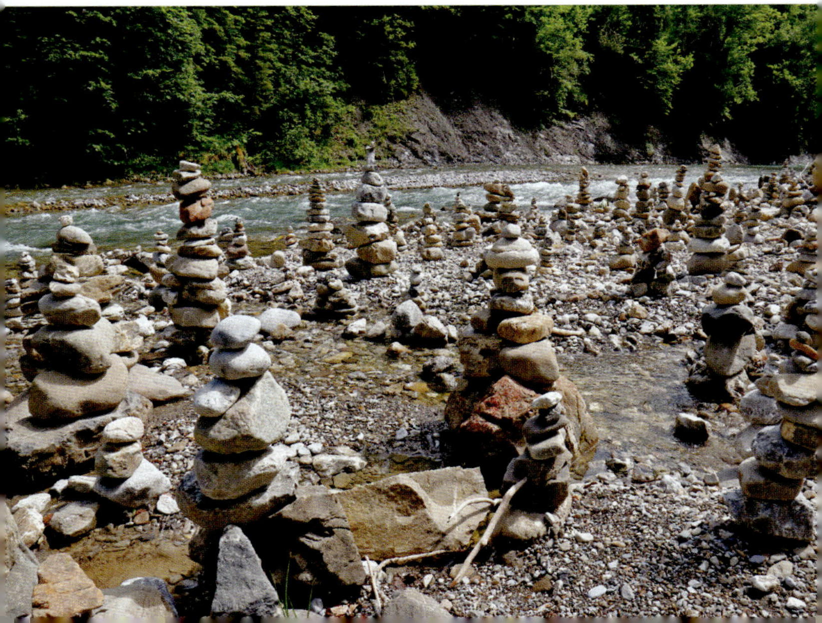

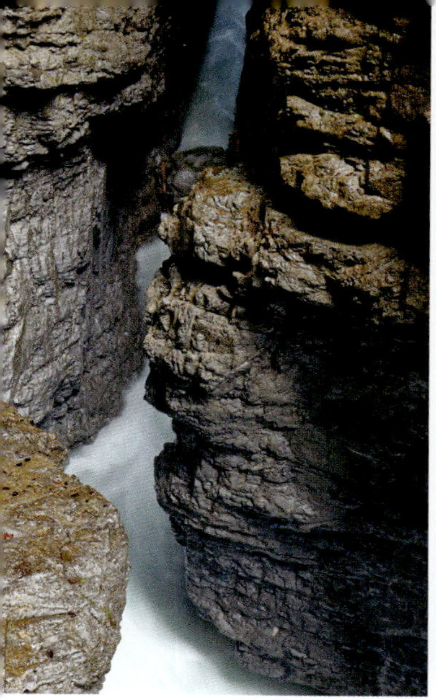

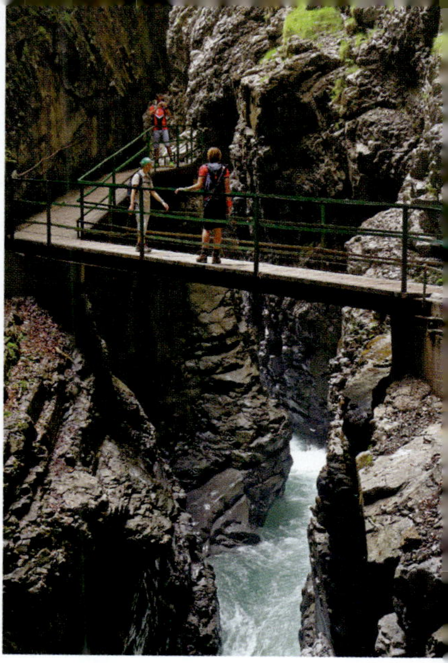

Beeindruckend ist der Gang durch den spektakulären Felsenschlund, den die Breitach in jahrtausenderlanger Kleinarbeit geschaffen hat.

Ausgangspunkt: Riezlern, 1088 m. Diverse öffentliche Parkplätze, per Bus in »Riezlern Post« oder »Außerriezlern« starten (Linie 1 von Oberstdorf).
Endpunkt: Haltestelle Reute, ca. 896 m, an der Buslinie von Oberstdorf ins Kleinwalsertal. Bei Bedarf kann die Tour auch schon am Nordeingang der Klamm beendet werden (Busverbindung via Tiefenbach nach Oberstdorf).
Anforderungen: T2 und T1. Größtenteils ganz leichte, bequeme Talwanderung. In der Klamm perfekte Steiganlage, die freilich meistens nass ist (festes Schuhwerk wichtig; vorsichtig gehen und auf Felsvorsprünge achten). Wenig anstrengende Halbtagestour.
Einkehr: Waldhaus (Do Ruhetag), Gasthaus Breitachklamm (bis auf weiteres geschlossen).
Beste Jahreszeit: Fast ganzjährig. Die Klamm kann auch im Winter besucht werden; im Frühjahr und Spätherbst ist sie jedoch jeweils für einige Wochen geschlossen (siehe auch breitachklamm.com).
Hinweis: Derzeit kostet der Eintritt für Erwachsene 7,50 €, für Kinder 2,50 €.

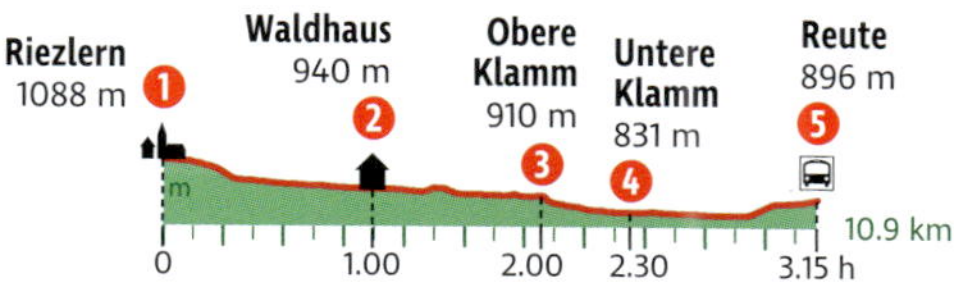

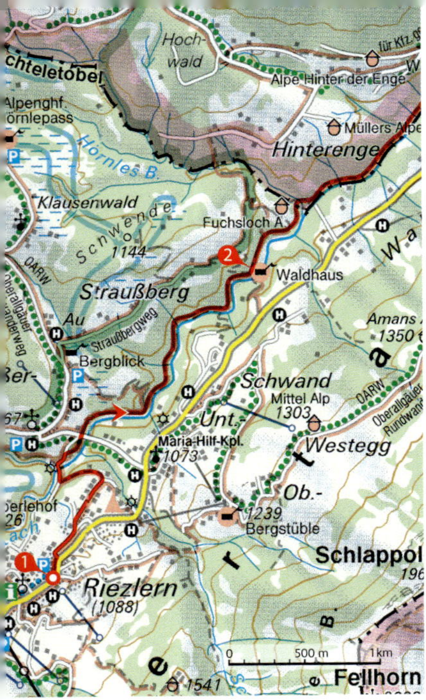

Drunten im Schluchtgrund lädt das Waldhaus zur Stärkung ein.

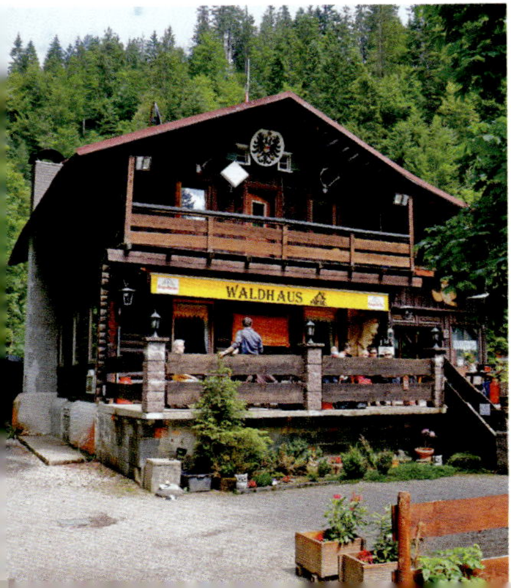

In **Riezlern** ❶ schlagen wir die Leo-Müller-Straße ein, anschließend den Fellhornweg, mit dem es zur Breitach hinuntergeht (ein Zugang von Außerriezlern kommt zwischenzeitlich dazu). Nachdem die alte Schwendebrücke überschritten ist, wandern wir am linken Breitachufer entlang (Abzweig beachten). Wo die neue, hohe Brücke den Einschnitt überspannt, bildet sich bereits eine Verengung aus – die Trasse klammert sich hier an den begrenzenden Felshang. Nach diesem kleinen Vorgeschmack auf die eigentliche Klamm geht es zunächst eine Weile gewöhnlich weiter. Auf Naturwegen kommen wir mit einigen Kurven zum urigen **Waldhaus** ❷, 940 m, voran, entfernen uns danach vorübergehend vom Fluss und müssen derweil auch etwas ansteigen. Zurück am Ufer entdecken wir haufenweise Steinmännchen auf den Kiesbänken. Da gerät wohl so mancher in Versuchung, der Sammlung ein persönliches Exemplar hinzuzufügen. Schließlich verengt sich das Tal zu einer veritablen Schlucht. Ein Metallsteg leitet zu einer Brücke, wo rechtsseitig der Zugang von der Walserschanz einmündet. Wir gelangen zum **oberen Klammeingang** ❸, 910 m, mit der »Kassa Berg«, entrichten die Gebühr und treten in das Kernstück der Tour ein. Trümmer eines Bergsturzes aus dem Jahre 1995 verstärken die wilde Szenerie. Die Felsen rücken nun ganz nah zusammen, hängen mitunter sogar über. Stiegen mit massiven Geländern leiten uns bald rechts, bald links durch den klaustrophobisch wirkenden Schlund, durch düstere

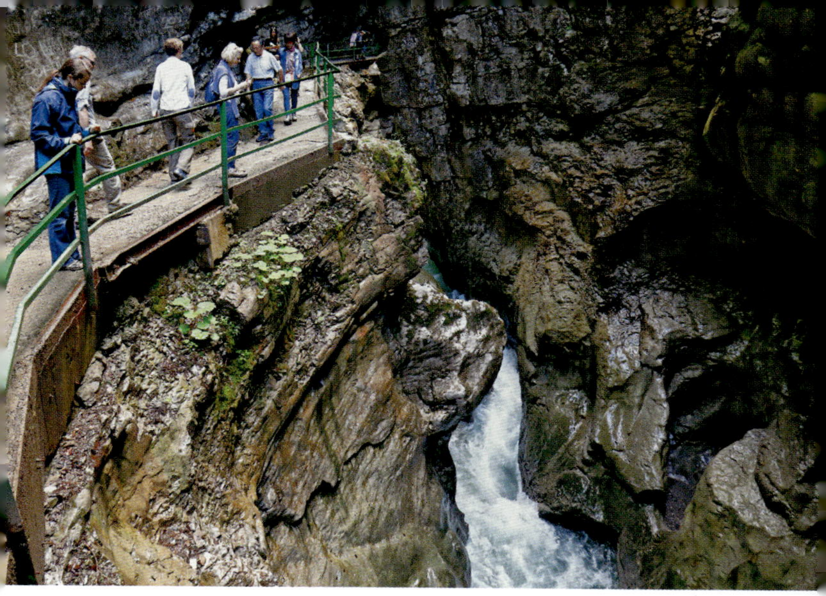

Bestens ausgebaut und gesichert führt der Weg durch die wilde Breitachklamm.

Nischen mit bedrohlichen Klemmblöcken und stets ein paar Meter über dem tosenden Wasser entlang: ein mehr als eindrückliches Erlebnis! Erst nach einer ganzen Weile gibt uns die Klamm wieder frei, und die Breitach beruhigt sich in ihrem Bett. Wir bummeln zum **unteren Klammeingang** ❹, 831 m, mit der »Kassa Tal« und könnten vom Gasthaus Breitachklamm den Bus nach Oberstdorf nutzen. Wer weiterwandern möchte, schweift hinter der Starzlachbrücke rechts ab, begleitet vorerst weiterhin die Breitach, bis sie nach rechts überschritten werden kann. Bei der Gabelung im Wald links und kurzfristig kräftig ansteigend, schließlich ins Wiesengelände bei **Reute** und zur Haltestelle beim Hotel an der Straße ❺.

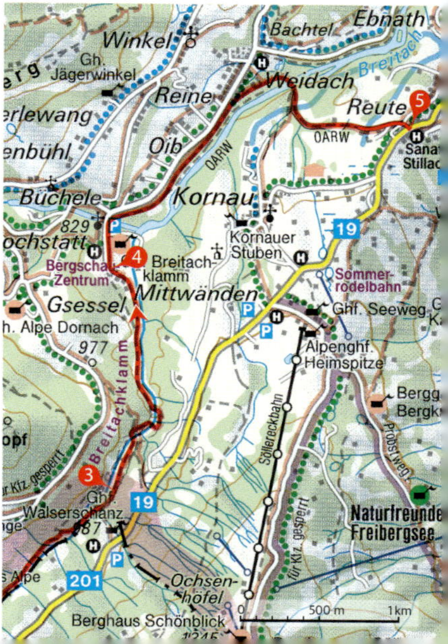

↗ 360 m | ↘ 360 m | 10.5 km

2 Osterbergalpe, 1269 m

3.00 h

Durch eine stille Wald- und Wiesenlandschaft

Bevor sich die Walsertaler Bergkulissen gegen das Talinnere markant aufschwingen, breitet sich im nördlichen Vorfeld eine sanft modellierte Hügellandschaft aus, die im Grunde noch Mittelgebirgsformat besitzt. Hier lockt auf einer freien Anhöhe die Osterbergalpe als Wanderziel. Vom Weiler Außerschwende aus können wir einen gut zehn Kilometer langen Rundkurs ablaufen – gerade recht für ein paar beschauliche Stunden abseits des Trubels.

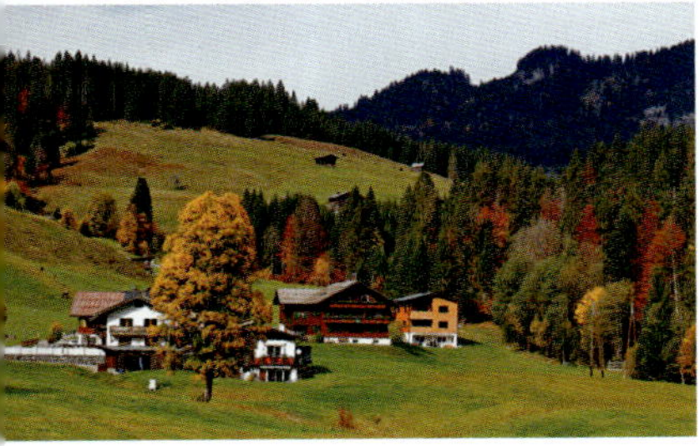

Streusiedlung bei Außerschwende im vorderen Kleinwalsertal.

Ausgangspunkt: Außerschwende, beim Gasthof Bergblick, ca. 1075 m. Zufahrt über die große Brücke vor dem Ortseingang Riezlern und bei der Gabelung rechts. Beschränkte Parkmöglichkeiten, Haltestelle der Buslinie 2 von Riezlern.
Anforderungen: T1. Sehr leichte Mittelgebirgswanderung, überwiegend auf Wirtschaftswegen bzw. kaum befahrenen Straßen, nur zwischendurch mal ein Steigabschnitt. Lockere Halbtagestour, die auch bei unsicherem Wetter problemlos ist.
Einkehr/Unterkunft: Müllers Alpe (Hinterenge), Osterbergalpe (Mi Ruhetag), Alpengasthof Hörnlepass (Mo/Di Ruhetag), Gasthof Bergblick (Di Ruhetag).
Beste Jahreszeit: Fast ganzjährig; in der Wintersaison sind die Alphütten allerdings geschlossen.

Unmittelbar hinter dem Gasthof Bergblick in **Außerschwende** ❶ ist die Straße für den öffentlichen Verkehr gesperrt. Wir nehmen gleich den Rechtsabzweig, der uns durch offenes Gelände zum Straußberghof führt und dort von einem Schotterweg abgelöst wird. Bis zur Gabelung im **Fuchsloch** ❷, 1020 m, verliert man ein paar Höhenmeter. Wir steigen dann aber nicht weiter in die Breitachschlucht ab, sondern halten uns links, kreuzen den Bächteletobel und bewältigen kurzfristig ein steileres Aufwärtsstück bis zu einem Forstweg. Nun in das anheimelnde, von Feuchtwiesen

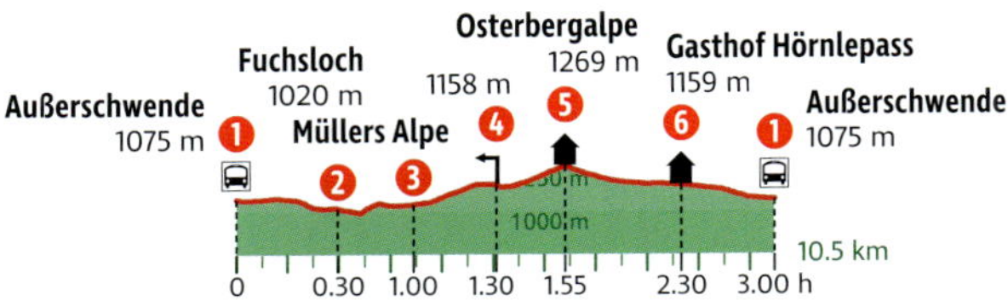

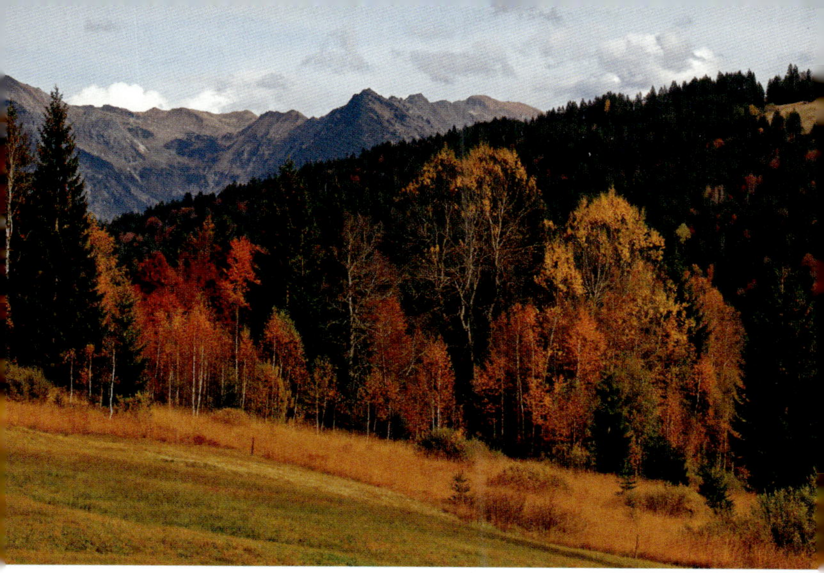

Herbstimpression von den Feuchtwiesen bei Hinterenge.

geprägte Gebiet von Hinterenge hinein. Etwas unterhalb unseres Weges offeriert die **Müllers Alpe** ❸ Getränke und Brotzeiten. Nimmt man dieses Angebot noch nicht wahr, erfolgt ein paar Schritte weiter ein Linksabzweig. Etwas monoton wirkt der anschließende Anstieg durch Waldstücke, ehe wir bei P. 1158 ❹ den geteerten Hauptweg nach links verlassen und die Route zur **Osterbergalpe** ❺, 1269 m, einschlagen. Diese wird schließlich mittels Abstecher erreicht. Von der freien Wiesenkuppe genießen wir eine herrliche Aussicht bis zum Widderstein. Wieder zurück zum letzten Abzweig, wird abermals der Bächteletobel gequert und beim Abzweig zum Hörnlepass ein scharfer Linksknick vollzogen. Der Schotterweg geht in eine Asphaltstraße über und bringt uns zum **Alpengasthof Hörnlepass** ❻, 1159 m, in Außerwald. Von dort noch rund 1,7 km auf dem leicht fallenden Sträßchen zurück zum **Gasthof Bergblick** ❶.

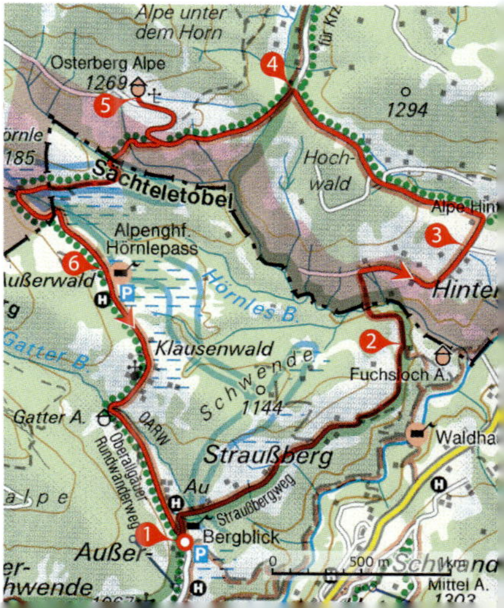

↗ 1130 m | ↘ 1130 m | 16.3 km

3 Untere und Obere Gottesackerwände, 2033 m

7.00 h

Die nördlichen Barrieren des Gottesackerplateaus

Der Gottesacker, topografisch und geologisch untrennbar mit dem markanten Hohen Ifen verbunden, gehört zu den eigenwilligsten Landschaften der Allgäuer Alpen. Seine ausgeprägte Verkarstung ist offenkundig. So zeigt sich der höhere nackte Bereich mit seinen charakteristischen Karrenfeldern (alemannisch meist Schratten genannt) zerfurcht und wasserzerfressen, während es weiter unten durchaus intensiv grünt, wie wir beim Aufstieg durchs Mahdtal feststellen dürfen. Hier entdecken wir auch das Hölloch, einen 96 Meter tiefen, senkrechten Schacht! Die vorgestellte Tour zu den Unteren und Oberen Gottesackerwänden, zwei Felsriegeln, die sich einige Kilometer nördlich vor der Ifenmauer durchs Gelände ziehen und denselben geologischen Ursprung besitzen, ist umwoben von einer gewissen Weltverlorenheit. Wirklich anspruchsvoll ist zwar nur der kleine Seitensprung entlang der ausgesetzten Gratlinie, doch eine gewisse Bereitschaft, unter beschwerlichen Bedingungen unterwegs zu sein, sollte man schon mitbringen.

Die Oberen Gottesackerwände ziehen sich auf vier Kilometer Länge durchs Gelände.

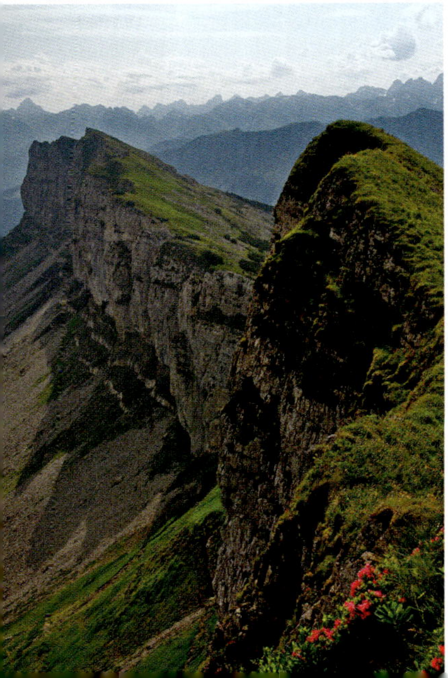

Ausgangspunkt: Innerschwende, Parkplatz in der Nähe der Zufahrt zur Höflealpe, ca. 1050 m. Busanbindung von Riezlern (Linie 2).
Anforderungen: T4 an den Oberen Gottesackerwänden, sonst T2–3. Kleine, verschlungene Steige in karstigem Terrain, mithin oft holprig. Der bewachsene Anteil überwiegt, weshalb die Bedingungen bei Nässe recht unangenehm sein können (rutschiger Untergrund). Im Karst bei schlechter Sicht erhöhter Orientierungsanspruch, jedoch durchgängig markiert, bis auf den optionalen Abstecher am Grat (P. 2033). Dort weglos mit Stellen I (»schwarz«), ansonsten keine schwierigeren Passagen, aber absolut tagfüllende Tour. Ohne den Abstecher stehen 900 Hm und gut 6 Std. zu Buche.
Einkehr: Keine am Weg.
Beste Jahreszeit: Mitte/Ende Juni bis in den Oktober, solange schneefrei.
Variante: Aufstieg zu den Unteren Gottesackerwänden auch nordseitig von Rohrmoos, 1070 m, aus möglich. Damit wird eine Rundtourmöglichkeit aber erheblich verkompliziert.

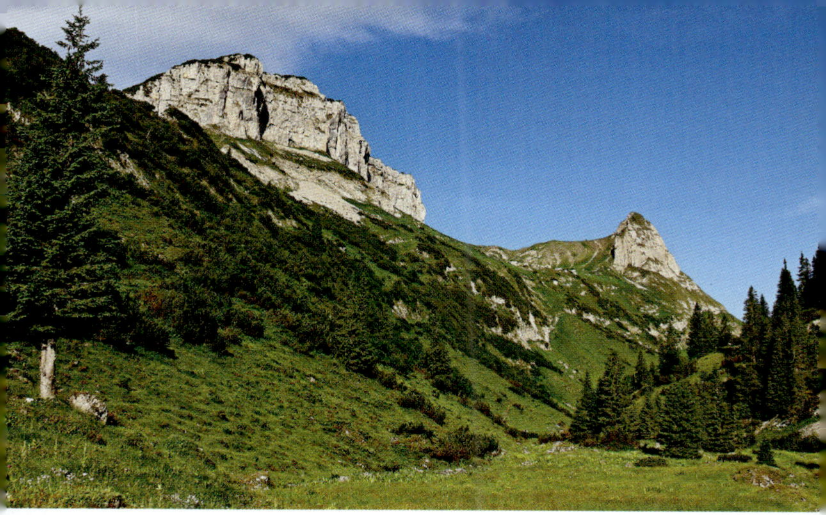

Der Zustieg zum Gottesacker erfolgt durchs romantische Mahdtal.

In **Innerschwende** ❶ fahren wir Richtung Mahdtalhaus und nehmen dann zu Fuß den Güterweg zur Höflealpe, 1192 m, auf. Von dort zieht ein von ausgewaschenen Felsen durchsetzter Steig mäßig steil weiter ins Mahdtal hinein. Man passiert das abgrundtiefe, durch Geländer abgesicherte **Hölloch** ❷ sowie die **Mahdtalalpe**, 1499 m. Jetzt freier über karstige Wiesen durch den romantischen oberen Talabschnitt zur Einmündung des Steiges von Rohrmoos knapp unterhalb des **Windecksattels** ❸, 1752 m. Wir folgen dieser Route nach rechts ca. 100 Höhenmeter aufwärts bis auf den Latschenkamm der **Unteren Gottesackerwände** ❹, 1846 m, die zwar keine echten Gipfel bilden, aber trotzdem einen Abstecher wert sind.

Zurück am **Windecksattel** ❸ wandern wir am auffälligen Torkopf rechts vorbei und kommen über einen Boden zum Abzweig einer Route nach Si-

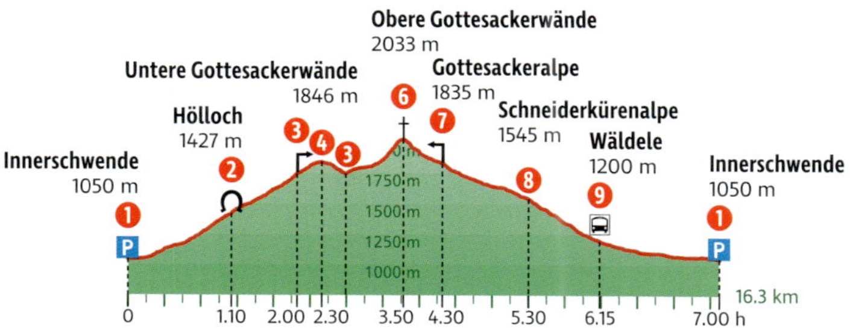

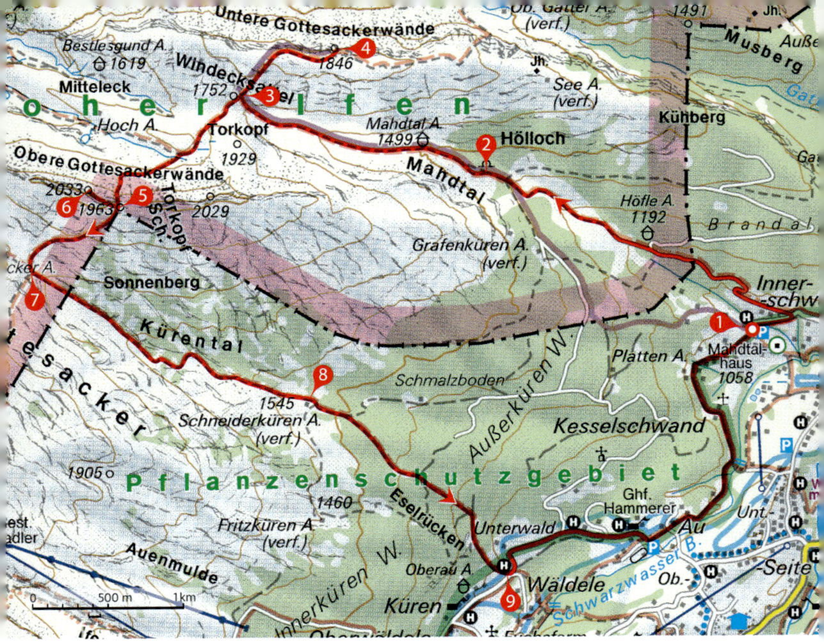

bratsgfäll beim Torkopfsattel, 1790 m. Für uns geht es schräg gegen die eindrucksvollen Oberen Gottesackerwände hinan, wobei wir mit einigen Kehren die **Scharte** ❺, 1963 m, als wichtigen Durchlass gewinnen. Wer hier westwärts pfadlos am Grat hinaufkraxelt und noch ein Stück der scharfen Grasschneide folgt, kommt mit einem exponierten Kletterzug auf eine kotierte Erhebung der **Oberen Gottesackerwände** ❻, 2033 m: eine tolle Aussichtswarte über dem nordseitigen Abbruch und dem Karstplateau im Süden!

Die Fortsetzung der Tour führt ab **Scharte** ❺ in diese Richtung. Recht verwinkelt laviert man durch das Karrenterrain abwärts zur verfallenen **Gottesackeralpe** ❼, 1835 m, und schlägt bei der Kreuzung links die Route ins Kürental ein. Der gassenartige Geländeeinschnitt bringt uns in typischem, teils üppig sprießendem Bedecktkarst zur **Schneiderkürenalpe** ❽, 1545 m, mit Jagdhütte und einem historisch belegten Jäger- bzw. Eremitenrastplatz. Im weiteren Verlauf tauchen wir in den Wald ein, kreuzen eine Forststraße und kommen im Ortsteil **Wäldele** ❾, 1200 m, heraus. Von dort könnte man per Bus mit einmaligem Umsteigen wieder zum Ausgangspunkt gelangen. Oder man folgt zu Fuß der Straße bzw. einem Parallelweg bis zum Sportplatz, biegt dort ab und marschiert auf breiten Wander- bzw. Fahrwegen zurück nach **Innerschwende** ❶.

↗ 980 m | ↘ 980 m | 13.9 km

5.45 h

Hahnenköpfle, 2082 m

4

Über den zerschründeten Gottesacker

Schon der Name drückt die Ehrfurcht der Menschen aus, die auf dem verkarsteten Hochplateau nördlich des Ifenstocks der Natur wohl immer nur schwer etwas zum Leben abtrotzen konnten. Die Gottesackeralpe ist bereits in den 1930er-Jahren aufgegeben worden und längst verfallen. Es dominieren scharfkantige, von Rillen, Klüften und Dolinen durchzogene Karrenfelder, die der geologischen Formation des Helvetikums zugeordnet werden: einst abgelagerter Meeresboden, im Zuge der Alpenfaltung emporgehoben und später vom Zahn der Zeit zernagt, vor allem durch chemische Lösungsverwitterung, die man auch Verkarstung nennt. Gleichwohl zeigen sich auch begrünte Wannen mit Graspolstern und den Farbtupfern einer seltenen Flora, anderswo latschenbestandene Zonen, in denen das Wild Einstände findet. Im südlichen Teil des Gottesackers erhebt sich das Hahnenköpfle, direkt vor der senkrechten Ifenmauer eigentlich nur ein unscheinbarer Gupf, aber eine tolle Aussichtskanzel zwischen Allgäu und Bregenzerwald. Mit einem Zustieg durchs Kürental (wo von Archäologen ein steinzeitlicher Lagerplatz entdeckt wurde) oder auch im Anschluss an Tour 3 lernen wir das Gepräge dieser für das Kleinwalsertal außergewöhnlichen Landschaft aufs Intensivste kennen. Am Hahnenköpfle selbst sowie beim Abstieg durch die Ifenmulde geht es dann wesentlich lebhafter zu.

Beim Aufstieg durchs stille Kürental.

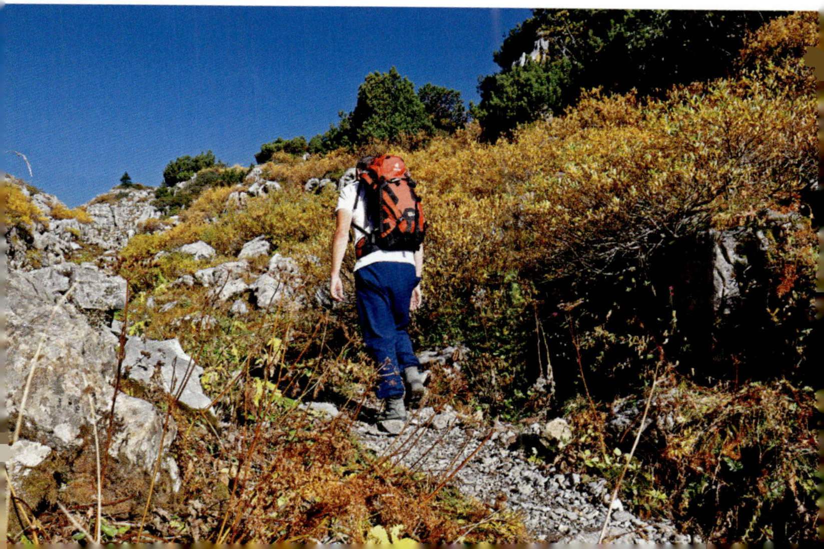

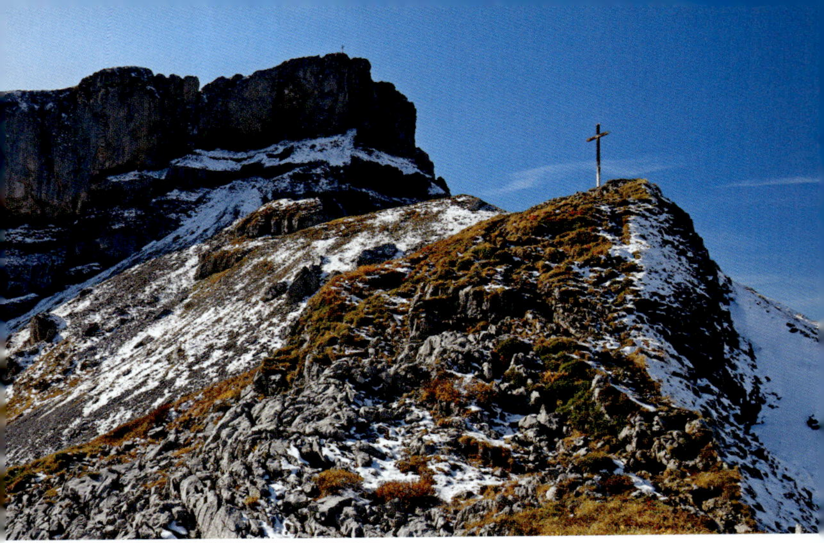

Das Hahnenköpfle – Aussichtskanzel vor der nördlichen Ifenmauer.

Ausgangspunkt: Wäldele, beim Haus Sonnblick, ca. 1200 m (Beginn des Weges zur Schneiderkürenalpe). Bushaltestelle der Linie 3 von Riezlern, geringe Parkmöglichkeiten am Straßenrand. Alternativ kann man auch bei der Auenhütte parken und das Schlussstück der Tour an den Anfang legen bzw. diese umgekehrt vollziehen (ggf. sogar mit der Ifenbahn I etwas abkürzen).
Anforderungen: T3. Recht holpriger, vegetationsreicher und bereits teils karstiger Zustieg zum Hochplateau. Dort ausgedehntes Karstterrain, verschlungene Routenführung, obschon meist gepfadet, teils über nackte Karrenfelder. Abstiegsweg durch die Ifenmulde deutlich bequemer. Solide Trittsicherheit und Orientierungsvermögen nötig, bei Nebel nicht ratsam. Volle Tagestour.
Einkehr: Ifenhütte, Auenhütte (Mo Ruhetag), Hotel Küren.
Beste Jahreszeit: Ende Juni bis Mitte/ Ende Oktober.

Beim Haus Sonnblick in **Wäldele** ❶ nehmen wir den Zugang zum Gottesacker auf, beginnen auf breiter Trasse, die 10 Minuten später von einem Waldsteig abgelöst wird. Richtung **Schneiderkürenalpe** ❷, 1545 m, wird es bereits recht holprig, mehr noch auf der Fortsetzung, die durch den seichten Einschnitt des Kürentals (im oberen Bereich mitunter auch als Gottesackerloch bezeichnet) gegen das zentrale Plateau hinaufführt. Obgleich stark bewachsen, zeigt der karstige Untergrund schon typische Erscheinungsformen und ist speziell bei feuchten, erdverschmierten Felsen nicht immer lustig zu begehen. So gestaltet sich der Aufstieg bis zum Standort der verfallenen **Gottesackeralpe** ❸, 1835 m, recht langwierig. An der wichtigen Kreuzung auf der Hochfläche wenden wir uns links gen Süden und überschreiten nun die Kuppen »am hohen Döllen« (Flurname in der

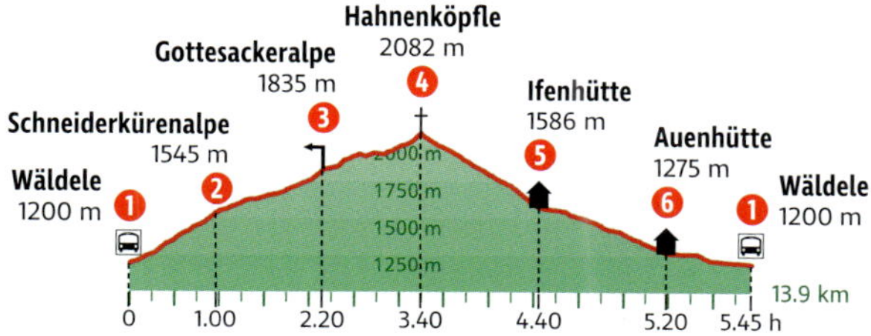

AV-Karte) – meist über typischen Schrattenkalk. Eine Weile säumen noch Latscheninseln den Weg, ehe der Untergrund Richtung Hahnenköpfle fast komplett kahl wird. Wir achten auf die undeutliche Gabelung, halten uns dort rechts (also nicht zur Seilbahnstation) und ersteigen das **Hahnenköpfle** ❹, 2082 m, damit von Nordosten her.

Das Bergab leitet in die obere Ifenmulde, bald schon an der Bergstation der nagelneuen Ifenbahn II vorbei. Ziemlich geradlinig zieht der ordentliche Weg weiter parallel zur Seilbahntrasse, während die geröllreiche Hangmulde selbst rechts bleibt, und über eine Geländeschwelle hinweg in Kehren befestigt zur **Ifenhütte** ❺, 1586 m. Wer hier die Annehmlichkeit der Technik (Ifenbahn I) ausschlägt, holt mit dem Wirtschaftsweg weit nach links aus und wandert zu Fuß bis zum großen Gasthof **Auenhütte** ❻, 1275 m, hinunter. Am Parkplatz schlägt man den Verbindungsweg nach **Wäldele** ein – zuletzt entlang der Anrainerstraße zurück zum Ausgangspunkt ❶.

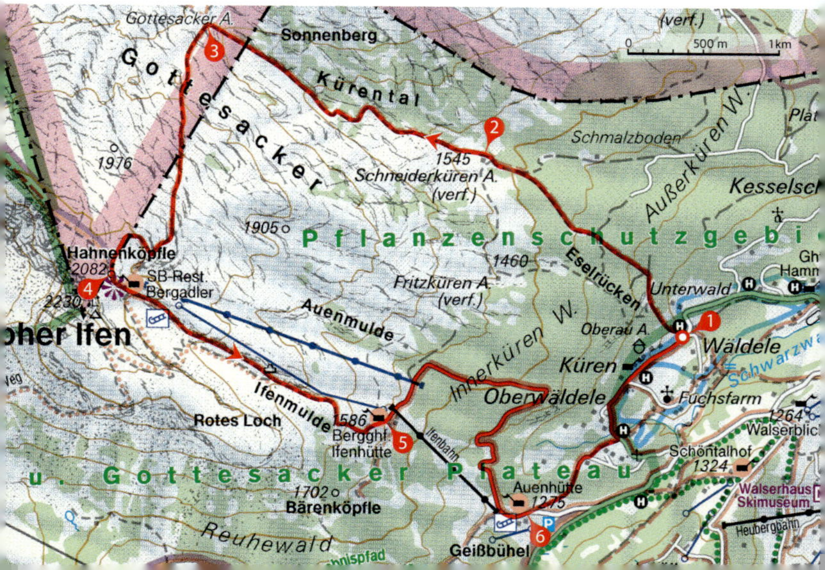

TOP

↗ 750 m | ↘ 1060 m | 13.0 km

5 Hoher Ifen, 2230 m

5.15 h

Ein unverwechselbarer Charakterberg der Region

Der Hohe Ifen ist wahrlich ein Unikum! Mit seiner schrägen Gipfelplatte Blickfang über dem Kleinwalsertal, in Aufbau und Gestalt sicher einer der eigentümlichsten Berge alpenweit. Das Richtung Südosten geneigte, grüne Pultdach über der sogenannten Ifenmauer, die sich als Schrattenkalk-Paket quasi rings um den Berg zieht und wie ein riesiger Schiffsbug anmutet, macht den Hohen Ifen unverwechselbar. Als weiteres Markenzeichen hinzu kommt noch der faszinierende Gottesacker, den wir als Karstplateau ja schon bei den Touren 3 und 4 ausführlich inspiziert haben. Umgeben ist diese geradezu modellhaft aufgeschlossene Formation der Helvetischen Kreide von einem wesentlich weicheren Flyschmantel, der sich als besonders vegetationsfreundlich erweist, den Wanderer aber mitunter auch mit glitschigen Wegverhältnissen nerven kann. Vorgestellt wird in diesem Kapitel die klassische Überschreitung mit relativ raschem Aufstieg aus der ostseitigen Ifenmulde und ausschweifendem Bogen über die Schwarzwasserhütte beim Abstieg. Einsamkeit darf man hier nicht erwarten, doch die verschiedenen Landschaftselemente und die fabelhafte Gipfelaussicht verdienen absolut ihre Sternchen!

Von der Schwarzwasserhütte haben wir die Ifen-Südseite im Überblick.

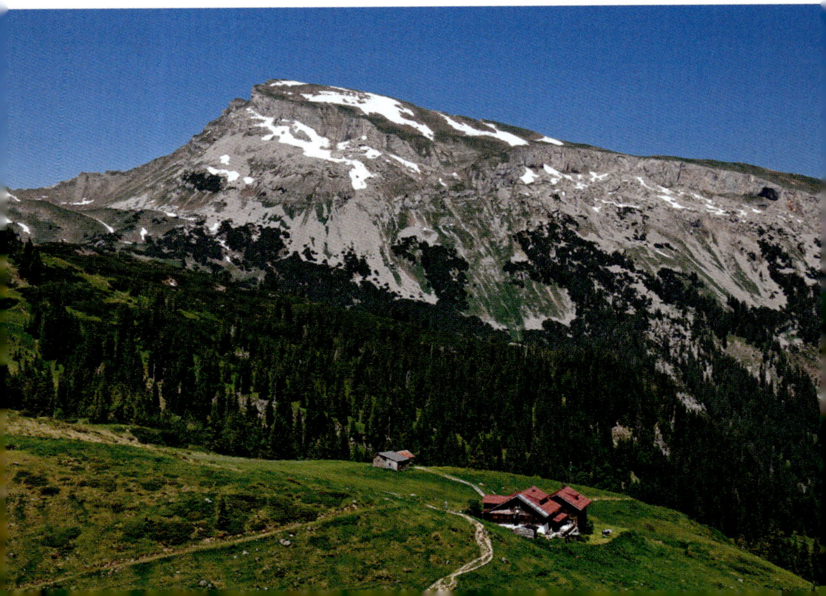

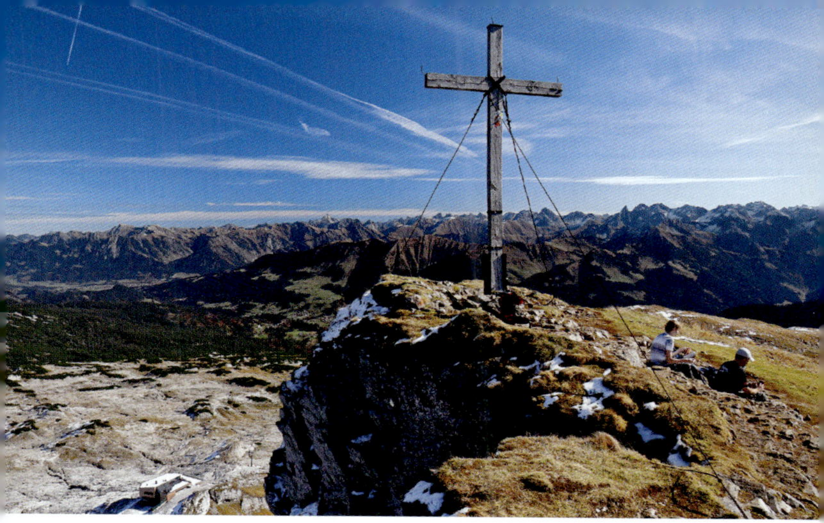

Hochgefühl am Gipfel: Prächtig spannt sich die Gipfelflur der Allgäuer Alpen auf.

Ausgangspunkt: Gasthof Auenhütte, 1275 m, großer Parkplatz mit regelmäßigem Busverkehr (Linie 5) von Riezlern. Von dort mit der neuen Ifenbahn I zur Ifenhütte, 1586 m. Sommerbetriebszeiten zwischen Ende Mai bis Ende Oktober täglich von 8.30 bis 16.45 Uhr.
Anforderungen: Maximal T3–4. Gesicherte Steilpassagen erfordern sowohl an der nördlichen Ifenmauer als auch im Plattenriegel am Eugen-Köhler-Weg Trittsicherheit und Schwindelfreiheit. Davon abgesehen normale, wenig schwierige Bergwege, zwischen Ifersguntalpe und Schwarzwasserhütte jedoch bei Nässe schnell rutschig. Konditionell durchschnittliches Tagespensum.
Einkehr: Ifenhütte, Ifersguntalpe (während der Alpzeit), Schwarzwasserhütte (Tel. +43 5517 30210), Melköde, Auenhütte (Mo Ruhetag).
Beste Jahreszeit: Ende Juni bis Mitte Oktober.
Variante: Wer eine Stunde Aufstieg zusätzlich nicht scheut, kann ohne Weiteres auf die Seilbahn verzichten und ggf. schon zeitiger am Morgen starten. Gestandene Bergfexe erwägen sogar die Kombination mit der Gottesacker-Überschreitung (siehe Tour 4).

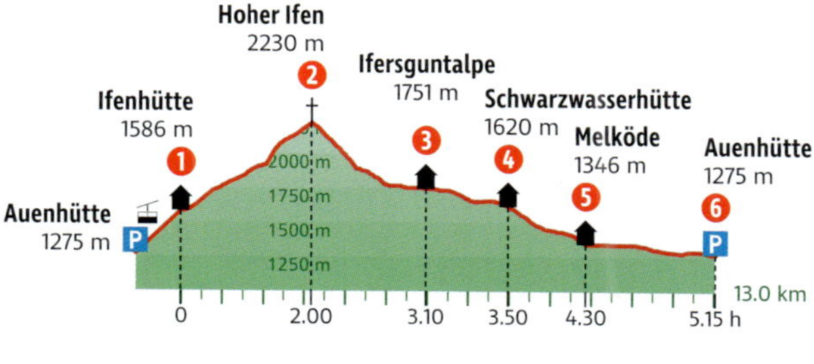

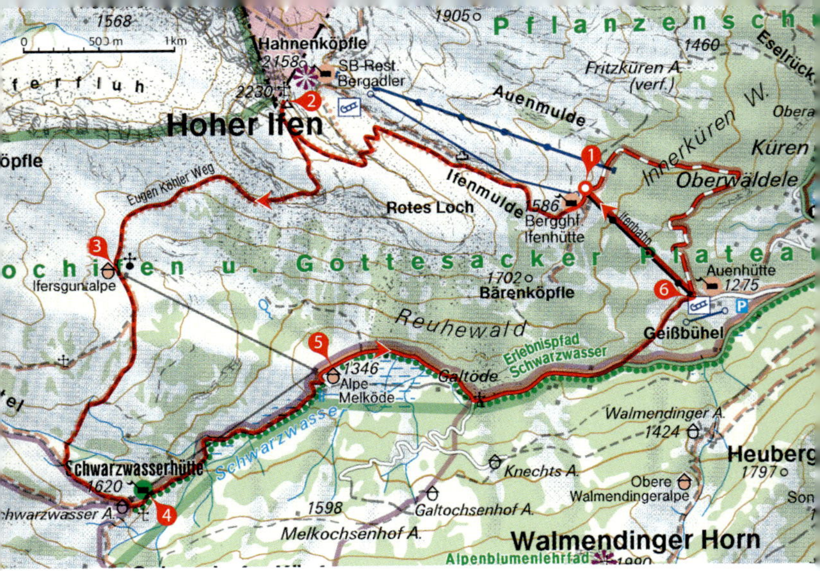

An der neu konzipierten Ifenbahn nutzen wir die erste Sektion, die auch im Sommer verkehrt, und starten somit schon etwas erhöht bei der **Ifenhütte** ❶. Ein gut ausgebauter Weg windet sich zu einer Geländeschwelle hinauf und gabelt sich ein Stück weit dahinter noch im unteren Bereich der Ifenmulde. Wir wählen den linken Ast, der zunächst noch fast parallel verläuft, sich dann aber durch die aufsteilende Geröllhalde der düsteren Felsfluh nähert. Nach Einmündung des Zugangs von der Station Bergadler steht nun der Durchstieg der Barriere bevor, entschärft durch etliche Drahtseile. Diagonal nach links schlüpfen wir zuerst hinter einem Zacken hindurch und gewinnen mit allenfalls ein wenig Kraxelei den Ausstieg auf das mäßig geneigte, sonnseitige Pultdach des Ifen, das von Grasmatten überzogen ist: ein Kontrast sondergleichen! Hier nun wieder in der ursprünglichen Westrichtung gipfelwärts, zuletzt gemeinsam mit dem Eugen-Köhler-Weg

Auffällig liegt die Ifenplatte über dem inneren Schwarzwassertal.

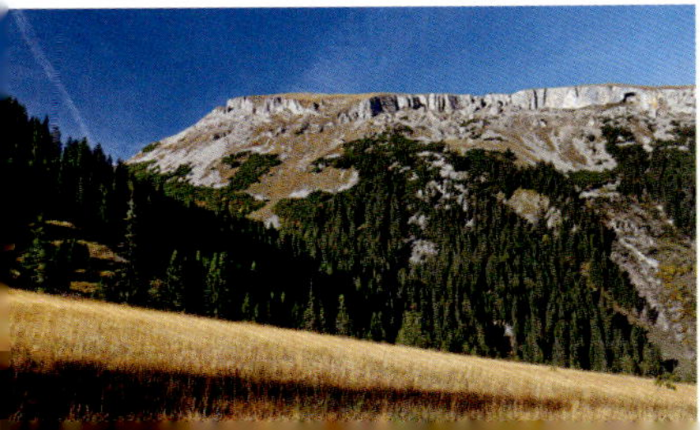

Rückblick aus dem Bereich der Ifersguntalpe.

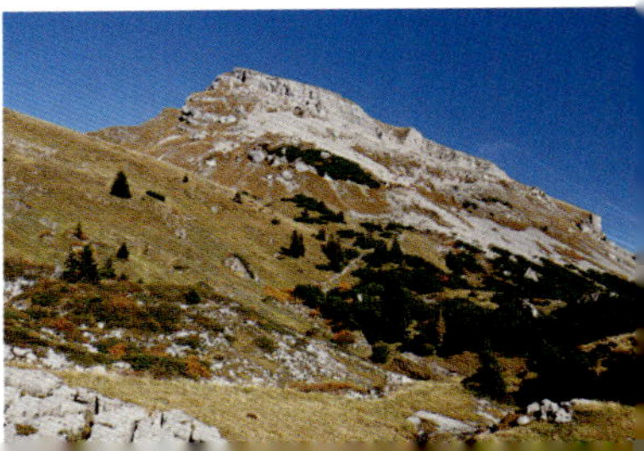

zum Kreuz auf dem **Hohen Ifen** ❷, 2230 m. Senkrechte Abbrüche gegen Norden und Westen sorgen auch für spektakuläre Tiefblicke.
Beim Abstieg folgen wir dem besagten Eugen-Köhler-Weg tiefer auf die Geländeabdachung hinab, holen dabei relativ weit nach links gegen das Rote Loch aus und geraten mit einem Rechtsknick in den unvermeidlichen Steilriegel, und zwar an seiner schwächsten Stelle. Plattiger, abwärts geschichteter Fels gemahnt hier zur Vorsicht, doch helfen Drahtseile und eingebohrte Trittschienen. Teils schräg abwärts, teils auch mal über Schuttfelder querend läuft die Route ins begrünte, deutlich flachere Gelände hinein: Übergang in die Flyschzone. Wir vollziehen einen Bogen zur **Iferguntalpe** ❸, 1751 m, und haben im Anschluss einige Gräben zu kreuzen (kurze Gegenanstiege). Über die Grappa kommen wir auf die Wiesen bei der ehemaligen Zollhütte und insgesamt leicht abwärts zur bewirtschafteten **Schwarzwasserhütte** ❹, 1620 m. Von dort windet sich ein gut ausgebauter Weg ins Schwarzwassertal hinab. Am bergseitigen Ende des großen Wiesenplans – übrigens ein längst verlandeter See – empfängt uns die Alpe **Melköde** ❺, 1346 m. Dann passieren wir den Talanger linksseitig, laufen an einem Bergsturzareal vorbei flach weiter zum Beschneiungsteich für das Ifen-Skigebiet und halten uns bei der Gabelung links. Nach einer minimalen Gegensteigung am Geißbühel schließt sich der Kreis Richtung **Auenhütte** ❻.

Gen Westen streicht die Iferfluh aus. Die Fernschau reicht bis zum Säntis.

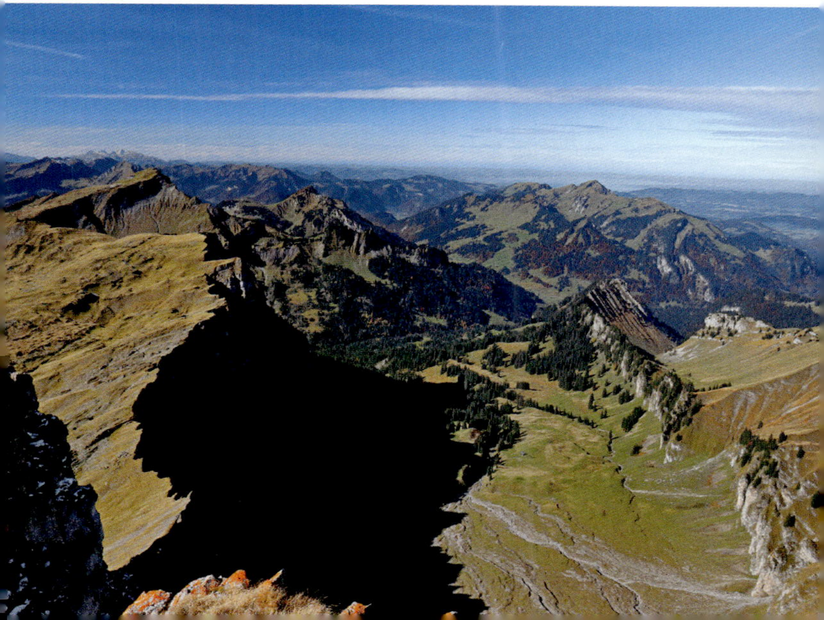

↗ 970 m | ↘ 970 m | 15.2 km

6 Steinmandl, 1982 m, und Grünhorn, 2039 m

6.00 h

Pfiffige Grattour über der Schwarzwasserhütte

Das Einzugsgebiet der Schwarzwasserhütte erweist sich als recht ergiebig. Zwei Gipfel, die diesem Stützpunkt am nächsten liegen, heißen Steinmandl und Grünhorn. Manch einen wird die Überschreitung in einem Zug reizen, doch Obacht: Das ist kein Spaziergang! Vor allem der hindernisreiche Mittelteil des Grates fordert uns mit luftigen Passagen in blockigem, umwachsenem Gestein. Genusswanderer begnügen sich überhaupt meist mit dem Aufstieg durchs Schwarzwassertal bis zur Hütte, die in einem weitläufigen Wiesenkessel einen idyllischen Standort besitzt.

Ausgangspunkt: Gasthof Auenhütte, 1275 m, im Schwarzwassertal. Zufahrt von Riezlern bis zu den gebührenpflichtigen Parkplätzen, auch regelmäßig per Bus (Linie 5).
Anforderungen: T4 am Grat, Normalwege jeweils maximal T3. Die Steige zum Steinmandl und von Osten aufs Grünhorn sind relativ schmal und manchmal steil, aber ohne besondere Schwierigkeiten. Am Grat hingegen blau-weiß markierte Alpinroute, verschlungen und stellenweise ausgesetzt mit ungesicherten Passagen im I. Grad. Ausgeprägte Trittsicherheit und Schwindelfreiheit Voraussetzung, zudem nur bei trockenen Verhältnissen ratsam. Vom Tal aus tagfüllend, ab Schwarzwas-

Aurikeln kleben am ausgesetzten Grat.

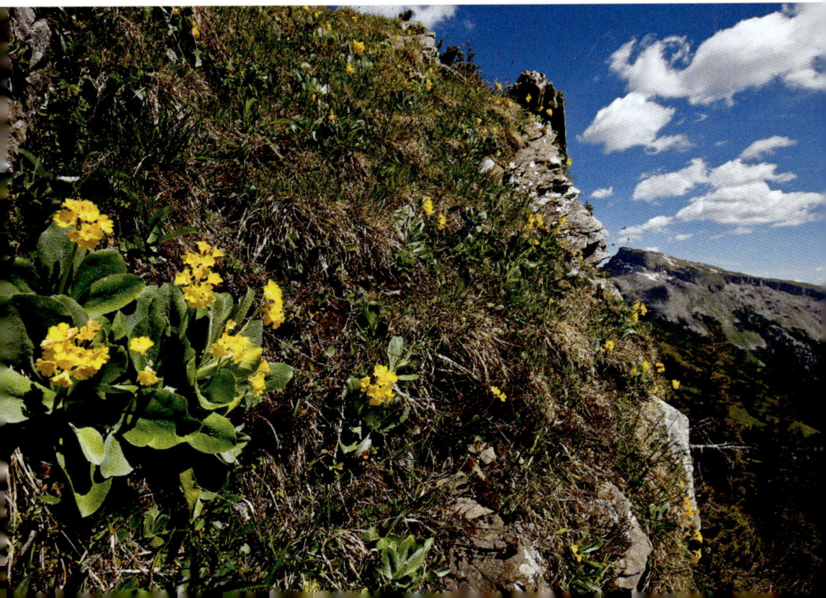

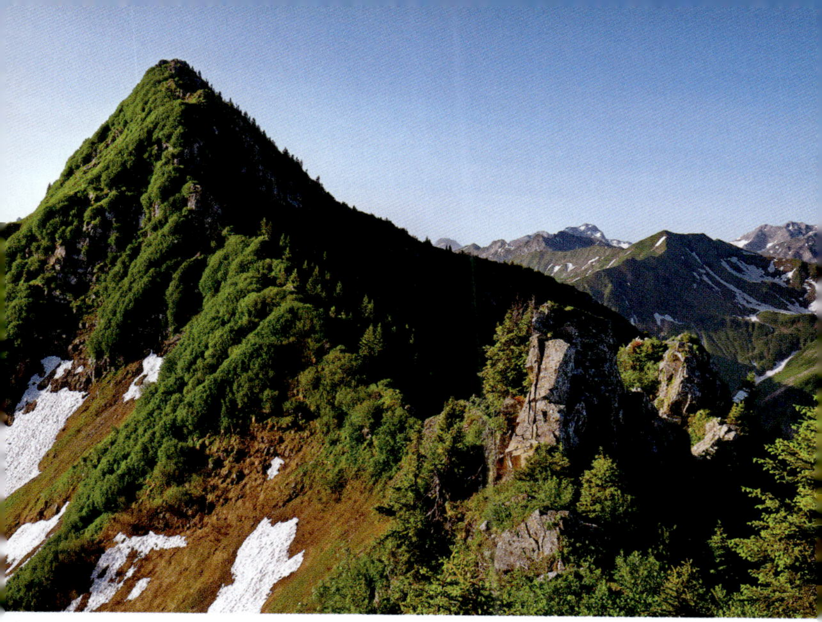

Grataufschwung zum Nordgipfel des Grünhorns.

serhütte Halbtagespensum.
Einkehr: Gasthof Auenhütte (Mo Ruhetag), Melköde, Schwarzwasserhütte (Tel. +43 5517 30210).
Beste Jahreszeit: Mitte Juni bis Mitte Oktober.

Mit der ersten Steigung ab **Auenhütte** ❶ geht es am Geißbühel vorbei. Der breite Wirtschaftsweg zieht weiter ins urtümliche Schwarzwassertal hinein (mit Bergsturzfeld) und passiert den großen Wiesenboden der Galtöde, an deren Ende sich die Alpe **Melköde** ❷, 1346 m, befindet. Gleich hinter der Jausenstation folgt die Hauptsteigung zur stattlichen **Schwarzwasserhütte** ❸, 1620 m, abwechslungsreich durch Waldparzellen, offene Wiesen und Hochmoore.

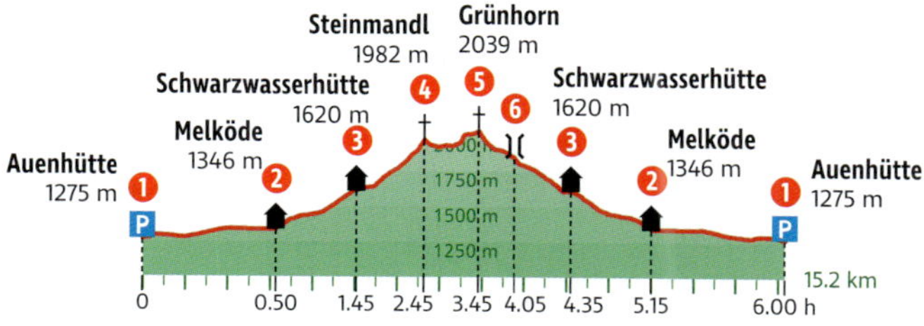

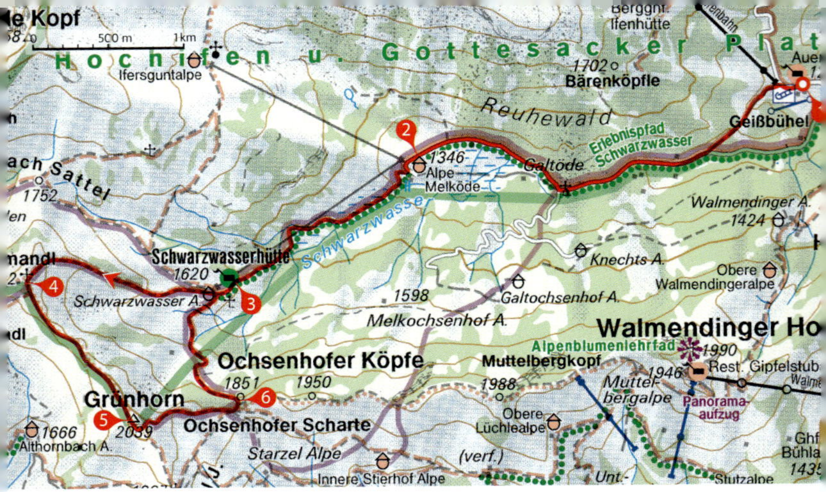

Bei der Unterkunft orientieren wir uns westwärts und wählen an der nächsten Gabelung die linke Route zum Steinmandl. Vorerst geht es noch sachte bergauf, zwischenzeitlich mal durch Latschenfelder, ansonsten grasbewachsen. Von Erlen gesäumt, wird der Pfad nach oben hin merklich steiler. Er verläuft meist links vom Gratrücken, tangiert diesen gelegentlich aber auch. Nach einer Stunde ab Hütte ist das **Steinmandl** ❹, 1982 m, gewonnen. Wir setzen die Überschreitung südwärts fort, lassen in Kürze die Route zum Neuhornbachhaus unbeachtet und kommen nach etwas Höhenverlust zu einem anspruchsvollen Gratabschnitt. Der kleine Pfad laviert hier geschickt, jedoch wiederholt ausgesetzt um einige felsige Hindernisse, wird immer wieder auch vom niederen Baumbestand bedrängt (speziell bei seitlichen Traversen) und verlangt mehrmals die Unterstützung der Hände (Stellen I ohne Sicherungen). Zum Nordgipfel des **Grünhorns** steilt das Gelände beachtlich auf, ehe der letzte Übergang zum Hauptgipfel ❺, 2039 m, etwas gutmütiger ausfällt. Der ostseitige Abstieg verläuft windungsreich in der Flanke bzw. teils nah der Kante Richtung **Ochsenhofer Scharte** ❻, 1851 m, wo wir uns auf die Nordseite wenden. Links ausholend hinab auf die Verebnung und im Bogen zur **Schwarzwasserhütte** ❸; von dort schließlich auf bekanntem Weg zurück zum Ausgangspunkt.

Ein paar unscheinbare Hindernisse erweisen sich als durchaus knifflig.

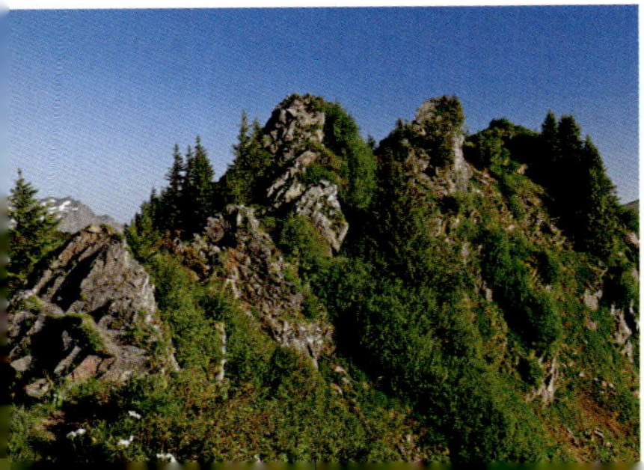

↗ 670 m | ↘ 670 m | 17.0 km

5.20 h

Talrunde zwischen Hirschegg und Baad

7

Anheimelnde Perspektiven auf die Walserdörfer

Diese Wanderung bringt uns den engeren Talbereich um die Ortschaften Hirschegg, Mittelberg sowie Baad ganz zuhinterst näher. Immer wieder erfreuen uns veränderte Perspektiven auf die Dörfer mit ihren malerischen Bergkulissen. Zunächst bewegen wir uns am Sockel des Walmendinger Horns taleinwärts, folgen ab Baad dann in umgekehrter Richtung ein Stück weit der Breitach, um in den Einschnitt des Wildentals einzuschwenken und die Runde am Hang entlang Richtung Hirschegg zu schließen. Für weniger Marschtüchtige sind natürlich auch abschnittsweise Begehungen machbar.

Ausgangspunkt: Hirschegg, 1124 m. Diverse Parkmöglichkeiten, zentrale Bushaltestelle »Walserhaus« der Linie 1.
Anforderungen: T1. Überwiegend breite, befestigte Wege bzw. abschnittsweise kleine Straßen, ohne jegliche Schwierigkeiten. Die Gesamtstrecke stellt aber gewisse Anforderungen an die Ausdauer und ist durchaus tagfüllend.
Einkehr: Sonna-Alp (Di Ruhetag), Gasthof Bühlalpe (Mi Ruhetag), Stutzalpe, Baad, Untere Wiesalpe (Mi/Do Ruhetag), Innere Wiesalpe (Mo Ruhetag).
Beste Jahreszeit: Praktisch ganzjährig möglich, außer nach ergiebigen Schneefällen.
Varianten: 1. Von der Bühlalpe zum Baader Höhenweg und nach Baad.
2. Die Schleife über die Wiesalpen kann abgeschnitten werden.
3. Am Ende über Zwerwald bis Riezlern fortsetzen.

Sommeridyll auf der Bühlalpe gegen die südöstlichen Walsertaler Berge.

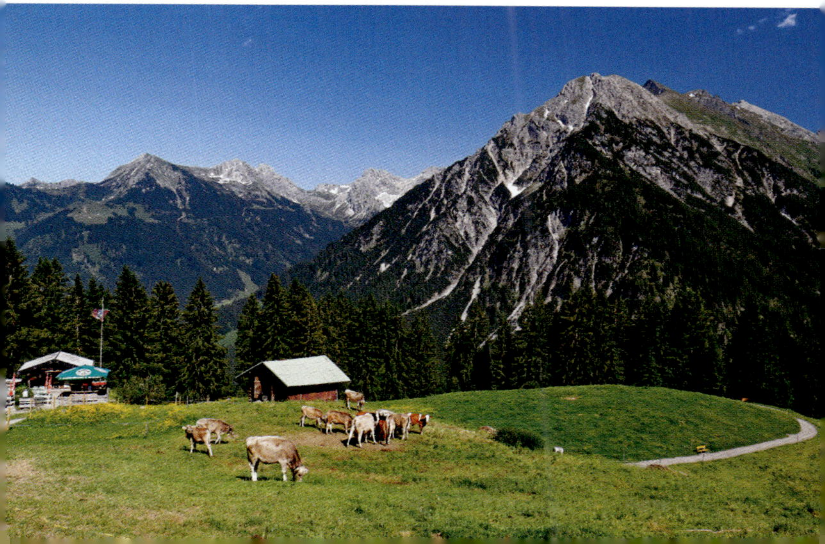

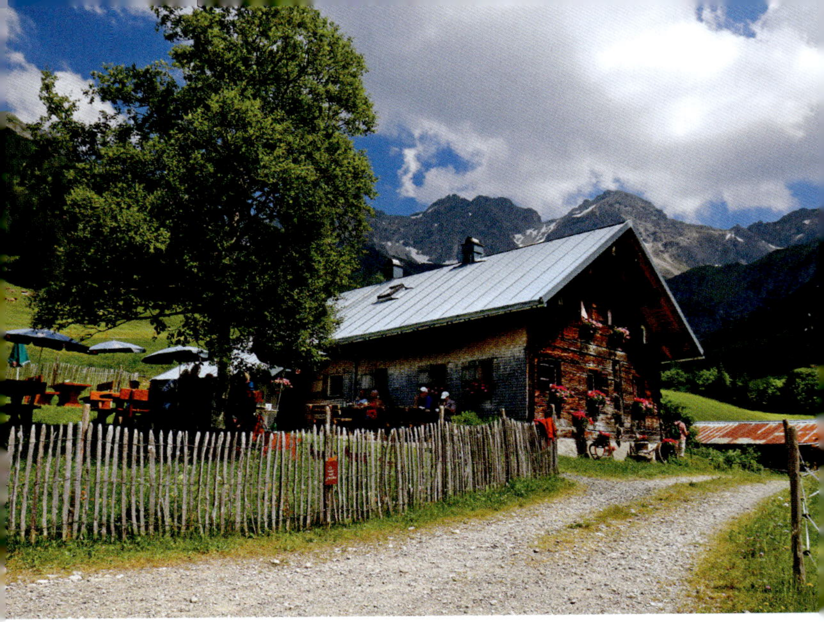

Nette Einkehr: die Untere Wiesalpe.

Wir starten im Ortskern von **Hirschegg** ❶, zunächst auf kleinen Bergsträßchen, dann auf schönem Weg zwischen Wald- und Wiesenparzellen hindurch bis in den Bereich der Zafernaalpe oberhalb von Mittelberg. Damit erreicht man auch die bewirtschaftete **Sonna-Alp** ❷, 1420 m, bei der Bergstation des Sessellifts. Die breite Trasse des »Panoramaweges« schneidet nun ohne größere Höhendifferenzen die Hänge. Wir kommen zum Gasthof **Bühlalpe** ❸, 1435 m, und etwas ansteigend kurz darauf bereits zur urigen **Stutzalpe** ❹, ca. 1490 m. Herrlich der Blick auf die gegenüberliegenden Gipfelumrahmungen des Wilden- und Gemsteltals. Von den Weiden taucht ein Steig in den Wald ein, zieht insgesamt schräg nach rechts bergab und stößt weiter unten auf eine Forststraße. Bald öffnet sich die Szenerie und die Umgebung von Baad zeigt sich aus wunderschöner Perspektive, überragt von Unspitz, Güntlespitze und Widderstein-Massiv. Beschaulich wandern wir zur Kirche und zum Straßenkreisel in **Baad** ❺, 1224 m, hinunter.

Talauswärts geht es nun am Campingplatz vorbei und entlang der Breitach bis zur Brücke beim **Gemstelboden** ❻, 1156 m. Auch der Gemstelbach wird in Kürze überschritten, womit wir gegenüber von Bödmen auf einen lauschigen Waldweg kommen. Man trifft auf die Straße nach **Schwendle** ❼, ca. 1160 m, entfernt sich damit allmählich von der Breitach und schlägt via Bergheim Moser die Route ins Wildental ein. Nachdem ein Grabenein-

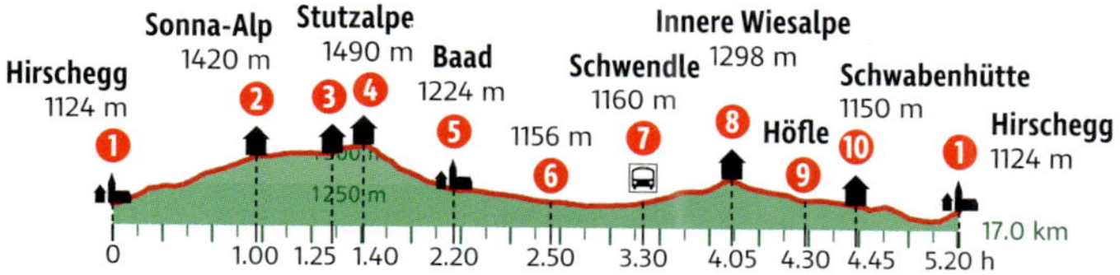

schnitt gekreuzt ist, öffnet sich die große Freifläche mit der **Unteren** und der **Inneren Wiesalpe** 8, 1298 m, die beide als Jausenstationen betrieben werden. Bei der oberen Hütte scharf nach links und allmählich Richtung **Höfle** 9, ca. 1175 m, hinab. Wir passieren diesen Streuweiler am Hangweg geradeaus, folgen stets der Beschilderung »Hirschegg/Riezlern«, wandern durch Weidegebiete und kreuzen zwischendurch einen weiteren Graben. Beim Gasthof **Schwabenhütte** 10, ca. 1150 m, im Ortsteil Nebenwasser könnte man auf der Zufahrt bereits talwärts abdrehen, doch behalten wir quer über den nächsten Tobel vorerst noch die strenge Nordrichtung bei und vollziehen erst bei Letze einen scharfen Linksknick. Gleich jenseits der Breitachbrücke empfängt uns die Kapelle Maria Hilf, bevor wir mit einer kurzen Gegensteigung im Zentrum von **Hirschegg** 1 eintreffen.

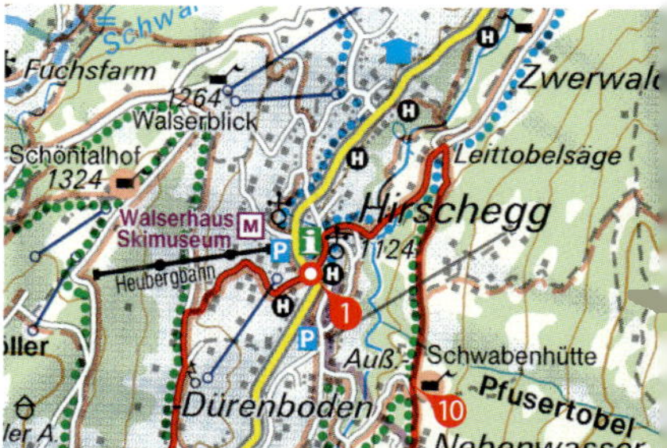

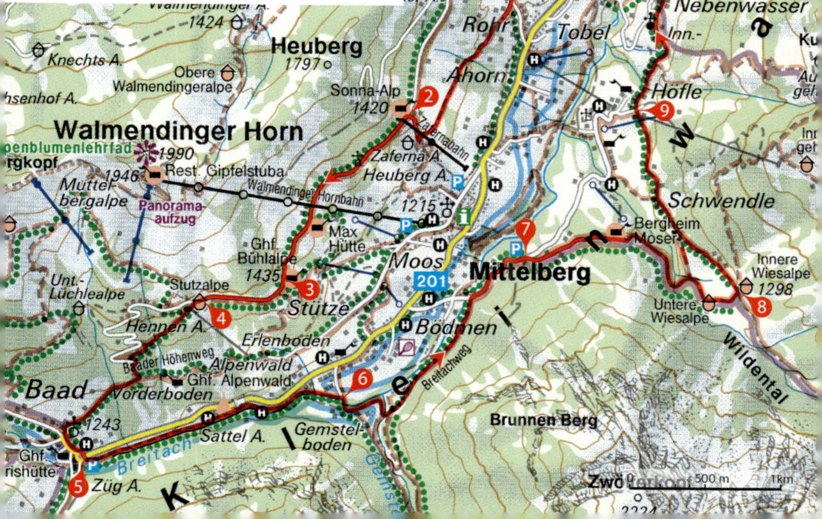

↗ 770 m | ↘ 770 m | 11.5 km

8 Walmendinger Horn, 1990 m

4.30 h

Der beliebte Aussichtsberg »by fair means«

Als Seilbahnberg gehört das Walmendinger Horn zum touristischen Standard-Repertoire im Kleinwalsertal. Der Rundumblick ist für Gäste der Region schon ziemlich genial, weshalb sich regelmäßig eine dichte Menschentraube um das Gipfelkreuz schart. Lediglich 50 Höhenmeter müssen ab der Bergstation bewältigt werden. Wer sich die Aussicht lieber redlich verdienen möchte, kann die relativ stille, nordseitige Route über die Untere und Obere Walmendinger Alpe wählen. Für den Rückweg bietet sich dann ein Bogen auf der Süd- und Ostseite an, wo wir am aussichtsreichen Hangweg in dichter Abfolge noch auf mehrere Einkehrstationen treffen und die Tour somit genussreich ausklingen lassen können.

Ausgangspunkt: Hirschegg, 1124 m. Einstieg in die Tour mit der Heubergbahn, ca. 1370 m, Betriebszeiten zwischen Ende Mai und Ende Oktober täglich 8.30 bis 16.45 Uhr.
Anforderungen: T2–3. Aufstieg via Walmendinger Alpe streckenweise recht steiler, prinzipiell jedoch normaler Bergweg. Abstieg auf komfortabel ausgebauten Wanderwegen eine Nummer leichter (T1–2, »blau«).
Einkehr: Obere Walmendinger Alpe, Gipfelstuba Walmendinger Horn, Stutzalpe, Gasthof Bühlalpe (Mi Ruhetag), Sonna-Alp (Di Ruhetag).

Beste Jahreszeit: Juni bis Oktober.
Varianten: 1. Von der Heubergbahn zunächst aufwärts und beim ersten Abzweig rechts Richtung Walmendinger Alpe.
2. Von der Sonna-Alp zu Fuß hinab nach Hirschegg oder mit dem Sessellift (Zafernabahn) nach Mittelberg.
3. Außerdem kann natürlich auch die Walmendingerhornbahn selbst einbezogen werden, Betriebszeiten 8.30 bis 16.45 Uhr.
4. Ganz unabhängig von allen Aufstiegshilfen ließe sich ein Start an der Haltestelle »Schröflesäge« der Buslinie 5 (Riezlern – Ifen) erwägen.

Von der **Heubergbahn** ❶ zunächst ein wenig abwärts zum **Schöntalhof**, 1324 m, dort links haltend in den Wald und zu einer Kreuzung, wo der unter Variante Nr. 4 erwähnte Zugang von der Ifenstraße dazukommt. Nun folgen wir dem mäßig ansteigenden Güterweg bis zur **Unteren Walmendin-**

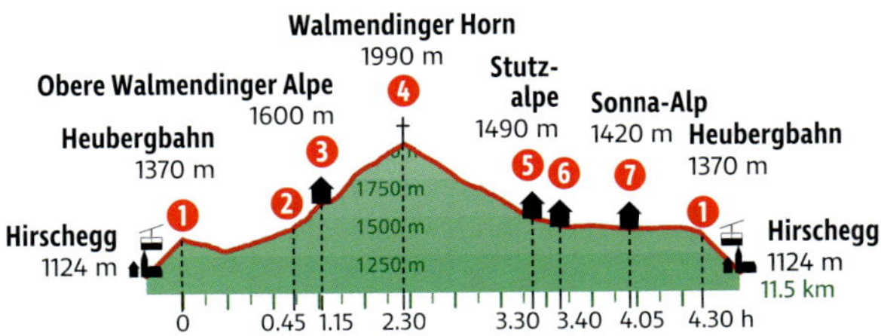

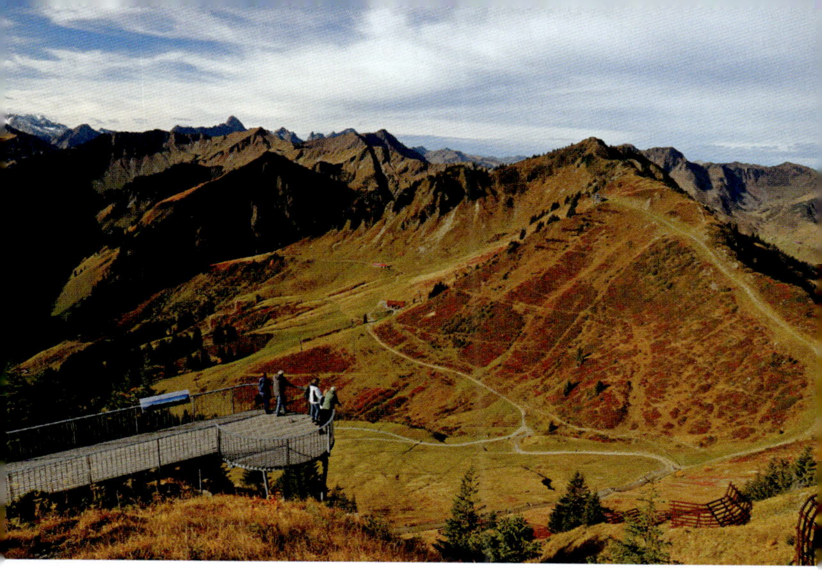

Das Walmendinger Horn ist für sein umfassendes Walsertaler Panorama bekannt.

ger Alpe ❷, 1444 m. Es schließt sich ein Steig an, der am Rande eines Tobels teils recht kräftig aufwärtszieht und dann die Geländeschwelle zur **Oberen Walmendinger Alpe** ❸, ca. 1600 m, überschreitet. Dort öffnet sich ein schöner Kessel. Im Hintergrund steilt unsere Route erneut

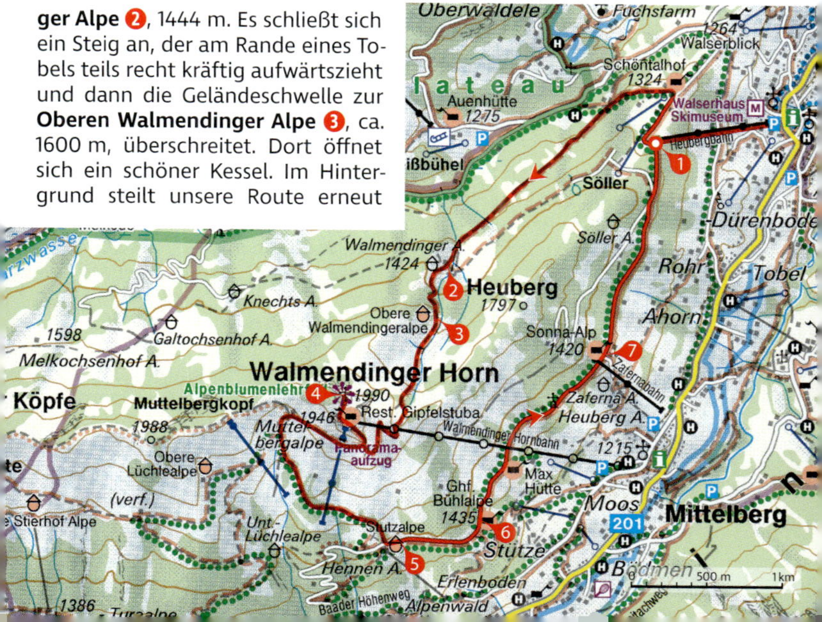

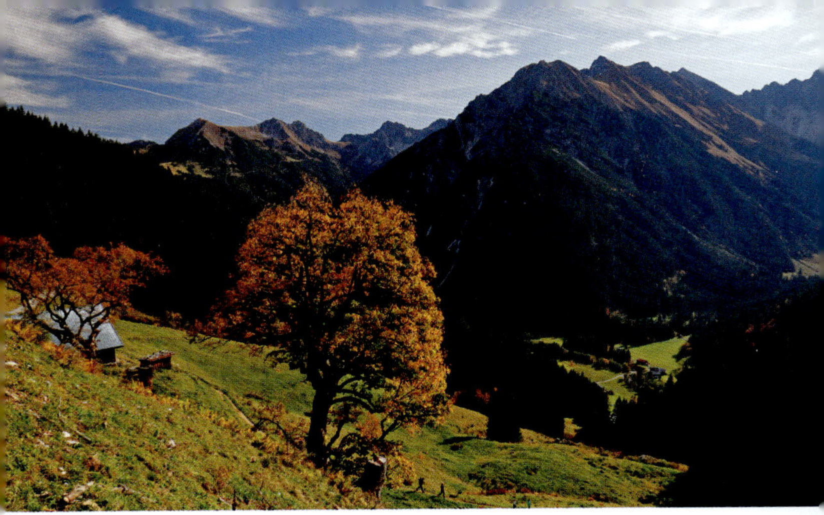

Malerische Herbststimmung auf der Stutzalpe.

auf, vollzieht deshalb etliche Kehren und erreicht den Ansatzpunkt des Heuberggrates. Ganz in der Nähe schwebt schon die Seilbahn an uns vorbei, doch lassen wir uns davon nicht stören, gehen bis zu einem weiteren Gratausläufer rasch eine Rinne aus und blicken erstmals so richtig auf die Bergwelt im Süden. Etwas höher stößt man auf die breite Schottertrasse, die zur Bergstation der **Walmendingerhornbahn**, 1946 m, führt. Das kurze Finale zum Gipfel des **Walmendinger Horns** ❹, 1990 m, und zur allumfassenden Aussicht wird dann auf dem viel begangenen, befestigten Serpentinenweg absolviert.

Im Abstieg bleiben wir unterhalb der Bergstation auf der breiten Schotterpiste und zweigen erst bei einer Gabelung weiter unten links ab. Rechter Hand befindet sich die bewirtschaftete Lüchlealpe in der Nähe. Ein angenehmer Wanderweg windet sich im lichten Wald um mehrere Ecken und allmählich tiefer. Man gelangt auf eine Forststraße und mit dieser zunächst zur **Stutzalpe** ❺, ca. 1490 m, rund 10 Minuten später dann zum größeren Gasthof **Bühlalpe** ❻, 1435 m. Stets am Hang entlang wird mit geringen Auf- und Abstiegen auch noch die Jausenstation **Sonna-Alp** ❼, 1420 m, am Zafernalift berührt, ehe sich der Kreis bei der Bergstation der **Heubergbahn** ❶ schließt.

Buntes Treiben bei der Sonna-Alp.

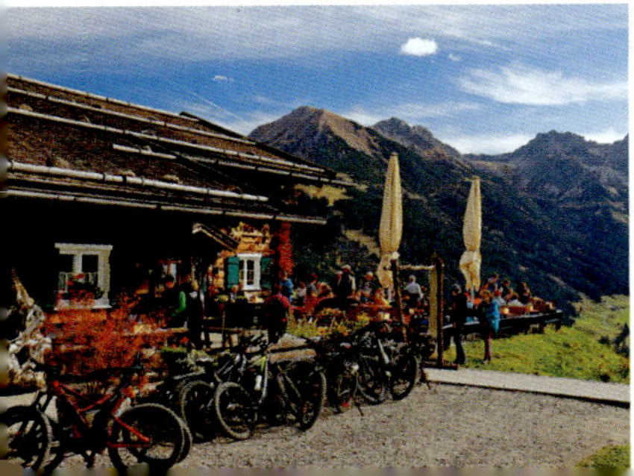

↗ 450 m | ↘ 1180 m | 11.3 km

4.30 h

Ochsenhofer Köpfe, 1988 m

9

Pfiffiger Gratweg über Stock und Stein

Ausgehend vom Walmendinger Horn verspricht für einen ambitionierten Bergwanderer sicherlich die Gratroute über die Ochsenhofer Köpfe am meisten Spannung. Sie ist bereits anspruchsvoller als ein gewöhnlicher Bergweg, dementsprechend laut Beschilderung in die Kategorie der »Alpinen Routen« eingestuft, ohne allerdings wirklich allzu knifflige Hürden aufzuwerfen. In strenger Auslegung unserer Definitionen gilt noch die Tourenfarbe »Rot«, wenn auch eher ein dunkles. Da die Gratstrecke nicht allzu lang ist, eignet sie sich gut zur Erprobung in etwas ausgesetzterem Gelände. Genug Muße zum Schauen und Genießen bleibt allemal. Der Rückweg gestaltet sich dann am schönsten auf dem südseitigen Alpbalkon, wo noch mehrere Einkehrmöglichkeiten zur Auswahl stehen. Weniger Geübten, die sich den Gratweg nicht zutrauen, sei die Traverse via Stierhof- und Lüchlealpe dennoch sehr ans Herz gelegt (etwa in Kombination mit dem Turatal, siehe Tour 10).

Ausgangspunkt: Mittelberg, 1215 m, Talstation der Walmendingerhornbahn, mit der man zur Bergstation auf 1946 m gelangt. Betriebszeiten von Mitte Mai bis Anfang November, 8.30 bis 16.45 Uhr. Der Bus der Linie 1 (Oberstdorf – Baad) hält direkt bei der Talstation.

Anforderungen: T3+. Blau-weiß markierte Gratroute, die Trittsicherheit und grundsätzliche Schwindelfreiheit erfordert. Ein paar Stellen mit Händeunterstützung (kurze Sicherungen), im Grunde jedoch passabel gepfadet, etwas heikel bei Nässe. Alpweg auf der Südseite durchwegs leicht (T1–2). Konditionell moderates Tagesprogramm.

Einkehr: Gipfelstuba Walmendinger Horn, Innere Stierhofalpe, Obere Lüchlealpe, Stutzalpe, Gasthof Bühlalpe (Mi Ruhetag).

Beste Jahreszeit: Mitte Juni bis gegen Ende Oktober.

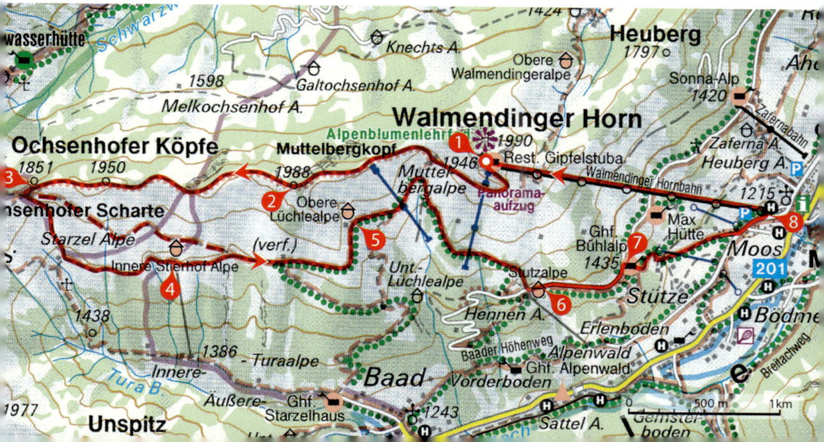

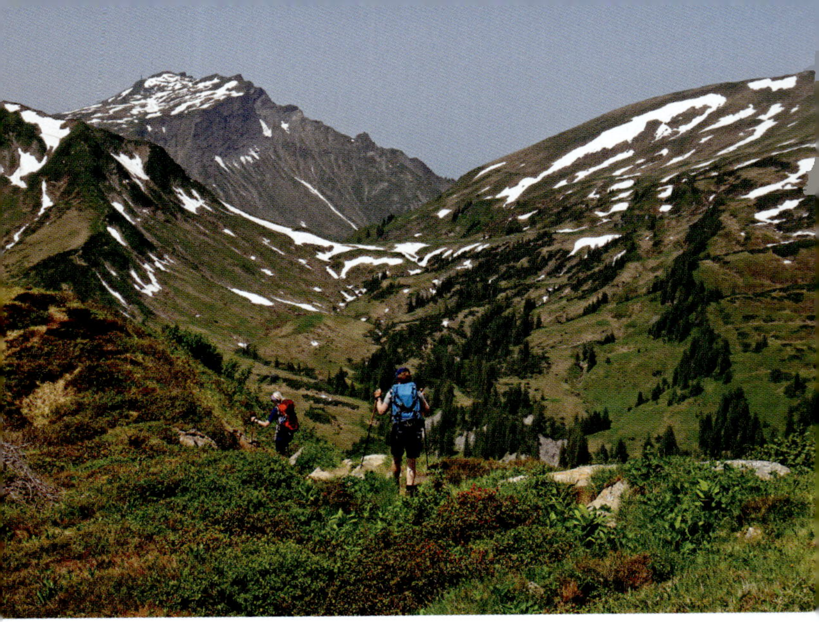

Unterwegs auf der Kammüberschreitung der Ochsenhofer Köpfe.

Varianten: 1. Von der Ochsenhofer Scharte nicht gerade, sondern schräg links bergab (die Stierhofalpe bleibt abseits). Außerdem ist ein Abstieg ins Schwarzwassertal möglich.
2. Ab Starzelalpe durchs Turatal oder hinter der Stierhofalpe über den Alpweg hinunter nach Baad.
3. Hinter der Lüchlealpe könnte man auch wieder zum Walmendinger Horn aufsteigen, um von dort sanft talwärts zu schweben.

Nach der Seilbahnfahrt wird man von der Bergstation der **Walmendingerhornbahn** ❶ vielleicht zunächst zum nahen Gipfel hinaufgehen (10 Minuten, siehe Tour 8). Ansonsten auf dem Schotterweg mit einer Kehre bergab und dann rechts in die **Muttelbergscharte**, 1815 m. Vor der Skiliftstation

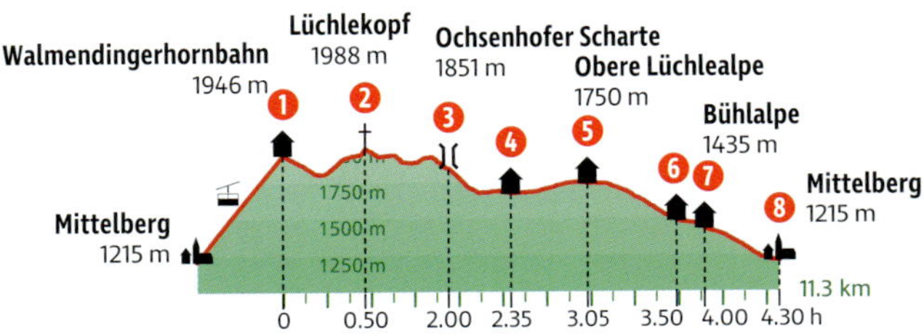

orientiert man sich von der anfangs breiten Trasse direkt zur Grathöhe und trifft auf die blau-weißen Markierungen des kleinen, ziemlich holprigen Pfades. Abgesehen vom unbedeutenden Muttelbergkopf sind im Verlauf der Ochsenhofer Köpfe drei ausgeprägte Erhebungen zu überschreiten – der erste, auch **Lüchlekopf** ❷, 1988 m, genannt, bildet den höchsten Punkt und wird über steinige, buschbestandene Passagen mit leichter Händeunterstützung (kaum Kletterei zu nennen) gewonnen. Später kommt man via Litzescharte zumindest phasenweise etwas zügiger voran. Die eine oder andere Passage des verschlungenen Steiges verlangt noch etwas Einsatz, ehe sich die Route hinter dem Westgipfel (P. 1950) in die **Ochsenhofer Scharte** ❸, 1851 m, absenkt.

Auf der Südseite geht es in Schleifen über mäßig steile Hänge bis kurz vor die unbewirtschaftete **Starzelalpe**, 1678 m, wo wir den recht komfortablen Querweg durch die Südflanke aufnehmen. Auf der **Inneren Stierhofalpe** ❹, ca. 1680 m, sowie eine halbe Gehstunde später auf der **Oberen Lüchlealpe** ❺, ca. 1750 m, besteht Gelegenheit zur Einkehr mit Produkten aus eigener Herstellung. Nach Ausgehen der Hangmulde unterhalb der Muttelbergscharte zieht unsere Route durch den licht bewaldeten Südhang des Walmendinger Horns schräg abwärts zur ebenso gemütlichen **Stutzalpe** ❻, ca. 1490 m. Weiter zum größeren Gasthof **Bühlalpe** ❼, 1435 m, und von dort vollends hinunter nach **Mittelberg** ❽, zur Talstation der Seilbahn.

Sommerweiden am Balkonweg zwischen Starzel- und Stierhofalpe; im Hintergrund der mächtige Widderstein.

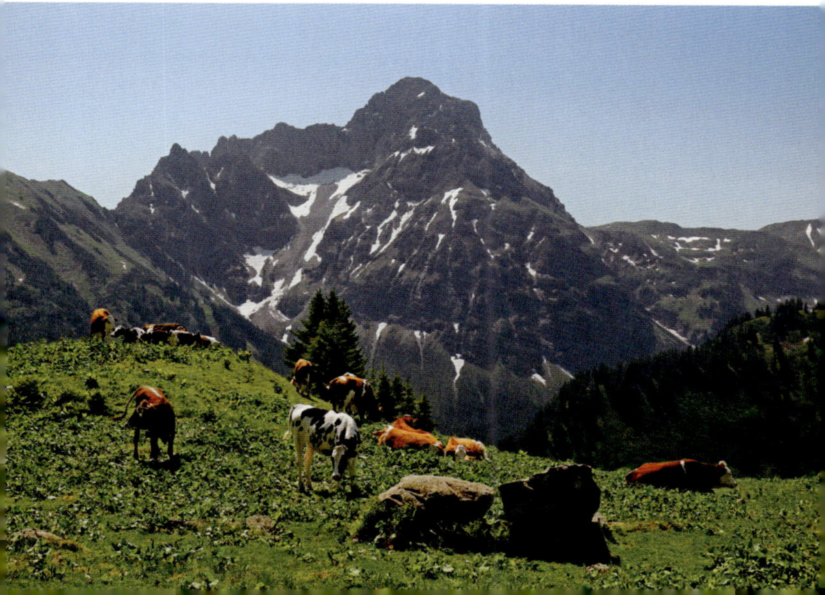

TOP

10

↗ 1000 m | ↘ 1000 m | 11.4 km

Güntlespitze, 2092 m, und Hochstarzel, 1977 m

5.20 h

Die nächste tolle Kammüberschreitung im Flysch

In den weitläufigen Alpgebieten der vegetationsreichen Flyschzone verläuft auch diese interessante Zwei-Gipfel-Tour. Viel Grün ringsum also, im Sommer eine bemerkenswerte Blumenfülle und von den Höhen der Güntlespitze und des Hochstarzel auch eine Aussicht, die keinen Vergleich zu scheuen braucht. Unsere Augen schweifen weit über die Vorarlberger und Allgäuer Bergwelt, speziell Lechquellengebirge und Bregenzerwald zeigen sich von der Güntlespitze sehr aufschlussreich. Eine gute Portion Trittsicherheit sollte man freilich mitbringen, denn vor allem die messerscharfe Grasschneide am Hochstarzel ist – vergleichbar den Ochsenhofer Köpfen (Tour 9)– keine einfache Angelegenheit.

Ausgangspunkt: Baad im inneren Kleinwalsertal, Endpunkt der Buslinie 1 von Oberstdorf und große, gebührenpflichtige Parkplätze, 1224 m.
Anforderungen: T3+ (Hochstarzel) bzw. T3 (Güntlespitze). Die Güntlespitze besitzt einen steilen, grasigen Gipfelaufbau, am Hochstarzel teilweise schmaler, ausgesetzter Gratweg mit seilgesicherten Stellen. Diese Abschnitte erfordern Trittsicherheit und Schwindelfreiheit und werden bei Nässe unter Umständen gefährlich rutschig. Generell leichter sind die Alpwege bis zum Derrenjoch sowie vom Starzeljoch talwärts. Normale Tagestour.
Einkehr: Mittlere Spitalalpe.
Beste Jahreszeit: Mitte Juni bis Ende

Am Hochstarzel blüht es – wie im Flysch üblich – kräftig.

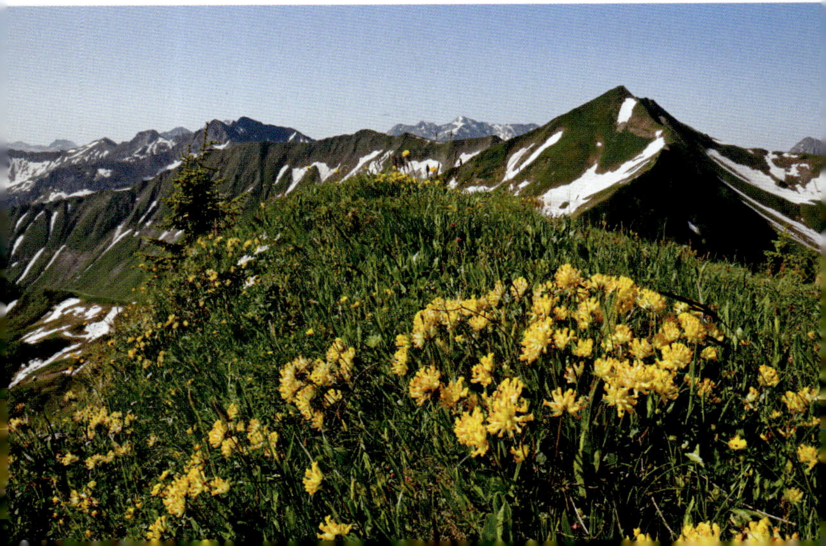

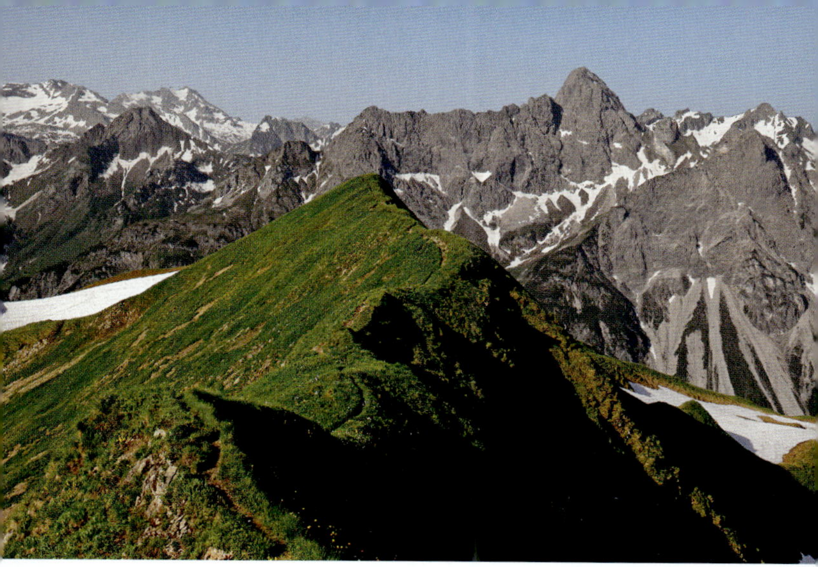

Auf der schmalen Grasschneide der Güntlespitze. Die Felsgipfel des Lechquellengebirges bilden eine imposante Hintergrundkulisse.

Oktober, solange schneefrei.
Varianten: 1. Unermüdliche Gipfelstürmer können vom Starzeljoch noch das Grünhorn, 2039 m, ersteigen und später den Bogen via Ochsenhofer Scharte schlagen (50 Min. zusätzlich, vgl. Tour 6). 2. Wer eine nette Einkehrmöglichkeit gegen Ende schätzt, kann die Innere Stierhofalpe einbeziehen und dahinter vom Höhenweg nach Baad absteigen. Der zeitliche Mehraufwand hierfür ist relativ gering.

In **Baad** ❶ folgen wir kurz der Ortsstraße, orientieren uns beim Wegweiser nach links zur Brücke über den Turabach und gewinnen am Geländesporn zwischen Tura- und Derrental allmählich an Höhe. Schon bald verlässt man den Wald und steigt in freiem Gelände recht kräftig schräg bergauf. Nach

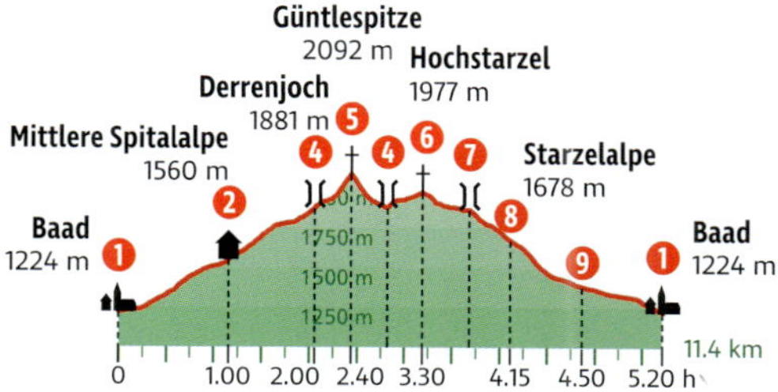

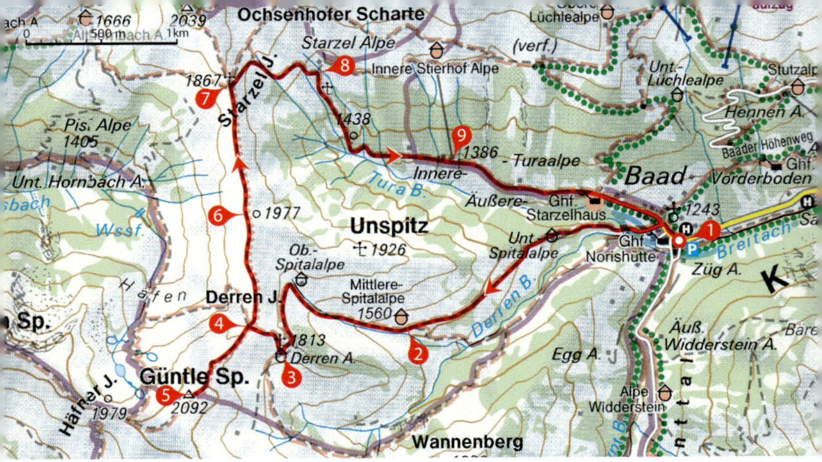

rund einer Stunde wird die **Mittlere Spitalalpe** ❷, 1560 m, die sich lawinensicher an den Sonnenhang duckt, passiert. Beim weiteren Bergauf bleibt die Obere Spitalalpe knapp rechts. Wir drehen markant nach links ab und nehmen Kurs auf die **Derrenalpe** ❸, 1813 m, die unmittelbar hinter einem sekundären Kammrücken auftaucht. Nun über die Matten rasch ins **Derrenjoch** ❹, 1881 m, wo man sich zunächst nach links wendet. Nach einem Flachstück steilt unser Wiesenpfad deutlich auf, führt zum oberen Ostgrat und über diesen zum Gipfel der **Güntlespitze** ❺, 2092 m.

Zurück am Derrenjoch gehen wir gegenüber direkt den anfangs stumpfen Gratrücken zum Hochstarzel an. Oberhalb des ersten Aufschwungs wird dieser phasenweise sehr schmal (Fixseile), am **Hochstarzel** ❻, 1977 m, selbst vorübergehend wieder breiter und nach dem nächsten Bergab auf einem teils verwachsenen Abschnitt erneut scharf und ausgesetzt. Auch hier gibt es nochmals Halteseile. In kleinräumigem Auf und Ab gelangen wir ins **Starzeljoch** ❼, 1867 m, und haben damit die Schwierigkeiten bewältigt. Wir scheren nun rechts aus und steigen über die weitläufigen Alpweiden zur **Starzelalpe** ❽, 1678 m, ab. Auf dem unteren Weg tauchen wir in den Bergwald des Turatals ab, vollziehen etliche Windungen, kreuzen den einen oder anderen kleinen Tobel und erreichen die **Innere Turaalpe** ❾, 1386 m. Die Fortsetzung nutzt den Güterweg, geht später in ein Sträßchen über und führt am Ende etwas steiler hinab nach **Baad** ❶.

Unser Blick schweift über die Derrenalpe bis zum allgegenwärtigen Widderstein.

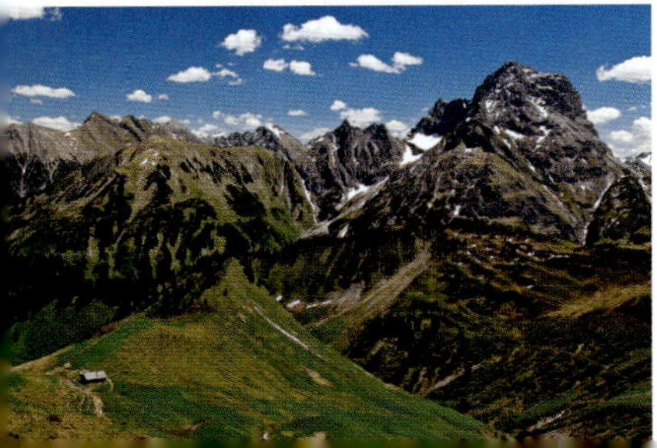

↗ 860 m | ↘ 860 m | 8.1 km

4.30 h

Bärenkopf, 2080 m

11

Ehemaliger Heuersteig auf den Vorposten des mächtigen Widderstein

Mit dem Widderstein besitzt das Kleinwalsertal einen unwiderstehlichen Blickfang im Talschluss. Dem felsigen Gipfelaufbau unmittelbar nördlich vorgelagert erkennen wir den Bärenkopf, topografisch eher eine ausladende Schulter und eine wunderbare Aussichtswarte, die von Baad aus ohne besondere Hürden erklommen werden kann. Ein offizieller Weg existiert allerdings nicht – die alten Heuersteige sind inzwischen weitgehend aufgelassen worden und verlieren sich zum Teil, sind aber zumindest abschnittsweise noch aufspürbar und damit sehr nützlich. Auf diesem »wilden Weg« verabschiedet man sich rasch vom üblichen Touristenverkehr und erklimmt oben einen wirklich exklusiven Logenplatz. Unsere Blicke schweifen genau in die Achse des Kleinwalsertals samt ganzer Bergumrahmung, tief hinab auf die Dächer von Baad sowie nicht zuletzt hinüber zum gewaltigen Klotz des Widderstein, der dem Panorama einen hochalpinen Anstrich verleiht.

Wie eine Vogelperspektive nimmt sich der Tiefblick auf Baad aus. Dahinter die Flyschberge über dem Turatal und ganz rechts der Ifenstock.

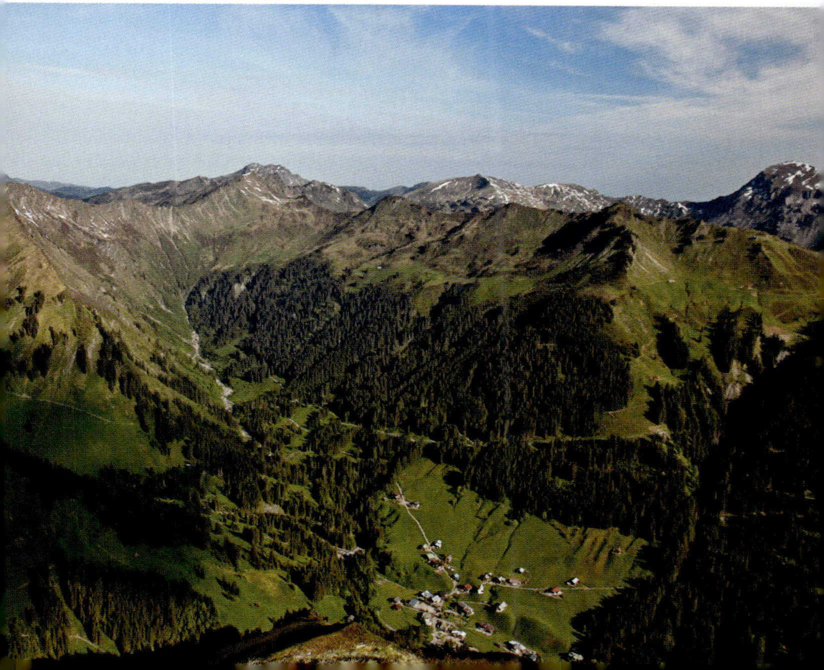

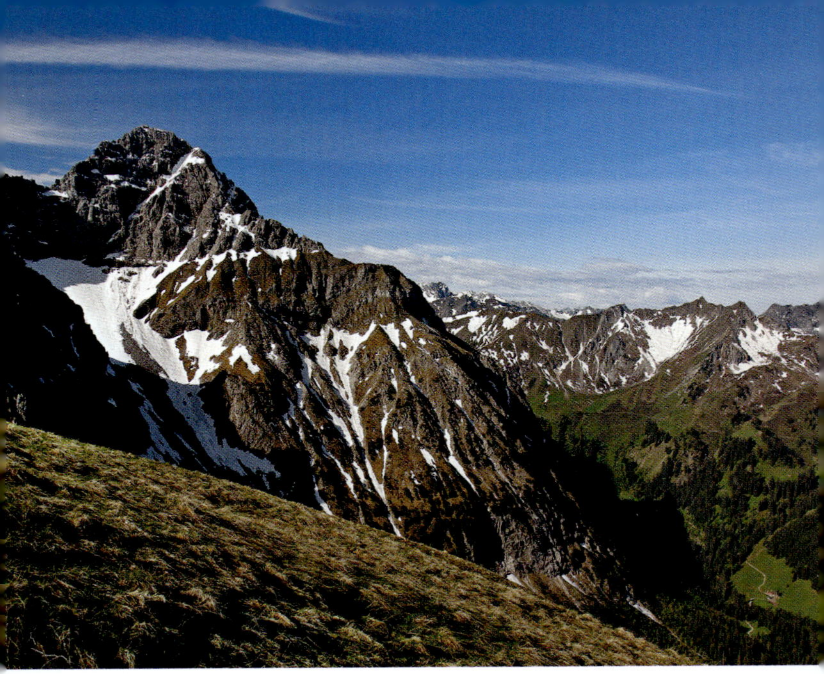

Schaustück der Tour ist fraglos der Widderstein gleich nebenan.

Ausgangspunkt: Baad im inneren Kleinwalsertal, Endpunkt der Buslinie 1 von Oberstdorf und große, gebührenpflichtige Parkplätze, 1224 m.
Anforderungen: T3–4. Ab Widdersteinalpe unbezeichnete Route auf durchwegs erkennbaren, allerdings spärlichen Steigspuren in ziemlich steilem Grasgelände, ohne Kletterstellen, aber trotzdem an der Grenze zu »schwarz«! In nicht überall gut überschaubarem Gelände ist Spürsinn erforderlich, zudem gute Trittsicherheit, bei Nässe etwas heikel (zu beachten ist, dass aufgrund der Westexposition morgens lange Schatten und ggf. Tau herrschen). Konditionell für Berggewohnte gemäßigte Tour.
Einkehr: Alpe Widderstein (Mi Ruhetag).
Beste Jahreszeit: Mitte Juni bis Oktober, sofern schneefrei.

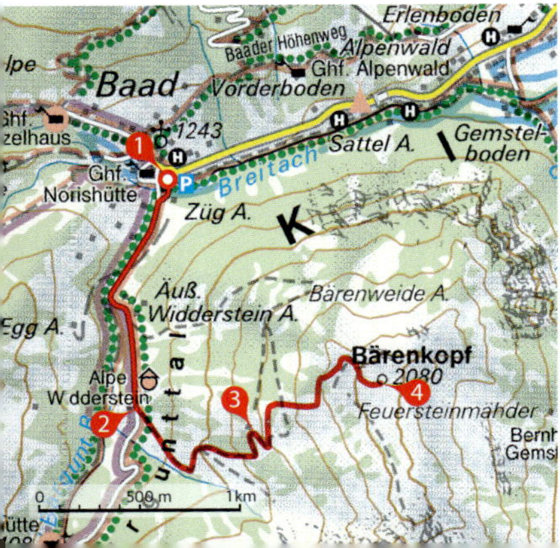

Von **Baad** 1 wandern wir südwärts ins Bärgunttal hinein und bei der Wegverzweigung links über die Äußere zur **Inneren Widdersteinal-**

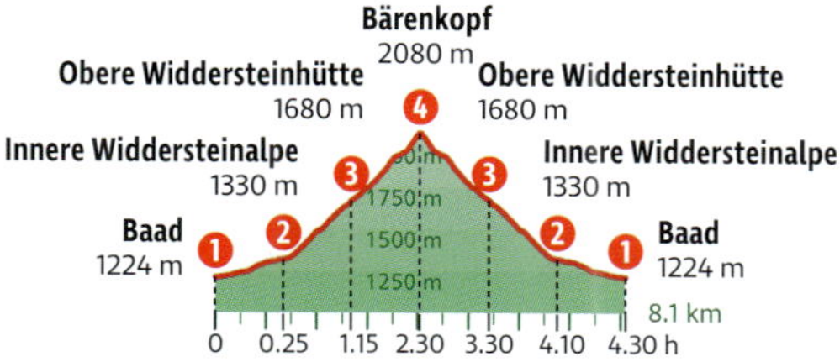

pe ❷, ca. 1330 m. Wenige Schritte dahinter geht es ohne Hinweisschild links ab und über die Wiese bis vor den Grabeneinschnitt. Ein deutlicher Pfad leitet durch ein Waldstück aufwärts, womit links haltend die **Mittlere Widdersteinalpe**, ca. 1500 m, erreicht wird. Achtung: Hier nicht dem stärksten Pfad nach rechts folgen – denn dieser quert zu tief in den Kessel –, sondern auf eher undeutlichen Tritten ziemlich gerade durch eine weitere Waldparzelle aufwärts. Sie lichtet sich an einem mitunter durchfeuchteten Wiesenhang, ehe eine kurze Linkstraverse zur **Oberen Widdersteinhütte** ❸, ca. 1680 m, führt.

Das oberhalb der Jagdhütte befindliche Hindernis aus Fichten und Latschen wird am besten zunächst rechts umgangen, weiter oben mit der Pfadspur kurz ins Krummholz eintauchend. Oberhalb geht es über einen kleinen Absatz weiter aufwärts, dann links haltend in die Nordwestflanke, wo der kleine Pfad später zu einem Gratrücken hinüberquert und man schließlich im Hin und Her die letzten Höhenmeter bis zum Gipfel des **Bärenkopfes** ❹, 2080 m, bewältigt.

Der Abstieg erfolgt auf der gleichen Route, die uns mit den Erfahrungen vom Bergauf keine allzu großen Probleme bereiten sollte.

Weißer Schrofen heißt dieser kompakte Felskopf über dem Bärgunt.

Die Obere Widdersteinhütte bleibt von offiziellen Routen unberührt.

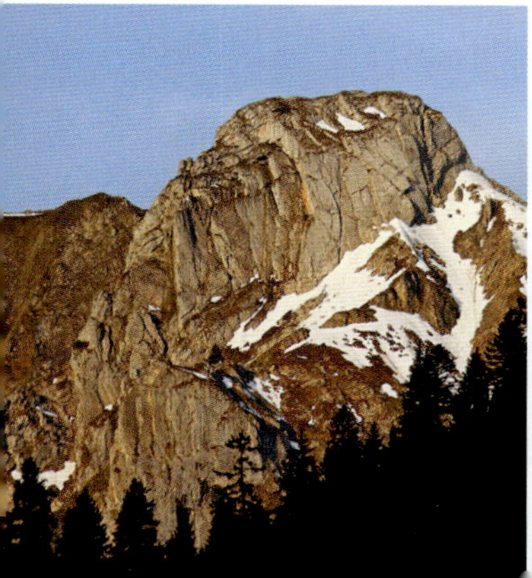

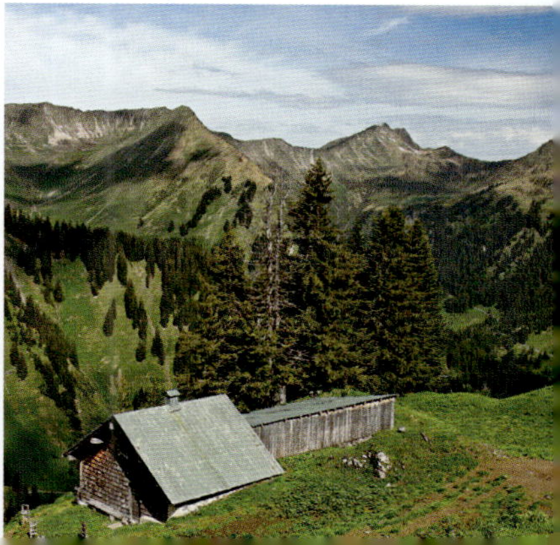

TOP

↗ 1400 m | ↘ 1400 m | 17.6 km

12 Widderstein-Runde, 2533 m

8.15 h

Durchs Bärgunt- und Gemsteltal – mit oder ohne Gipfel

Dem Widderstein gebührt unzweifelhaft die Krone der Kleinwalsertaler Bergwelt. Als gewaltiger, felsiger Solitär dominiert er den Talschluss, seine Nachbarn deutlich überragend. Am häufigsten wird der Widderstein indes vom nahen Hochtannbergpass aus bestiegen. Jeder Normalbergsteiger muss sich eh auf die Südseite des schroffen Gipfelaufbaus begeben, denn nur dort öffnet sich ein möglicher Zugang ins Gipfelstockwerk: ein rinnenartiger Steiltrichter mit letztlich erstaunlich moderaten Hürden. Aus Kleinwalsertaler Perspektive lohnt sich dennoch der erhöhte Aufwand, von Baad aus eine ausschweifende Rundtour via Bärgunt- und Gemsteltal ins Auge zu fassen. Mit ihren lieblichen Alpböden und steilen Bergflanken, den rauschenden Bächen und sogar Wasserfällen sind diese abgestuften Hochtäler ausgesprochen romantischer Natur und versprechen fraglos auch dem Normalwanderer eine sehr reizvolle gipfellose Wanderung, die dann mit 6 Std. zu veranschlagen ist. Alle Ambitionierteren lockt freilich der Abstecher zum Scheitel des Berges – eher anstrengend als wirklich schwierig und natürlich mit hochalpin-dramatischer Aura –, um dort schließlich einen gigantischen Blick über das Gipfelmeer der Alpen zu ermessen.

Ausflügler und gemächliche Wanderfreunde haben oft schon bei der Bärgunthütte ihr Ziel erreicht.

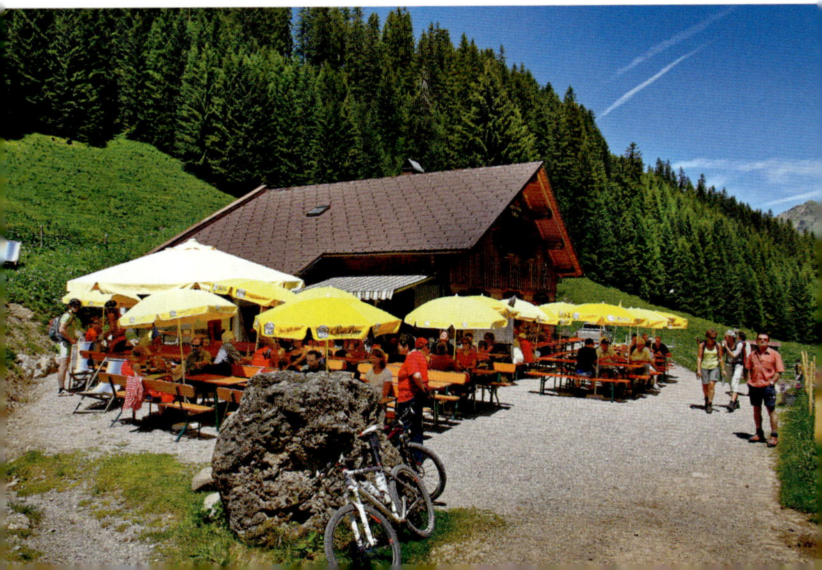

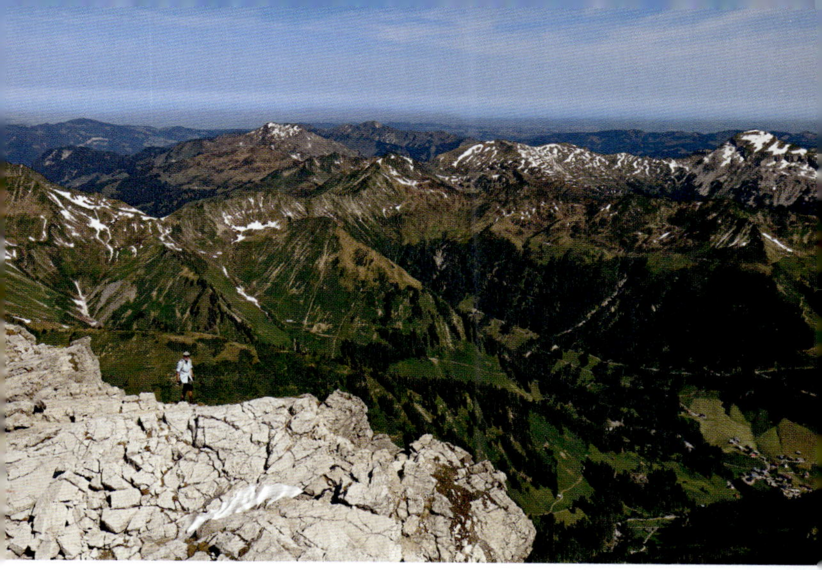

Die letzten Meter am Gipfelgrat des Widderstein.

Ausgangspunkt: Baad im inneren Kleinwalsertal, Endpunkt der Buslinie 1 von Oberstdorf und große, gebührenpflichtige Parkplätze, 1224 m.
Anforderungen: T4 (Gipfel) bzw. T2–3 (Umrundung). Gut ausgebaute, zum Teil mittelsteile Bergwege auf der Rundtour, streckenweise felsdurchsetzter Untergrund, auf den Hochweiden bei Nässe lehmige Trasse, Absturzgefahr mitunter nicht ausgeschlossen (speziell bei Schneefeldern im Frühsommer). Zum Widderstein deutlich anspruchsvoller in steilem Fels- und Schrofengelände, durchgängig markiert, aber nur ansatzweise gepfadet, immer wieder mit Händeunterstützung (maximal I. Grad, nirgends Sicherungen). Trittsicherheit und Schwindelfreiheit unerlässlich; Vorsicht wegen Steinschlaggefahr. Mit Gipfel strammes, sonst normales Tagesprogramm.
Einkehr: Bärgunthütte, Widdersteinhütte (Tel. +43 664 3912524), Obergemstelalpe, Hintere Gemstelhütte, Bernhard's Gemstelalpe, Alpe Gemstel-Schönesboden.
Beste Jahreszeit: Ende Juni bis September oder Oktober, falls schneefrei.

Von **Baad** ❶ wandern wir zunächst recht gemütlich ins Bärgunttal einwärts, meist in der Nähe des Bachs. Nach einem Abzweig zur Widdersteinalpe wird es etwas steiler. Wo sich ein schöner Alpboden öffnet, empfängt uns die **Bärgunthütte** ❷, 1408 m – übrigens ein beliebtes Ziel für Ausflügler mit beschränkten Wanderambitionen. Im Hintergrund des Hochtals wird eine Geländestufe in zahlreichen Windungen bewältigt. Auf dem nächsten Absatz nach links über den Bach, dann steiler aufwärts, wieder über den Bach nach rechts querend und auf den freien Weiden oberhalb schließlich deutlich nach links (Osten) eindrehend Richtung **Hochalppass** ❸, 1938 m.

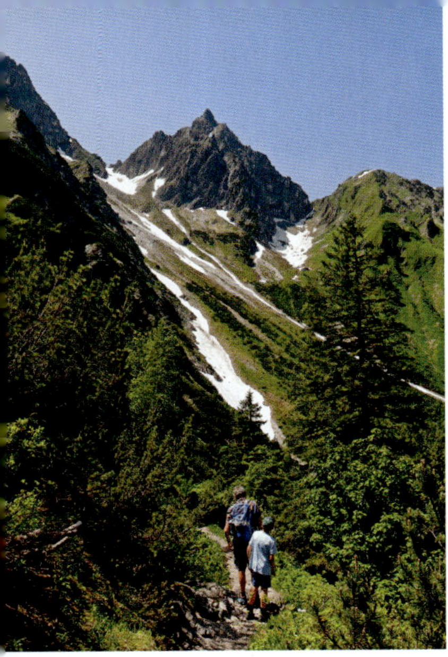

Ein lauschiger Bergweg bringt uns ins Gemsteltal hinunter.

Dort wenden wir uns linker Hand zur Bärgunt-Hochalpe am Seekopf hinauf und müssen uns in der Senke hinter dem Buckel entscheiden, ob wir direkt zur Widdersteinhütte traversieren wollen (unterer Weg) oder auf den Gipfel erpicht sind. In diesem Fall schräg aufwärts und über Schotterhalden bis zum Einstieg 4 unter den Auslauf der markanten Südschlucht. Blau-weiße Markierungen lotsen uns in die felsumrahmte Rinne, die sich weiter oben eher trichterförmig erweitert. Unsere Route laviert zwischen steileren Felszonen hindurch geschickt höher, verlangt aber hin und wieder auch mal die Zuhilfenahme der Hände. Später deutlich nach links Richtung Grat, der schließlich die finale Leitlinie gipfelwärts bildet. Wir meistern noch das eine oder andere kleine Hindernis auf bzw. neben der felsigen Schneide und stehen nach insgesamt vier bis viereinhalb Stunden am höchsten Punkt des **Widderstein** 5, 2533 m.

Im Abstieg sollte man wegen des abschüssigen Geländes besondere Vorsicht walten lassen und auch keine Steine lostreten, die andere Bergsteiger gefährden können. Die trichterförmige Rinne entlässt uns auf die Schuttfelder am Wandfuß, wo wir uns schräg links halten und im Mattenbereich gemeinsam mit dem Querweg zur **Widdersteinhütte** 6, 2009 m, gelangen. Ein Stück weiter östlich auf diesem flachen Geländebalkon wird

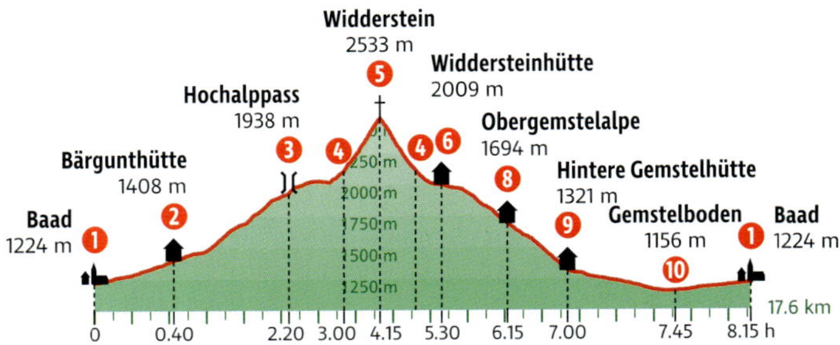

der **Gemstelpass** 7, 1971 m, überschritten. Wir begeben uns jetzt in die nordostseitige Hangmulde hinab, zwischendurch über einen Bach und zur urigen **Obergemstelalpe** 8, 1694 m. Auf der linken Seite des Kessels windet sich der Steig tiefer, um anschließend am oberen Rand der markant eingeschnittenen »Klamm« durchzuschlüpfen (Seilgeländer). Danach holt er nach links aus und wechselt von felsdurchsetztem auf grobschottrigen Untergrund. Kurz darauf empfängt uns mit der **Hinteren Gemstelhütte** 9, 1321 m, die nächste Einkehrstation. Talauswärts wird es nun lieblich und gemütlich: entweder nach rechts über die Brücke in die Nähe der Naturalpe **Gemstel-Schönesboden** (Alpprodukte erhältlich) und Richtung Tonisgemstelalpe oder direkter linksseitig via **Bernhard's Gemstelalpe**. Später bei der unteren Brücke verbinden sich die breiten Wege wieder. Wir schwenken nach links zum **Gemstelboden** 10, 1156 m, und überschreiten hier die Breitach. Nun entweder zur nahen Bushaltestelle »Weiher« oder am Fluss entlang noch leicht aufwärts, am Campingplatz vorbei und damit zurück nach **Baad** 1.

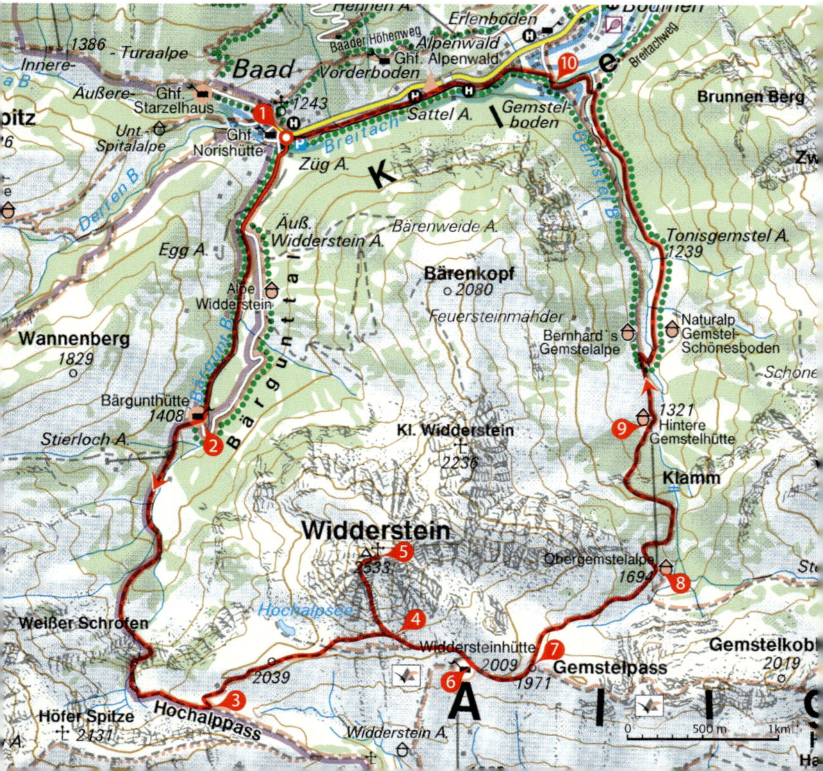

↗ 200 m | ↘ 200 m | 6.3 km

13 Ins Gemsteltal

1.45 h

Romantischer Talwinkel zwischen hohen Bergflanken

Das bei Bödmen ausmündende Gemsteltal ist eine der ursprünglichen Seitenfurchen, die im Gegensatz zum dicht besiedelten Haupttal ausschließlich von der Alpwirtschaft geprägt sind. Es liegt tief eingeschnitten zwischen der Masse des Widderstein und der Gruppe um Elfer und Liechelkopf – entsprechend wildromantisch ist das Antlitz. Die vorgestellte Wanderung bis zur Hinteren Gemstelhütte ist freilich nur ein gemütlicher Alpbummel – perfekt für Senioren oder Familien mit noch nicht so bergtüchtigen Kindern.

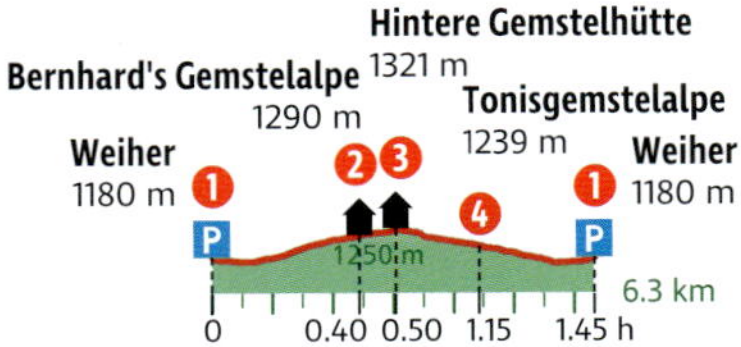

Ausgangspunkt: Parkplatz »Weiher«, ca. 1180 m, an der Bödmerstraße zwischen Mittelberg und Baad. Per Bus (Linie 1) wählt man die Haltestelle »Weiher« oder »Gemse«.
Anforderungen: T1. Vollkommen leichte Alpwanderung auf breiten, höchstens mäßig steilen Schotterwegen. Auch konditionell eine der harmlosesten Unternehmungen in diesem Buch – eigentlich nur ein ausgedehnter Spaziergang.
Einkehr: Bernhard's Gemstelalpe, Hintere Gemstelhütte, Naturalpe Gemstel-Schönesboden.
Beste Jahreszeit: Frühjahr bis Spätherbst, aber idealerweise zur Alpzeit.

Wenige Meter unterhalb des **Parkplatzes »Weiher«** 1 unweit von Bödmen treffen wir auf den Breitach-Uferweg und folgen ihm zum Gemstelboden, wo man den Zugang von der Haltestelle »Gemse« aufnimmt und auf die andere Seite übertritt. Ein Stück weiter kommen wir zu einer Gabelung,

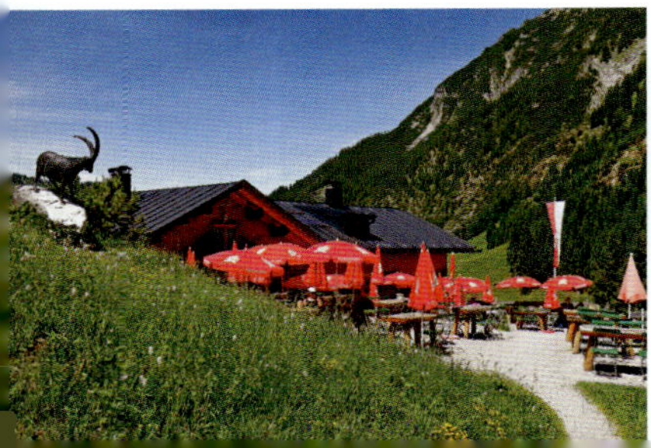
Ziel der kleinen Wanderung ist die Hintere Gemstelhütte.

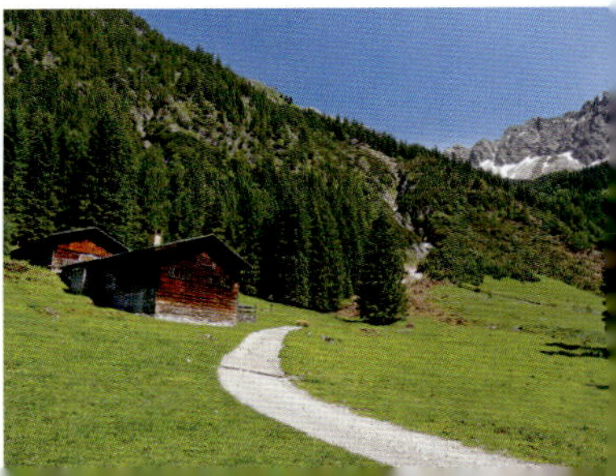
Der Rückweg führt an der Tonisgemstelalpe vorbei.

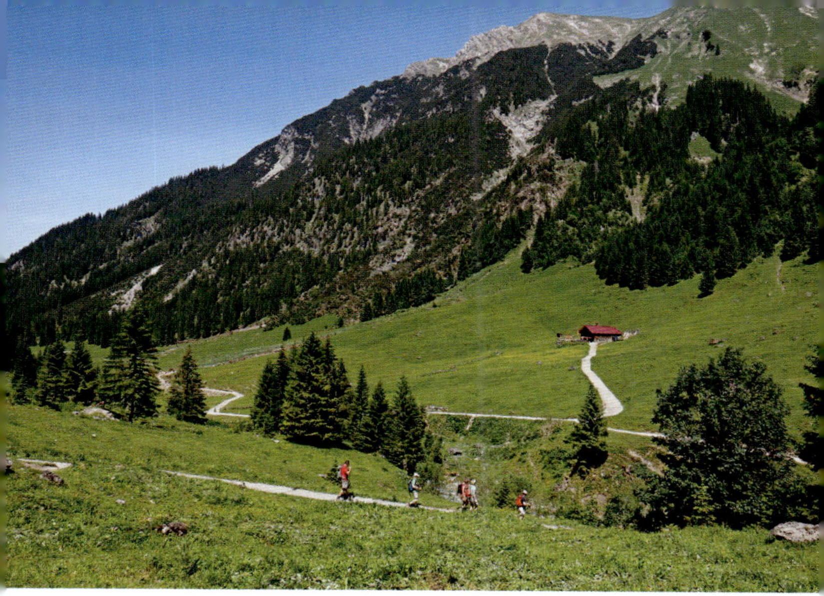

Ausgedehnte Alpgründe prägen das Gemsteltal.

die uns zwei Routen anbietet. Wir wählen zunächst den Güterweg rechts vom Bach und wandern sachte ansteigend taleinwärts. Schon bald gibt das Gemsteltal seine Wiesenlandschaft und großartige Bergkulisse frei. Vorbei an **Bernhard's Gemstelalpe** ❷, ca. 1290 m, führt der bequeme Weg bis zur **Hinteren Gemstelhütte** ❸, 1321 m. Dahinter wird das Gepräge deutlich alpiner, wie bei der nächsten Tour nachzulesen.

Beim Rückweg wechseln wir auf die andere Seite, besuchen je nach Gusto auch die etwas abseits gelegene Naturalpe **Gemstel-Schönesboden** und bummeln dann gemächlich bergab zur **Tonisgemstelalpe** ❹, 1239 m, die als einzige nicht touristisch genutzt wird. Im weiteren Verlauf wieder in den Wald eintauchend und später über die Brücke zurück zum Gemstelboden bzw. zum Ausgangspunkt.

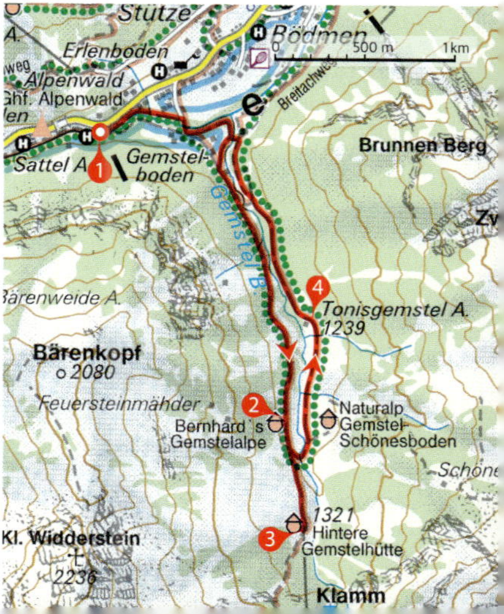

↗ 1500 m | ↘ 1500 m | 19.6 km

14 Walser Geißhorn, 2366 m, und Mindelheimer Hütte, 2013 m

8.50 h

Abwechslungsreicher Bogen vom Gemstel- ins Wildental

Stellt die vorherige Tour ins Gemsteltal eine passende Offerte für alle genussorientierten Gelegenheitswanderer dar, so richtet sich dieser Vorschlag an ausdauernde Bergfexe mit Gipfelambitionen. Steigt man nämlich jenseits der Hinteren Gemstelhütte weiter aufwärts, kommt mit dem Walser Geißhorn einer der lohnendsten Wanderberge der Region allmählich in Reichweite. Blickfang Nummer eins ist wohl der Widderstein mit seiner Ostansicht. Noch vielseitiger wird die Tour, wenn man sie über die Mindelheimer Hütte und die Kemptner Scharte bis ins Wildental ausdehnt. Abgelegene Kare, überragt von zerklüfteten Schrofengipfeln, wo das Steinwild eine Heimstatt findet, lassen uns das Wesen der Allgäuer Hochalpen buchstäblich begreifen. Vom Geländebalkon bei der Mindelheimer Hütte beäugen wir fasziniert den Hauptkamm zwischen Biberkopf und Trettachspitze und nehmen vor dem Übergang ins Wildental gern auch noch die zusätzlichen 80 Höhenmeter bis aufs kecke Kemptner Köpfle (Kempterle) in Kauf. In Muße ausruhen kann man sich dann ja auf einer der Jausenstationen im urtümlichen Wildental …

Ausgangspunkt: Parkplatz »Weiher«, ca. 1180 m, an der Bödmerstraße zwischen Mittelberg und Baad. Per Bus wählt man die Haltestelle »Weiher« oder »Gemse«. Wer unabhängig vom Auto ist, kann die Tour in Schwendle beenden und den Bus der Linie 4 nutzen.

Anforderungen: T3. Überwiegend normale, abschnittsweise schon einigermaßen anspruchsvolle Bergwege, die solide Trittsicherheit erfordern. Bis zum Koblatpass herrscht kaum einmal Absturzgefahr, am Geißhorn-Südrücken steil und schrofig, aber ebenfalls ohne besondere Hindernisse. Beim Übergang zur Mindelheimer Hütte allenfalls bei Schneefeldern Problembereiche, jenseits der Kemptner Scharte sehr abschüssiges Fels- und Schuttgelände, dabei allerdings gut angelegter Zickzackweg. Im Rahmen einer Tagestour nur für Konditionsstarke, ggf. Nächtigung in der Mindelheimer Hütte einplanen.

Einkehr: Bernhard's Gemstelalpe, Hintere Gemstelhütte, Obergemstelalpe,

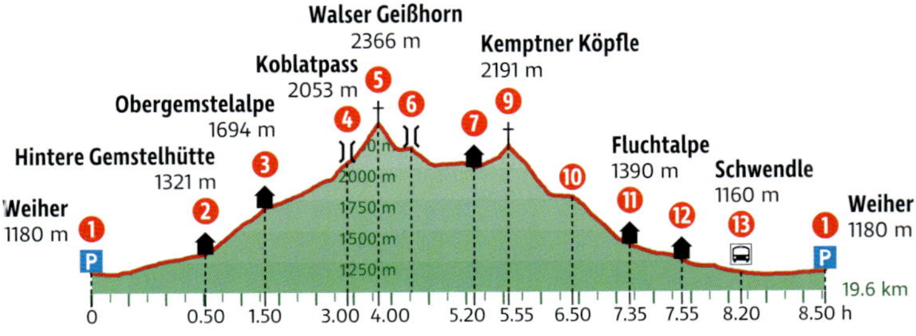

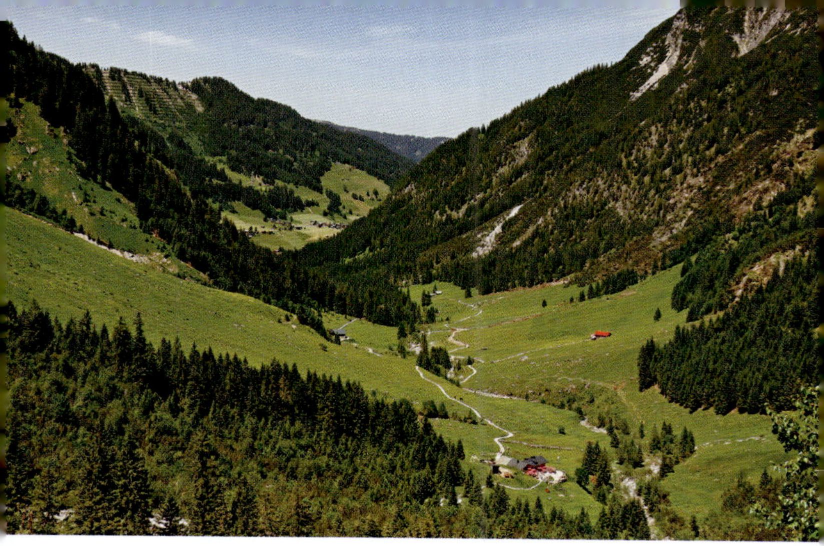

Durchs malerische Gemsteltal beginnt unser Aufstieg zum Geißhorn.

Mindelheimer Hütte (allfällige Reservierung unter mindelheimer-huette.de), Fluchtalpe, Innere Wiesalpe (Mo Ruhetag), Untere Wiesalpe (Mi/Do Ruhetag). **Beste Jahreszeit:** Mitte/Ende Juni bis Anfang Oktober.

Vom **Parkplatz »Weiher«** ❶ aus sind wir umgehend am Ufer der Breitach, gehen ostwärts zur Brücke am Gemstelboden, wo man den Zugang von der Haltestelle »Gemse« aufnimmt, und weiter zum Beginn des Gemsteltals. Wir bleiben am besten gleich rechts vom Bach, treten bald aus dem Wald und steuern auf dem sachte ansteigenden Fahrweg **Bernhard's Gemstelalpe**, ca. 1290 m, an. 10 Minuten später beginnt bei der **Hinteren Gemstelhütte** ❷, 1321 m, die eigentliche Bergstrecke mit einer Passage im Schotter. Rechts haltend gegen den Steilriegel hinauf, anschließend am »Gsprengten Weg« direkt über dem Einschnitt der Klamm entlang, wo der Fels künstlich ausgehauen wurde und Seile zur Absicherung aufgespannt sind. Man kommt in einen Kessel voran, holt wiederum nach rechts aus und gewinnt den Bichl mit der **Obergemstelalpe** ❸, 1694 m. Hier nehmen wir die Route nach links auf, kreuzen in Kürze einen Bach und schweifen markant nach Osten ab. Ein gutmütiger Anstieg führt an der verschlossenen Sterzerhütte vorbei auf einen Hochboden mit Lacke und danach etwas steiler bis in den von einer karstigen Buckelfläche umgebenden **Koblatpass** ❹, 2053 m. Ein Stückchen höher (bei P. 2123) trennen sich die Wege zum Geißhorn und zur Mindelheimer Hütte. Wir gehen direkt den steilen Südrücken an und sehen uns auf schottrig-schrofigem Untergrund kaum

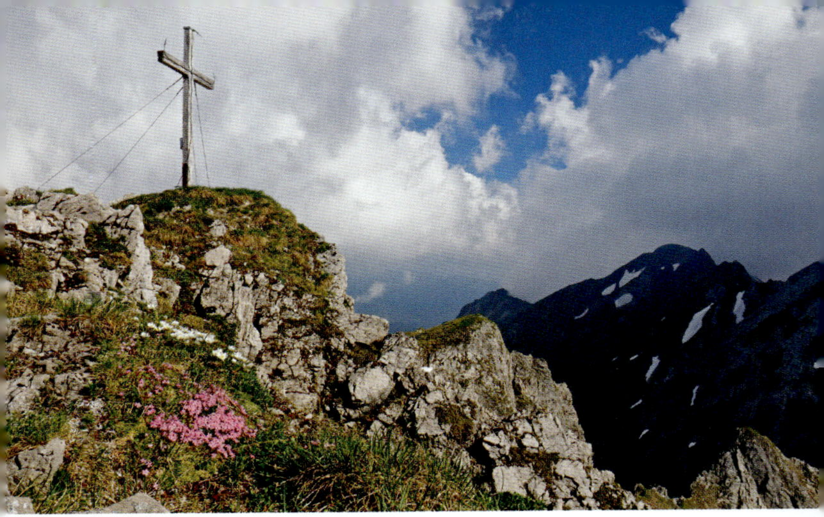

Mit seinen 2366 Metern ist das Walser Geißhorn schon ein stolzes Ziel.

vor ernsthafte Probleme gestellt. Manchmal tangiert man rechter Hand die jäh abbrechende Kante, ehe am Gipfel des **Walser Geißhorns** 5, 2366 m, der Höhepunkt der Tour gewonnen ist.

Im Bergab müssen wir nicht unbedingt ganz bis P. 2123 zurück, sondern können vorher scharf links einer kleinen Pfadspur folgen, die eine abkürzende Verbindung zum Hauptweg (Nr. 484) darstellt. Dann leicht ansteigend zum **Wildengundsattel** 6, 2172 m, und jenseits in die abgestuften Karmulden des Wilden Gund hinab. Man geht die große Einbuchtung im Bogen aus und quert mit etwas Auf und Ab die Südflanke des Angererkopfes hinüber zur **Mindelheimer Hütte** 7, 2013 m. Nun mit Nr. 441 hinauf Richtung **Kemptner Scharte** 8, 2108 m. Bevor wir den Wechsel vollziehen, ist sicher noch ein Abstecher auf das flankierende **Kemptner Köpfle** 9, 2191 m, drin. Eine steile Steigspur führt bis zum exponierten Kreuz; die Fortsetzung trägt im Übrigen den deutlich anspruchsvolleren Mindelheimer Klettersteig.

Seeauge auf einem Boden unterhalb des Koblatpasses.

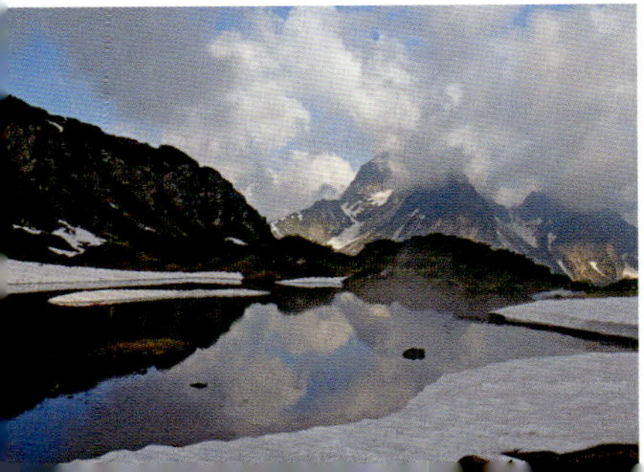

Von der Scharte treten wir anschließend in den jähen Nordabbruch über. Das Gelände sieht grimmig aus, doch keine übertriebene Angst: Der effizient angelegte und mit einigen Drahtseilen versehene Steig schraubt sich in ausgeprägtem Zickzack über die steile Felsschrofenflanke tiefer, stets links von einer markanten Rinnenstruktur, und läuft auf einen ausgedehnten Boden mit Bächlein aus. Weiter vorn an der Schwelle passieren wir die **Hintere Wildenalpe** ⑩, 1777 m. Der folgende Abhang ist schon von erheblich mehr Grün umgeben, der Weg selbst vorerst aber noch recht steinig. An einem sehenswerten Wasserfall vorbei leiten die Serpentinen hinunter Richtung **Fluchtalpe** ⑪, 1390 m, wo man knapp unterhalb der Hütte in einen breiten Fahrweg einfädelt. Auf diesem nun sehr lieblich zu den nächsten beiden Jausenstationen, der **Inneren** und **Unteren Wiesalpe** ⑫, ca. 1265 m. Im äußeren Wildental wird noch ein seitlicher Graben gekreuzt, ehe man beim Bergheim Moser auf den obersten Parkplatz stößt. Jetzt entlang der Straße nach **Schwendle** ⑬, ca. 1160 m, mit Bushaltestelle und weiteren Parkplätzen. Unterhalb zweigen wir auf einen lauschigen Waldweg im Bereich der Breitach ab, überschreiten den von links kommenden Gemstelbach und vollenden die lange Rundtour beim **Parkplatz »Weiher«** ❶.

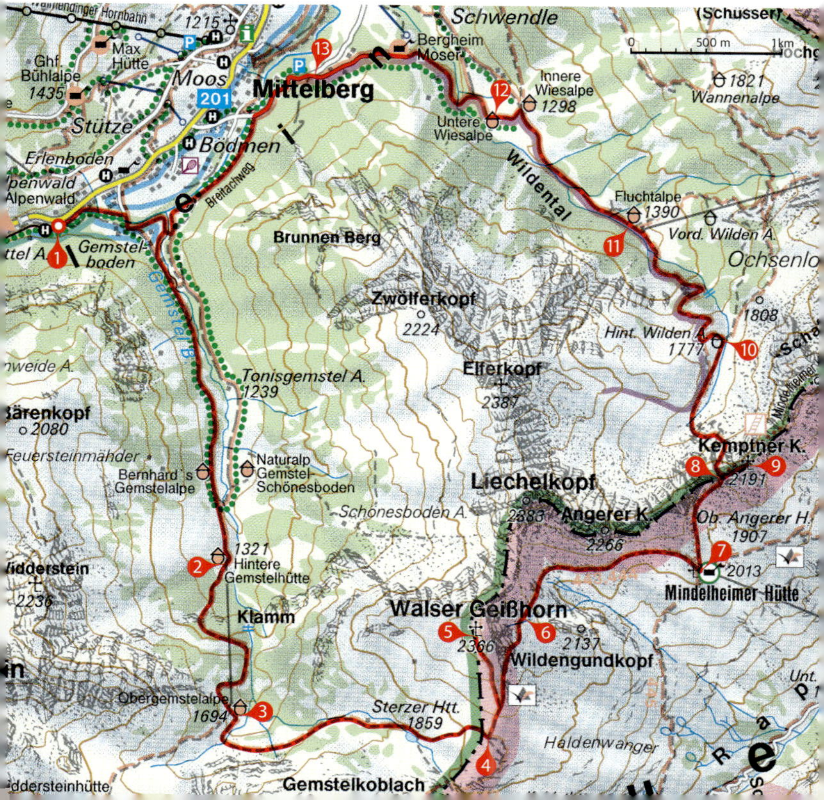

TOP

↗ 850 m | ↘ 850 m | 11.2 km

15 Fiderepasshütte, 2065 m

4.45 h

Wichtiger Bergstützpunkt auf der Grenzhöhe

Direkt auf der deutsch-österreichischen Grenze gelegen, lockt die Fiderepasshütte von beiden Seiten regelmäßig viele Wanderer an. Der Standort ist bezaubernd, im Rücken die profilierte Oberstdorfer Hammerspitze, schräg gegenüber der Kammzug der drei Schafalpenköpfe, über die der populäre Mindelheimer Klettersteig seinen ebenso eleganten wie spannenden Verlauf nimmt. Der Urbau der Fiderepasshütte geht in die NS-Zeit zurück und wurde damals von der Ordensburg Sonthofen realisiert, die – so überliefert es die Chronik – eine Idee des Allgäuer Extrembergsteigers Anderl Heckmair aufgriff. Nach dem Krieg ergab sich für die Alpenvereinssektion Oberstdorf die Chance zum Kauf. Der wichtige Stützpunkt wurde in den 1970er-Jahren zur heutigen Größe ausgebaut und danach noch mehrmals modernisiert. Wir steigen durchs Wildental auf und drehen beim Rückweg abwechslungshalber noch einen Schlenker über Innerkuhgehren.

Ausgangspunkt: Parkplätze beim Bergheim Moser, ca. 1215 m, oder etwas tiefer im Weiler Schwendle. Abzweig der Zufahrt in Bödmen; Busanbindung bis knapp unterhalb (Linie 4 von Mittelberg nach Höfle).

Die Fiderepasshütte mit der Oberstdorfer Hammerspitze dahinter.

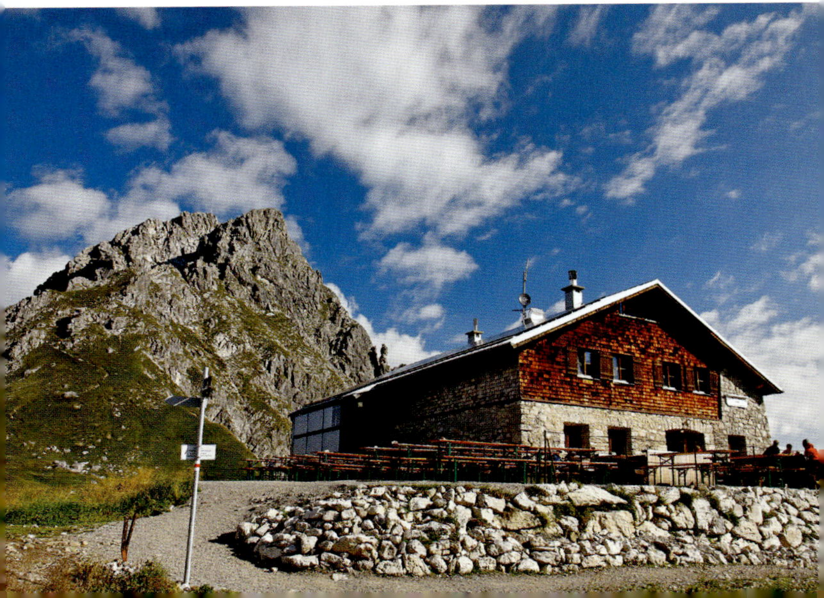

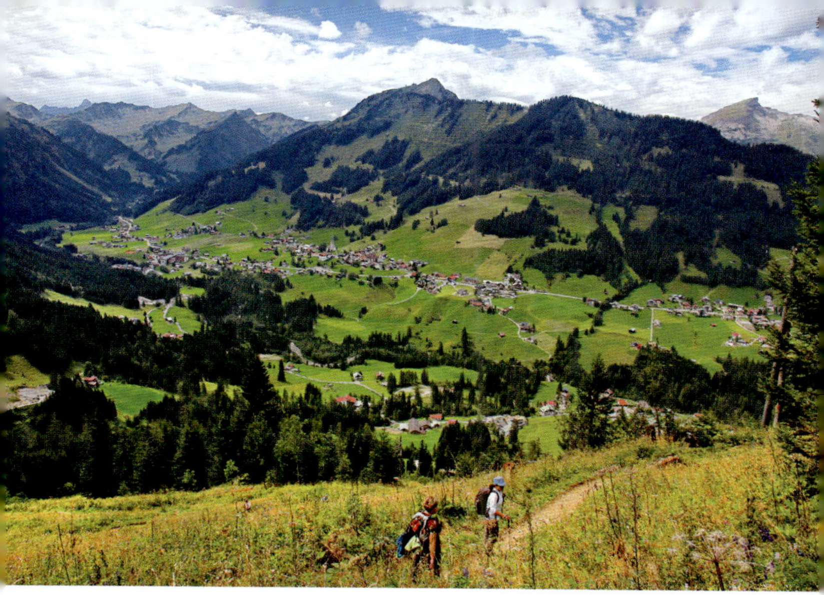

Beim Abstieg von Innerkuhgehren hat man eine reizvolle Perspektive ins innere Kleinwalsertal um Mittelberg.

Anforderungen: T2+. Gewöhnliche, gut oder zumindest ordentlich ausgebaute Bergwege in mittelsteilem Gelände. Auch konditionell nicht übermäßig fordernd; es kommen aber doch fast 900 Hm zusammen.

Einkehr: Untere Wiesalpe (Mi/Do Ruhetag), Innere Wiesalpe (Mo Ruhetag), Fluchtalpe, Fiderepasshütte (Tel. +43 664 3203676, Reservierungen nur online: fiderepasshuette.de), Alpe Kuhgehren.

Beste Jahreszeit: Während der Hüttenöffnungszeit von Ende Mai bis Mitte Oktober.

Tipp: Die Fiderepasshütte wird auch gern von der Kanzelwandbahn oder Fellhornbahn angesteuert. In diesem Fall wandert man am besten über die verfallene Kühgundalpe, 1744 m, retour evtl. über Innerkuhgehrenalpe und Kuhgehrensattel – was effektiv eine Umrundung der Hammerspitzen ergibt.

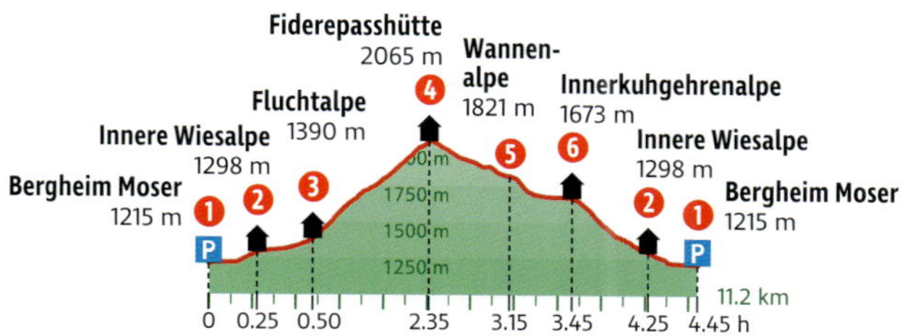

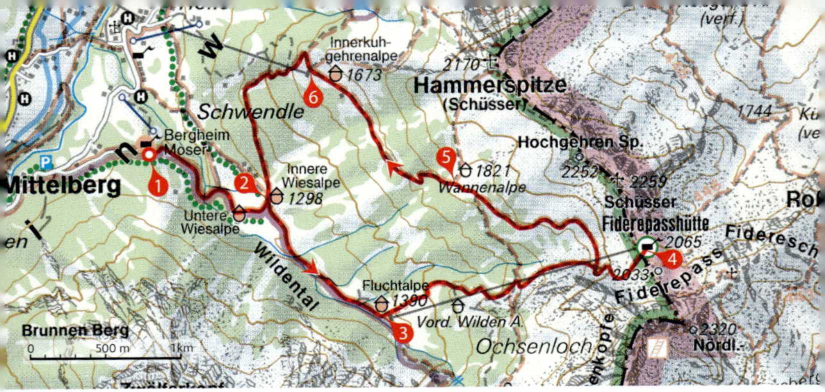

Vom obersten Parkplatz beim **Bergheim Moser** ❶ geht es auf breitem Güterweg zuerst durch einen kleinen Grabenwinkel und dann über die **Untere** zur **Inneren Wiesalpe** ❷, 1298 m, beide als Jausenstation gern besucht. Rechts haltend folgen wir dem Fahrweg weiter zur Materialseilbahn der Fiderepasshütte und passieren kurz darauf die ebenfalls bewirtschaftete **Fluchtalpe** ❸, 1390 m, wo der eigentliche Steig beginnt. In Kehren über eine steilere, noch teils bewaldete Geländepartie und allmählich in eine weite Karwanne. Nach einem vorübergehend flacheren Stück führt ein ausgeprägter Zickzackkurs gegen den Fiderepass hinan, ehe uns etwas oberhalb zur Linken die **Fiderepasshütte** ❹, 2065 m, empfängt.

Den Rückweg wählen wir nur anfangs auf der gleichen Route, zweigen bei der ersten Gelegenheit rechts ab und durchqueren die Flanken unterhalb der Hammerspitzen schräg abwärts Richtung **Wannenalpe** ❺, 1821 m, sowie im weiteren Verlauf allmählich horizontal zur reizvoll am Hangrücken gelegenen **Innerkuhgehrenalpe** ❻, 1673 m. Etwas tiefer tauchen wir kurz nach dem Hinweis zur Außerkuhgehrenalpe in den Wald ein, vollziehen etliche Serpentinen auch über Lichtungen und kommen mittels einer Diagonalen wieder zur **Inneren Wiesalpe** ❷. Das verbleibende Stück ist identisch mit dem Hinweg.

Der Wind treibt Wolkenfetzen über die Gipfel.

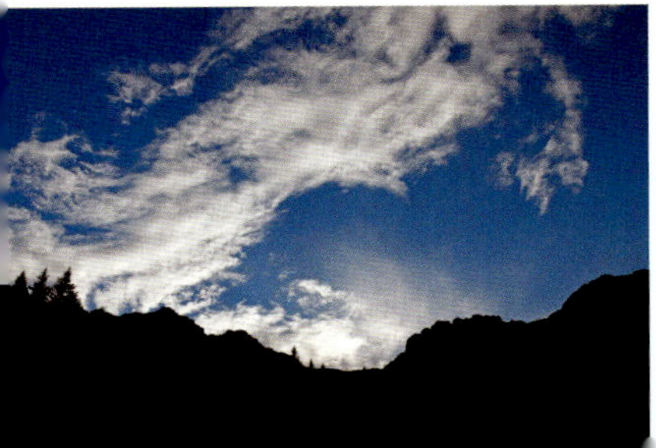

Auf der Innerkuhgehrenalpe ergibt sich nochmals die Möglichkeit zur Einkehr.

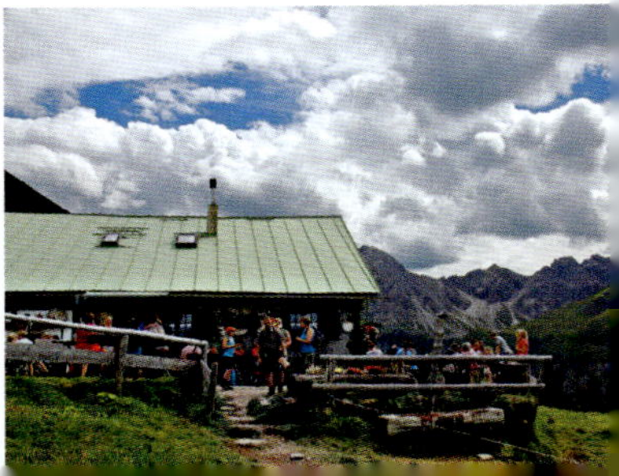

↗ 550 m | ↘ 550 m | 5.6 km

3.15 h

Walser Hammerspitze, 2170 m

16

Alpine Spritztour im Kanzelwandgebiet

Im Grenzkamm zwischen Kleinwalsertal und Oberstdorfer Raum zieht das schroffe, dreigipflige Massiv der Hammerspitzen optisch Aufmerksamkeit auf sich – eine Hauptdolomitformation par excellence! Die einst verwirrende Namensgebung konnte inzwischen einvernehmlich reguliert werden: Vom Schüsser – in allen vor 2013 erschienenen Karten- und Führerwerken noch zu lesen – ist keine Rede mehr, der Nordgipfel heißt jetzt Walser Hammerspitze, dem Südgipfel gebührt der Zusatz »Oberstdorfer« und dazwischen befindet sich wie eh und je die Hochgehrenspitze. Eine Gesamtüberschreitung kann in meinem Buch »Wilde Wege Allgäu – Lechtal« detailliert studiert werden – für Normalwanderer fällt diese Unternehmung mit Schwierigkeiten um T5–6 allerdings zu happig aus. Deshalb widmen wir uns an dieser Stelle nur der Walser Hammerspitze, die von der Kanzelwandbahn relativ rasch erreichbar ist. Eine wohldosierte Portion alpiner Pep kommt gleichwohl ins Spiel, denn wir wagen uns immerhin an den mitunter exponierten Gratübergang von der Kanzelwand, die quasi als Appetizer vorab besucht wird. Der Pfad ist durchaus ein wenig »wild« angehaucht und nicht beschildert. Vermutlich sollen Ungeübte nicht extra angelockt werden. Ohnehin kommt man ja auch via Kuhgehrensattel hinauf – eine Route, die wir schließlich im Abstieg begehen und dabei noch den wunderbaren Logenplatz der vorspringenden Kuhgehrenspitze mitnehmen.

Auch von der leichteren Kuhgehrenspitze eröffnet sich ein fantastischer Blick in den Talschluss.

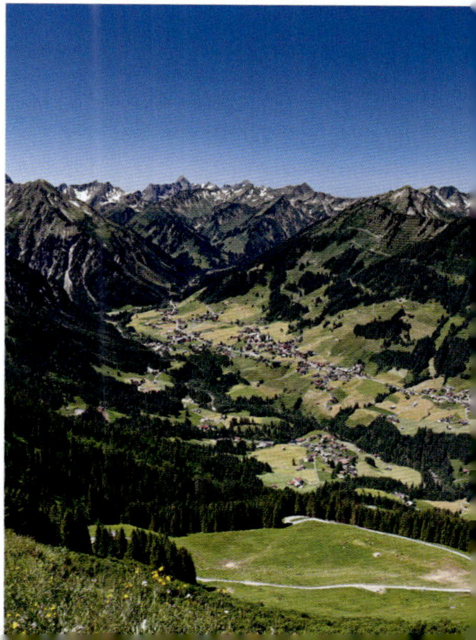

Ausgangspunkt: Kanzelwandbahn in Riezlern, 1088 m, damit zur Bergstation am Gundkopf, 1949 m. Betriebszeiten zwischen Anfang Mai und Anfang November täglich von 8.30 bis 16.45 Uhr (im Mai ab 9 Uhr). Bushaltestelle der Linie 1 direkt bei der Talstation.
Anforderungen: T4 zwischen Kanzelwand und Hammerspitze, T3 am Normalweg via Kuhgehrensattel. Der Gratübergang verlangt absolute Trittsicherheit und Schwindelfreiheit, an einzelnen Stellen auch die Unterstützung der Hände (I. Grad). Zwar deutlich gepfadet, aber aufgrund fehlender Markierung auch etwas Instinkt nötig. Am Normal-

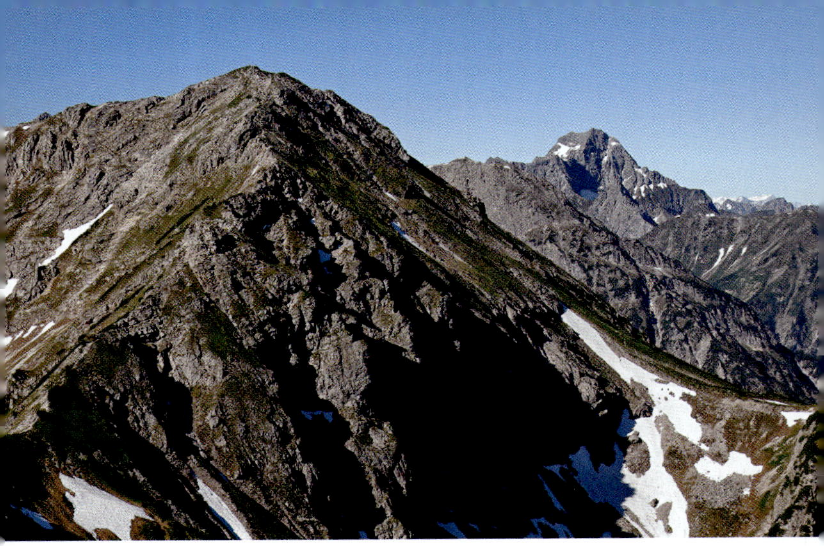

Über den Grat im Vordergrund gehen wir die Walser Hammerspitze an. Hinten tritt wieder einmal der Widderstein in Erscheinung.

weg ebenfalls steile Abhänge, jedoch vergleichsweise leichter zu begehen. Mit Seilbahnhilfe eher kürzere Tour.
Einkehr: Panoramarestaurant Kanzelwand, Adlerhorst (Di Ruhetag).
Beste Jahreszeit: Mitte/Ende Juni bis in den Oktober.

Variante: Wer die Tour etwas erweitern möchte, kann am Südwestrücken zur Wannenalpe, 1821 m, absteigen, dann rechts zur bewirtschafteten Innerkuhgehrenalpe, 1673 m, um im Gegenanstieg wieder den Kuhgehrensattel zu gewinnen. Mehraufwand gut 1 Std.

Das Gros des Höhenunterschiedes zwischen Tal und Berg bewältigen wir bequem mit der **Kanzelwandbahn** ❶ und starten von der Höhe des Gundkopfes mit einem kurzen Abstieg in den nahen Sattel. Ein gut ausgebauter Steig führt nun gegen die **Kanzelwand** ❷, 2059 m, hinan – im Allgäu ursprünglich auch Warmatsgundkopf genannt. Während der »Erlebnis-Klettersteig« unmittelbar durch die Felsen emporzieht, umgeht der Normalweg diese zu einer Gratlücke und führt dann eher harmlos von hinten hinauf. Beim erwähnten Schärtchen nehmen wir die Fortsetzung auf: zuerst einige Meter auf der Ostseite bergab, dann ohne Beschilderung auf den abzweigenden Gratpfad.

Die Kanzelwand-Bergstation am Gundkopf ist ein Dreh- und Angelpunkt des Wanderverkehrs.

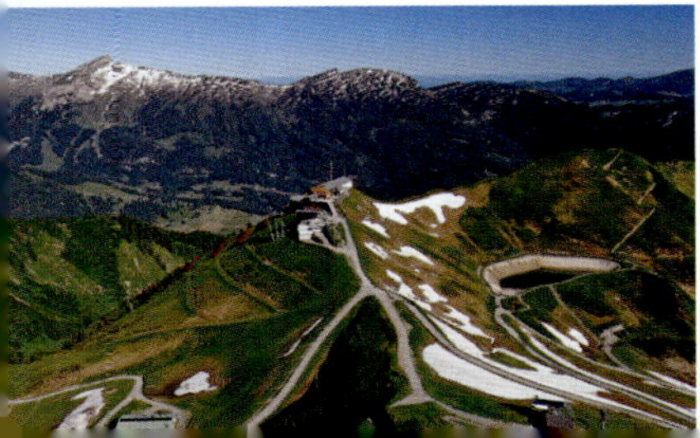

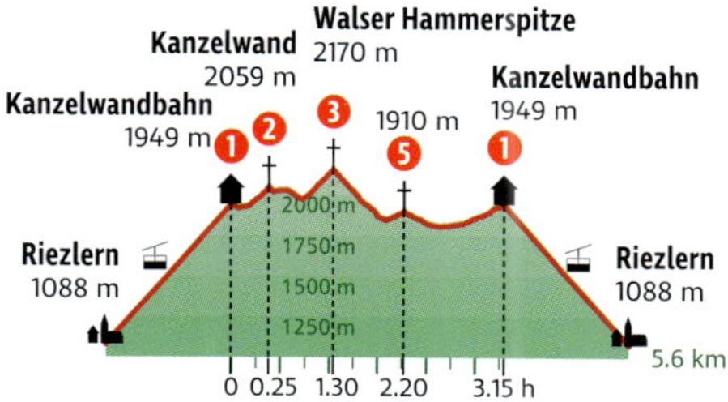

Man überschreitet eine zwischengelagerte schrofige Erhebung und kommt dahinter in den tiefsten Sattel (P. 1972 in der AV-Karte). Der Gegenanstieg fällt stellenweise eine Nuance anspruchsvoller aus. Obacht, denn es gibt mitunter mehrdeutige Pfadspuren. Zuweilen weicht man vorteilhaft von der unmittelbaren Gratlinie ab, doch nie sehr weit. Mit etwas Kraxelei in oft bröseligem Hauptdolomit, in der Regel aber steigartig, gelangen wir sukzessive höher, stoßen auf die von rechts kommende Normalroute (und damit auch auf Farbzeichen) und bewältigen die letzten Passagen bis auf die **Walser Hammerspitze** ❸, 2170 m.

Nach ausgiebiger Würdigung des tollen Panoramas, das sowohl die Kleinwalsertaler als auch weite Bereiche der Oberstdorfer Bergwelt offenbart, geht es knapp 10 Minuten zurück und dann scharf links in die Flanke hinein. Eine Diagonale bringt uns aus den Schrofen in stärker bewachsenes Gelände. Dort führt der Pfad hinunter in den **Kuhgehrensattel** ❹, 1857 m, wo wir noch den kleinen Abstecher zur **Kuhgehrenspitze** ❺**,** 1910 m, wahrnehmen. Auch für eine leichte Tour im Kanzelwandgebiet ist dieser topografisch untergeordnete, aber aussichtsreiche Fleck nicht geringzuschätzen! Vom Sattel wendet man sich anschließend in die ausgedehnte Hangmulde, die im allmählich ansteigenden Bogen ausgegangen wird. Damit zur Jausenstation »Adlerhorst« und zurück zur **Bergstation** ❶ etwas oberhalb.

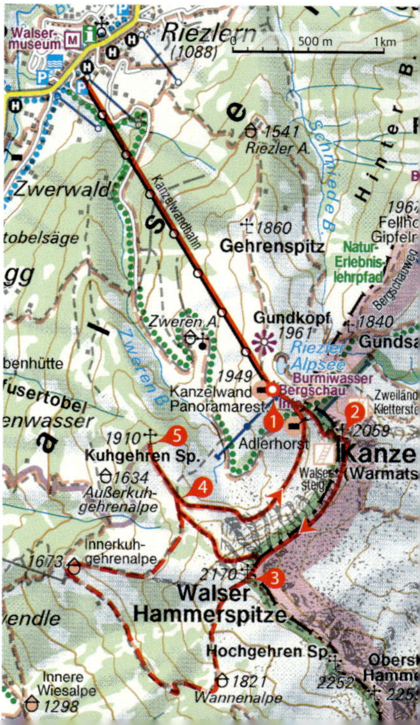

↗ 1030 m | ↘ 1030 m | 10.7 km

17 Über die Gehrenspitze zur Kanzelwand, 2059 m

5.15 h

Erstaunlich stiller Aufstieg zum alpinen Rummelplatz

Eigentlich erhebt sich die Gehrenspitze ja in der ersten Reihe und gewährt dementsprechend eine wunderbare Perspektive über das Kleinwalsertal. Dennoch wird sie touristisch eher wenig propagiert, sodass der Aufstieg über die Riezler Alpe gar nicht sonderlich stark ausgetreten ist. Für Bergindividualisten, die eine Seilbahn gern mal links liegen lassen, sich aber trotzdem für das engere Kanzelwandgebiet interessieren, erscheint dieser Vorschlag wie gemacht. Die Kanzelwand selbst ist am Ende noch das felsige i-Tüpferl – Trubel hin oder her …

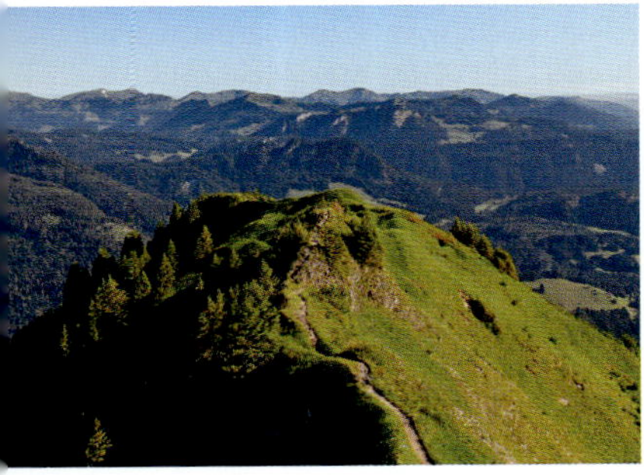

Von unserem Kammpfad überblicken wir die anmutigen voralpinen Gipfelwellen.

Ausgangspunkt: Riezlern, 1088 m. Parkplätze und Bushaltestellen im Ortszentrum, z.B. bei der Kanzelwandbahn.

Anforderungen: T3–. Zunächst Waldsteig bis Riezler Alpe, über die Gehrenspitze kleiner Pfad in zunehmend offenem Gelände, streckenweise recht steil und bei Nässe eventuell rutschig, an der Kanzelwand schließlich schrofig, dort allerdings bestens trassiert. Beim Abstieg kurze gesicherte Passage unterm Gundsattel. Durchschnittliches Tagespensum.

Einkehr: Panoramarestaurant Kanzelwand. Bei der Variante zusätzlich Adlerhorst und Zwerenalpe.

Beste Jahreszeit: Juni bis Oktober.

Variante: Retour können wir (weniger schön) auch den Fahrweg am Restaurant Adlerhorst vorbei aufnehmen und durchs Pistengebiet via Zwerenalpe absteigen. Von der Kanzelwand bis hinab nach Riezlern kalkuliere man 1.50 Std., also insgesamt 5 Std.

Bei der Talstation der Kanzelwandbahn in **Riezlern** ❶ finden wir einen Hinweis auf die Riezler Alpe und begeben uns neben einem Bachgraben auf-

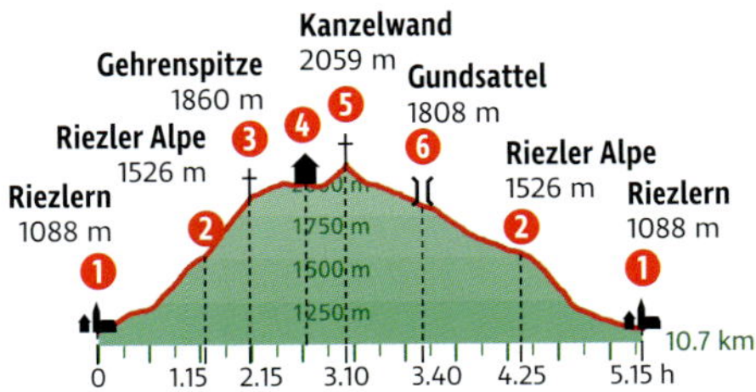

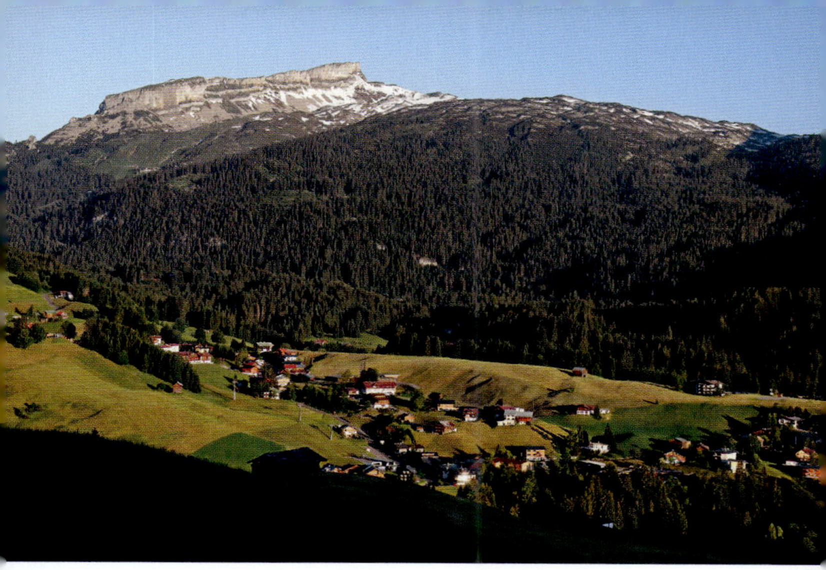

Die Tour beginnt im Tal bei Riezlern mit Blick zum Hohen Ifen.

wärts. Wo der Güterweg rechts weiterführt, queren wir einen Wiesenhang nach links und tauchen wenige Minuten später nach oben in den Wald ein. Die Route zieht teilweise kräftig an und erreicht nach einer Weile links haltend das verwachsene Gelände bei der **Riezler Alpe** 2, 1526 m. Dort verzweigt sie sich. Wir gehen direkt den aufsteilenden Hang an, der sich bald zum lichtbewaldeten Nordgrat ausprägt und später etwas abflachend zur **Gehrenspitze** 3, 1860 m, aufschließt. Topografisch ist diese eigentlich eher eine Gratschulter als ein richtiger Gipfel, denn unser Pfad zeichnet im Anschluss eine schöne Linie über den weiter ansteigenden grünen Kammrücken. Er führt zu einem Panoramapunkt am Gundkopf und kurz dahinter schließlich zur Bergstation der **Kanzelwandbahn** 4, 1949 m. Ziemlich unvermittelt umgibt uns buntes Treiben, doch soll uns das nicht davon abhalten, mit der beliebten Kanzelwand noch einen Gipfel draufzusetzen. Aus der schwachen Senke zieht ein aufwendig angelegter Steig gegen die Felsen hinan, leitet rechts in eine Lücke und dann von hinten über seilgesicherte, aber harmlose Schrofen zum Kreuz auf der **Kanzelwand** 5, 2059 m.

Über den Nordrücken schließt unser Pfad zur Gehrenspitze auf.

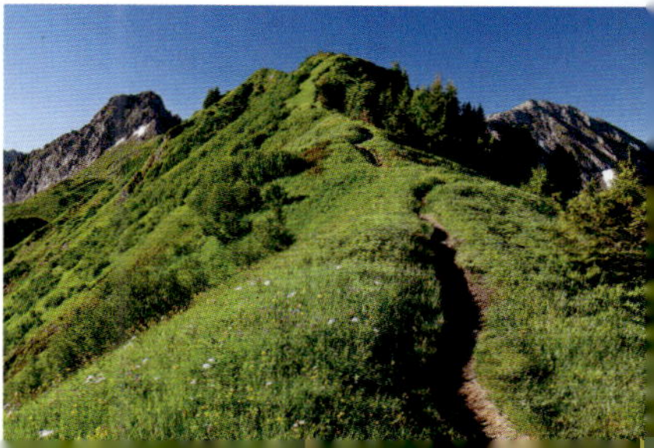

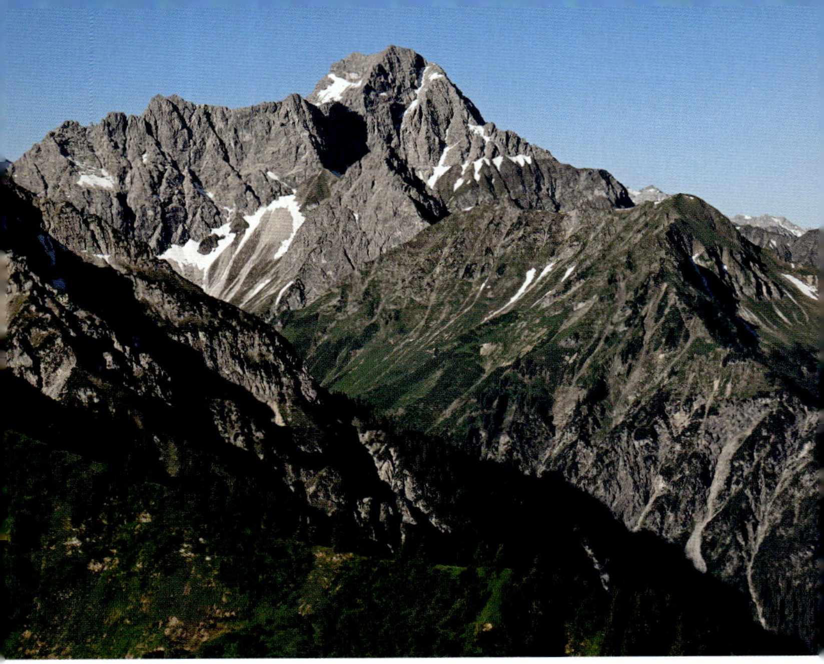

Im Talschluss setzt sich dominant der Widderstein in Szene.

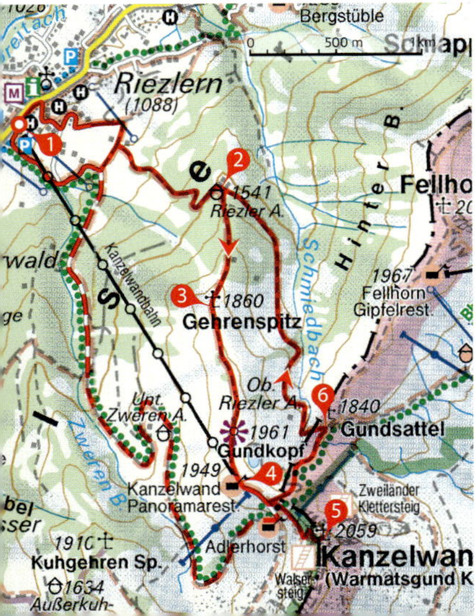

Für den Abstieg empfiehlt sich in erster Linie die Route über den **Gundsattel** 6, 1808 m, der am Grenzkamm zwischen Kanzelwand und Fellhorn eingelagert ist und über einen Promenadenweg rasch erreicht wird. Hier nun westseitig hinab, kurzfristig steil über eine gesicherte Stelle hinweg und dann immer leicht fallend durch die Ostflanke der Gehrenspitze (deutlich oberhalb der Talsohle des Schmiedebachs). Man gelangt um den Hang zurück zur **Riezler Alpe** 2 und steigt von dort talwärts, am Schluss eventuell auf alternativer Linie durch die Wiesen, am Campingplatz vorbei und hinein nach **Riezlern** 1.

↗ 900 m | ↘ 300 m | 8.2 km

TOP

3.30 h

Über den Fellhornkamm, 2038 m

18

Beliebte Gratwanderung zwischen Söllereck- und Kanzelwandbahn

Zu den absoluten Klassikern unter den Allgäuer Höhenwegen zählt ohne Zweifel die Verbindung vom Söllereck über den üppig grünenden Fellhornzug bis ins Kanzelwandgebiet. Besonders die sommerliche Blumenpracht hat diesen Weg berühmt gemacht, neben der über weite Strecken grandiosen Aussicht natürlich. Nicht zuletzt tragen die Aufstiegshilfen (mit der Fellhornbahn sind es sogar drei!) entscheidend zur Beliebtheit bei. Mitunter übersteigt der Andrang schon das gesunde Maß, aber das ist halt der Zwiespalt, mit dem die Klassiker respektive ihre Begeher leben müssen. Mit Start bei der Söllereckbahn sind zwar deutlich mehr Aufstiegsmeter zu bewältigen als umgekehrt, dennoch sei hier die Nord-Süd-Richtung vorgeschlagen, weil sie panoramatechnisch reizvoller ausfällt. So hat man die schönsten Bilder nämlich meist im Vorausblick ...

Ausgangspunkt: Mit der Söllereckbahn hinauf zum Berghaus Schönblick, 1345 m. Betriebszeiten zwischen Anfang Mai und Anfang November täglich von 9 bis 17 Uhr. Bei den großen Parkplätzen an der Talstraße befindet sich auch die Haltestelle der Buslinie 1 (Oberstdorf – Baad).
Endpunkt: Bergstation der Kanzelwandbahn, 1949 m. Betriebszeiten zwischen Anfang Mai und Anfang November täglich von 8.30 bis 16.45 Uhr (im Mai ab 9 Uhr). Die Talstation in Riezlern, 1088 m, liegt ebenfalls an der Buslinie 1.
Anforderungen: T2–3. Viel begangener Bergweg, bis zum Fellhorn mit einigen relativ schmalen Abschnitten am Grat (vereinzelt auch Sicherungen, die aber allenfalls bei Unsicheren psychologisch nötig sind), im letzten Teil hingegen promenadenartig ausgebaut. Elementare Trittsicherheit wegen der steilen Abhänge nebenan vorteilhaft, erhöhte Vorsicht bei Nässe, jedoch nirgends wirklich problematische Wegstellen. Konditionell maßvoll, obschon die umgekehrte Richtung weniger anstrengend ist.
Einkehr: Berghaus Schönblick und Berghaus am Söller, Sölleralpe, Fellhorn Gipfelrestaurant, Kanzelwand Panoramarestaurant.

Beste Jahreszeit: Juni bis Oktober.
Varianten: 1. Der direktere Aufstieg via Schönbichl zum Söllereck, also nicht via

Blick ins Kleinwalsertal bei Riezlern mit dem markanten Hohen Ifen.

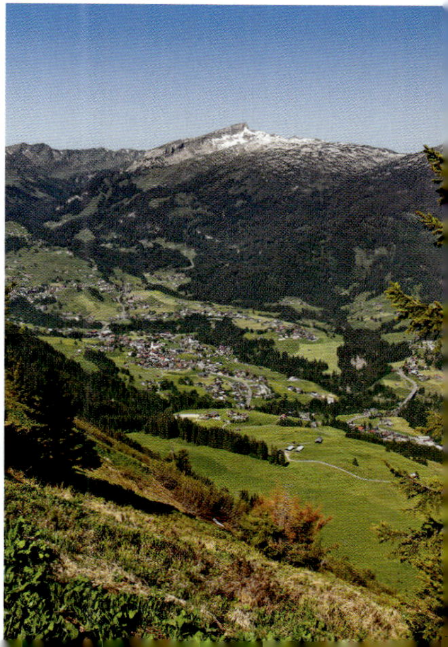

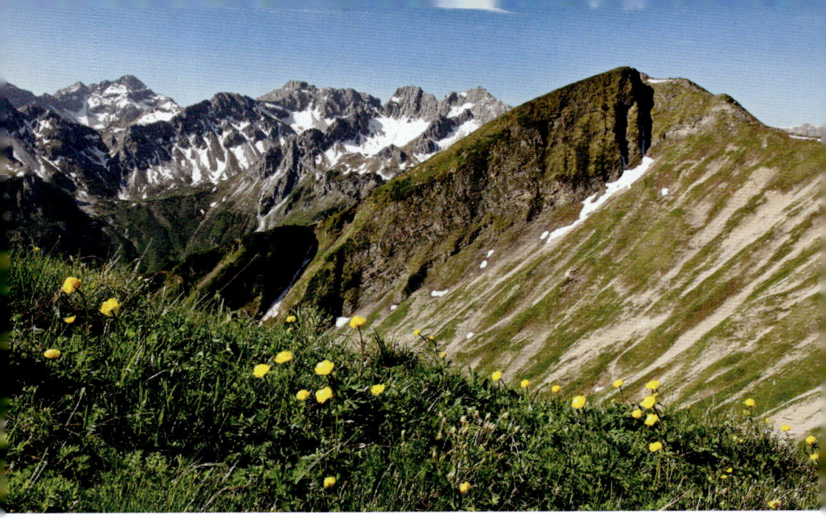

Die Gratwanderung über Schlappoltkopf und Fellhorn ist ein einziges »Schaulaufen«.

Sölleralpe, ist zwar noch möglich, aber mittlerweile nicht mehr gebräuchlich.
2. Vom Gundsattel über die Riezler Alpe talwärts (siehe Tour 17).
3. Begehung in umgekehrter Richtung und im Anschluss von der Söllereckbahn wie bei Tour 19 beschrieben zurück nach Riezlern.

Zunächst bringt uns die **Söllereckbahn** hinauf zum **Berghaus Schönblick** ❶, wo wir links haltend den Höhenweg zur **Sölleralpe** ❷, 1522 m, aufnehmen. Auf breiter Trasse geht es anfangs ansteigend, später fast horizontal bis zur kleinen Jausenstation in der ostseitigen Flanke des Söllerecks. Nun in den Hanglagen windungsreich aufwärts, um den Kamm südlich davon zu erreichen. Damit steht das Kernstück der Tour bevor. Stets entlang der grünen Schneide wandern wir vorerst noch durch Baumbestände und vorübergehend steiler sowie mitunter gesichert zu jener Stelle, wo ein wilder Stichpfad zum vorspringenden Söllerkopf abzweigt (diesen sollten

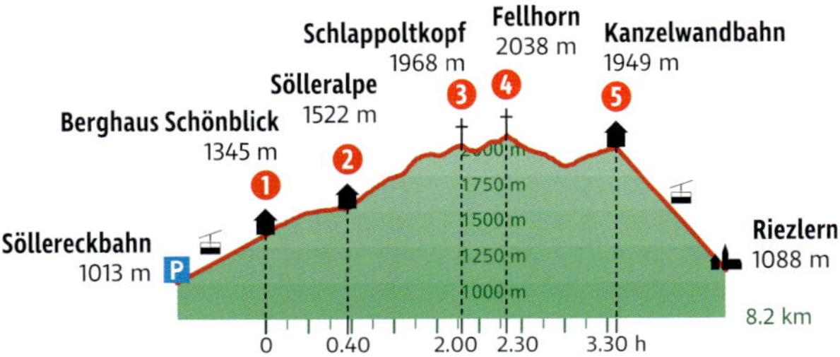

sich nur absolut Trittsichere zutrauen). Gleich dahinter könnte man zur Schlappoltalpe absteigen. Wir bleiben aber natürlich auf der großartigen Kammroute und steuern durch eine schwache Senke den **Schlappoltkopf** ❸, 1968 m, an. Nach lediglich 50 Metern Höhenverlust bis zum nächsten Sattel schwingt sich das Fellhorn vor uns auf. An einem unbedeutenden Buckel vorbei dreht der Verlauf merklich nach links ein und erreicht etwas steiler und ausgesetzter (Fixseile) das Gipfelkreuz auf dem **Fellhorn** ❹, 2038 m. In der Regel kommen uns von Süden nun jede Menge Wanderer und Ausflügler entgegen. Die Bergstation der Fellhornbahn wird ja schon wenige Minuten später passiert. Das Bergab setzt sich auf breitem Weg bis in den **Gundsattel**, 1808 m, fort, ehe noch eine halbstündige Gegensteigung bis zur **Kanzelwandbahn** ❺ bevorsteht.

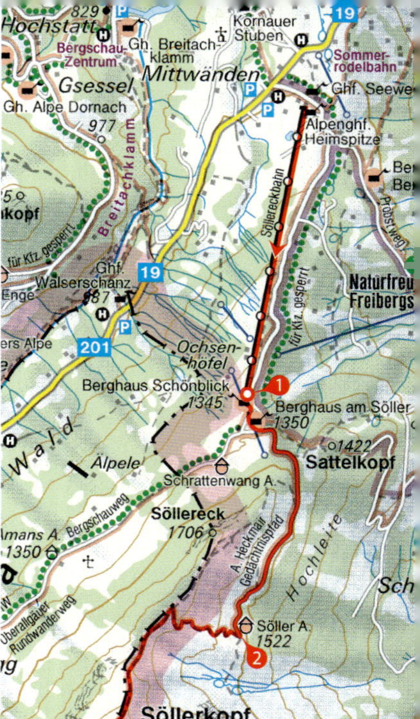
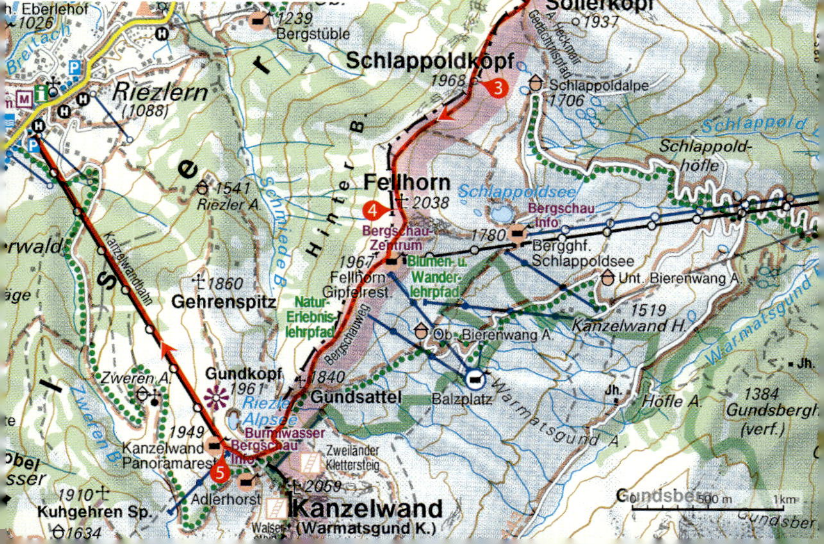

↗ 80 m | ↘ 340 m | 5.5 km

19 Panoramaweg Söllereck – Riezlern

1.30 h

Wanderpromenade am Eingang ins Kleinwalsertal

Wenn man Besuchern eine Empfehlung für eine erste kleine Stippvisite im Kleinwalsertal geben möchte, dann wäre die Wanderung über den Balkonweg von der Söllereck-Bergstation – diverse Alplagen berührend – bis ins nördlichste Dorf Riezlern bestimmt eine gute Idee. Dabei verausgabt sich wirklich niemand und die Eindrücke dessen, was uns die Walsertaler Bergwelt vielleicht noch alles bieten kann, sind schon recht verheißungsvoll. Ruhig und einsam geht es auf dieser beliebten Strecke allerdings selten zu.

Ausgangspunkt: Talstation der Söllereckbahn, 1013 m, mit der man hinauf in die Nähe des Berghauses Schönblick, 1345 m, gelangt. Betriebszeiten zw. Anfang Mai und Anfang November tägl. von 9 bis 17 Uhr. Bei den großen Parkplätzen Haltestelle der Buslinie 1 (Oberstdorf – Baad).
Endpunkt: Riezlern, 1088 m, zentrale Bushaltestelle »Post« derselben Linie.
Anforderungen: T1. Vollkommen leichte und harmlose Wanderung im Alpgelände. Stets breiter Weg und nur vorübergehend mal ein bisschen steiler bergab. Auch an die Ausdauer werden keine nennenswerten Ansprüche gestellt.
Einkehr: Berghaus Schönblick, Berghaus am Söller und Schrattenwangalpe (alle in Seilbahnnähe), Mittelalpe (Di Ruhetag), Gasthaus Bergstüble (Fr Ruhetag).
Beste Jahreszeit: Mai bis Spätherbst.

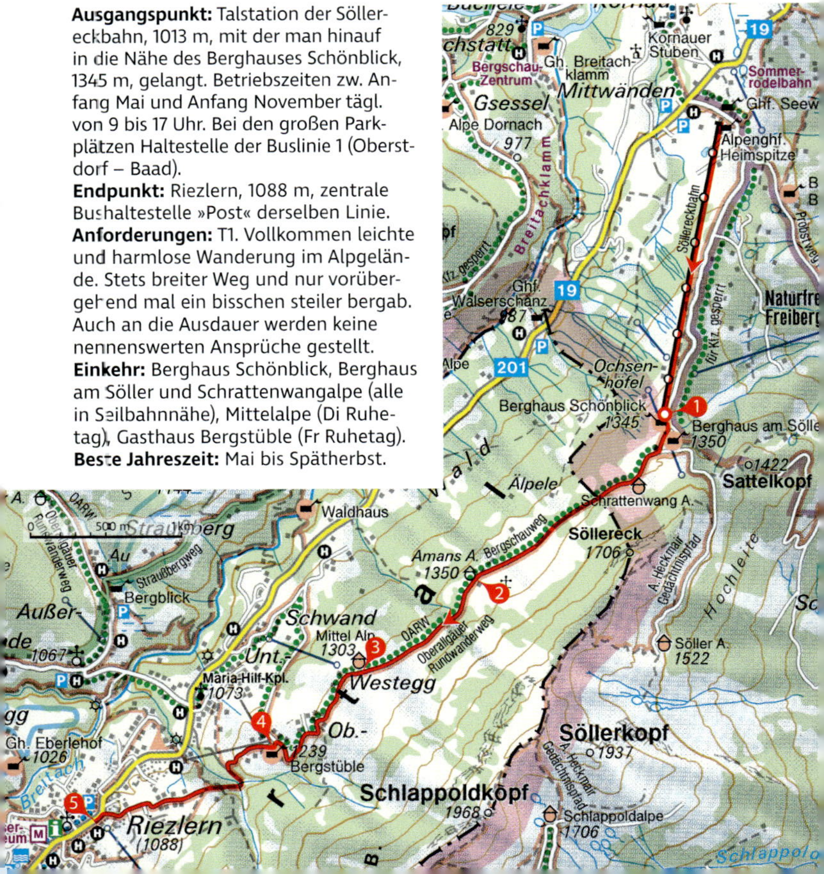

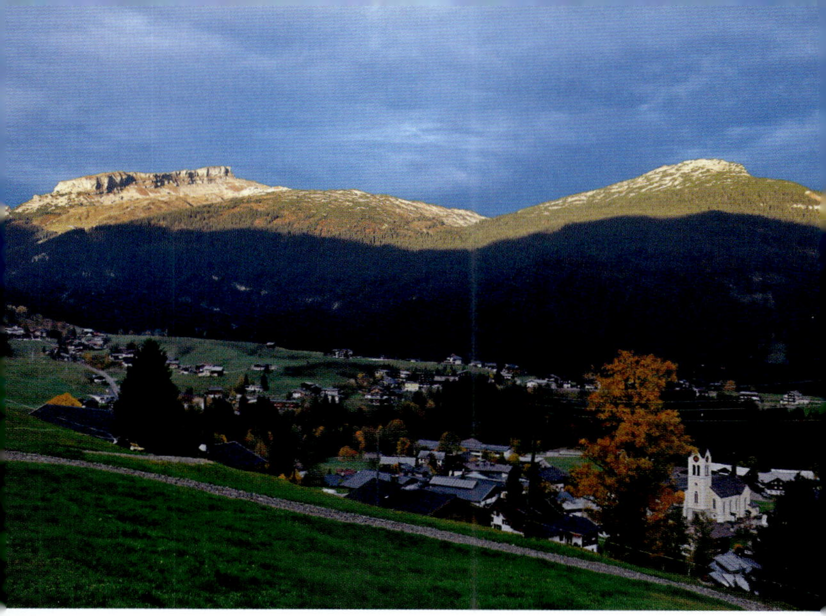

Riezlern vor dem Hohen Ifen und dem Gottesackerplateau.

Nach der Fahrt mit der **Söllereckbahn** nehmen wir bei der Bergstation neben dem **Berghaus Schönblick** ❶ unseren Flankenweg auf. Man steigt anfangs ein paar Meter Richtung **Schrattenwangalpe**, 1402 m, an und verliert dann sukzessive an Höhe. Durch ein kleines Waldstück (Grenzübertritt) kommt man ins Gebiet der **Amansalpe** ❷, 1350 m, voran. Hier steht ein hübsches Kapellchen. Nach minimaler Gegensteigung weiter zur bewirtschafteten **Mittelalpe** ❸, 1303 m (Aussichtspunkt nebenan), und via Mittelwesteggalpe mit einigen Schleifen zum **Bergstüble** ❹, ebenfalls ein beliebtes Aussichtsrestaurant. Hinter der nächsten Kurve fällt der Weg vorübergehend steiler ab. Anschließend wird noch der Schmiedebachtobel gekreuzt, ehe die Route im Schrägabstieg Richtung **Riezlern** ❺, 1088 m, ausläuft.

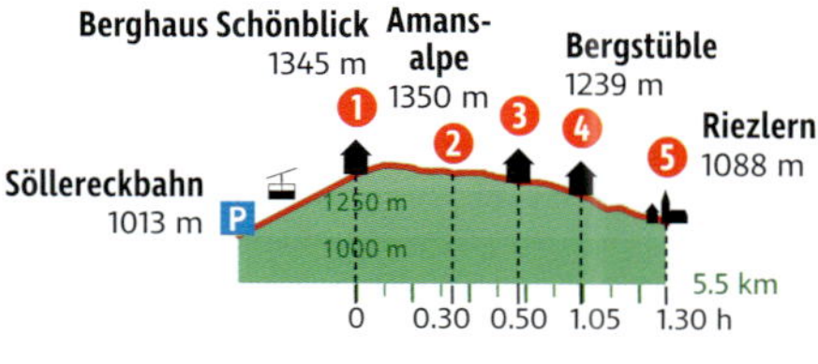

↗ 570 m | ↘ 570 m | 11.7 km

20 Söllereck-Runde zum Freibergsee

3.45 h

Zum idyllischen Waldsee über dem Stillachtal

Wo sich der lange Fellhornzug gen Norden absenkt, liegt auf der Seite des Stillachtals der waldumgürtete Freibergsee wie ein dunkles, geheimnisvolles Auge. Vom Parkplatz Renksteg bei Oberstdorf pilgern die Ausflügler herauf, an warmen Sommertagen oft auch Scharen von »Wasserratten«, denn am See gibt es ein Naturbad. Für eine nennenswerte Wanderung erscheint uns das freilich zu wenig. Deshalb gehen wir schon von der Söllereckbahn aus, wechseln über die Schwelle am Sattelkopf auf die Ostseite und nähern uns dem Freibergsee damit von oben, über die landschaftlich reizvolle Hochleite. Nach einer Umrundung, die auch an der kürzlich sanierten Heini-Klopfer-Skiflugschanze vorbeiführt (Besichtigung möglich), lässt sich die Runde auf einem interessanten Lehrweg zur Talstation schließen.

Ausgangspunkt: Talstation der Söllereckbahn, 1013 m, an der Straße von Oberstdorf ins Kleinwalsertal (Buslinie 1). Eventuell mit der Seilbahn Richtung Berghaus Schönblick.
Anforderungen: Maximal T2. Überwiegend gut ausgebaute Wanderwege, nur der Abstieg von Hochleite zum Freibergsee ist steiler mit Stufen und verlangt elementare Trittsicherheit. Die Anstrengungen lassen sich mit der Seilbahn noch reduzieren, bleiben aber auch ohne relativ moderat.
Einkehr: Berghaus Schönblick und Berghaus am Söller bei der Bergstation, Gasthaus Hochleite (Di Ruhetag), Schonzewiert (Mi Ruhetag), Restaurant am Naturbad Freibergsee, Berggasthof Café Bergkristall (Mo Ruhetag), Gasthof Seeweg bei der Talstation (Do/Fr Ruhetag).
Beste Jahreszeit: Mai bis Oktober oder November.

Zu Beginn können wir entscheiden, ob wir die Söllereckbahn nutzen oder diesmal von der **Talstation** ❶ binnen einer Stunde zum **Berghaus Schönblick** ❷, 1345 m, wandern wollen. Ein geteerter Fahrweg zieht mäßig steil im Wesentlichen parallel zur Seilbahntrasse durch lichte Waldbestände hinauf. Wir lassen dann die Berggasthäuser hinter uns und steigen kurzzeitig recht knackig höher zum Waldrand, durchqueren ein kleines Hochmoor auf einem Bohlenweg und überschreiten die Schwelle am Sattelkopf. Komfortabel breit ausgebaut leitet der Naturerlebnisweg (Tafeln) abwärts, wobei man den kurzen Stich zur **Kanzel** ❸, 1320 m, nicht versäumen sollte:

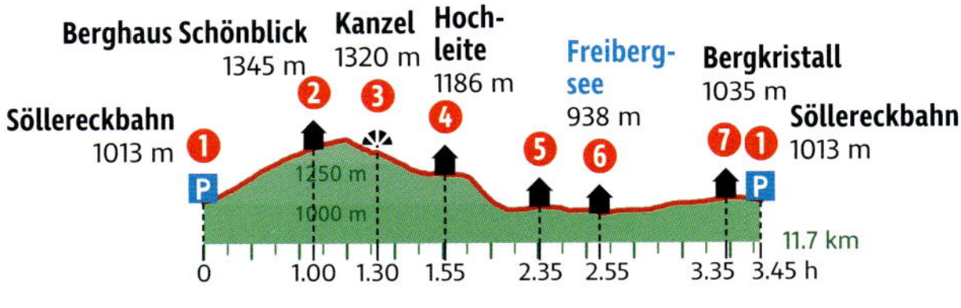

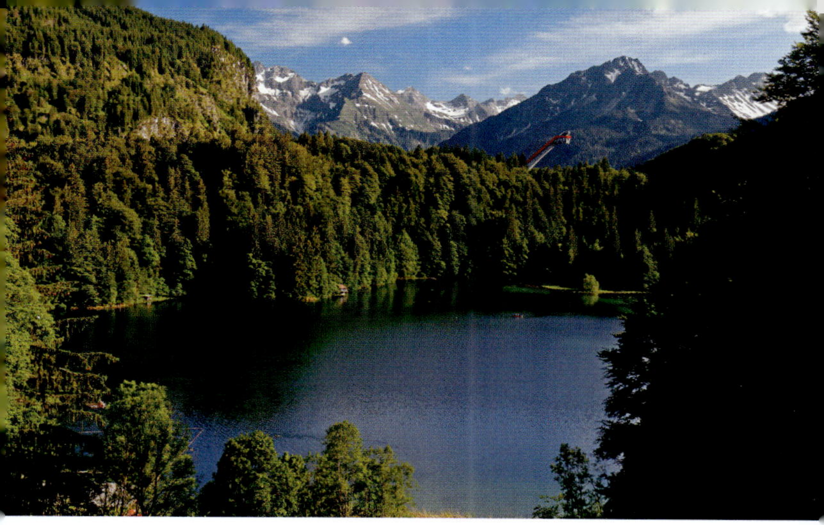

Der malerische Freibergsee mit der Heini-Klopfer-Schanze.

Dort tut sich ein famoser Oberstdorf-Blick auf. Mit zwei Schleifen geht es ins Weidegebiet an der **Hochleite** und zum gleichnamigen Berggasthaus ❹, 1186 m, wo man sich nach links orientiert. Wir wandern ein Stück weit flach dahin, ehe der Waldhang steil abzufallen beginnt. Ein kehrenreicher Weg mit zahlreichen Stufen bringt uns gegen den Freibergsee hinunter. Zwecks Abkürzung könnte man sich sofort links halten, doch lohnt sich eine Umrundung. Damit kommen wir in leichtem Auf und Ab zur **Skiflugschanze** ❺, ca. 985 m, die eine interessante Perspektive ermöglicht, und weiter zum **Naturbad Freibergsee** ❻, 938 m, samt Restaurant. Alternativ kann man hier auch leicht erhöht via Gasthaus Seeblick, das jedoch geschlossen ist, traversieren. Vom Nordwesteck des Sees schließlich auf schönem, leicht ansteigendem Wald- und Lehrweg am Naturfreundehaus (kein öffentliches Restaurant) sowie am **Berggasthof Bergkristall** ❼, ca. 1035 m, vorbei und damit zurück zur **Talstation der Söllereckbahn** ❶.

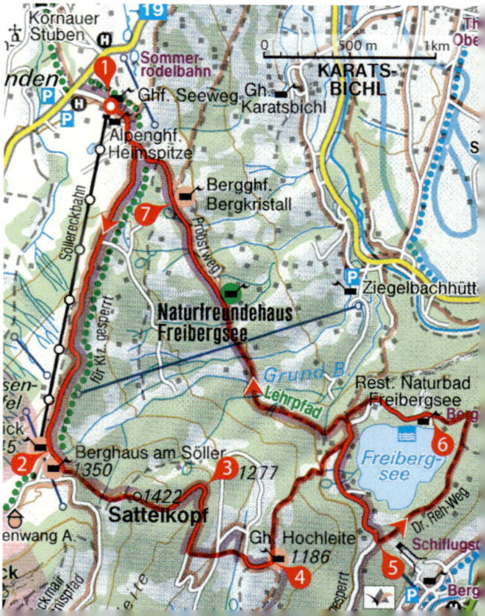

↗ 420 m | ↘ 420 m | 5.7 km

21 Vom Schlappoltsee aufs Fellhorn, 2038 m

2.20 h

Spritztour aus dem Stillachtal auf den bekannten Allgäuer Blumenberg

Nachdem die komplette Überschreitung des Fellhornkammes bereits in Kapitel 18 vorgestellt wurde, soll aufgrund der touristischen Bedeutung an dieser Stelle zusätzlich das Augenmerk auf einen Seiteneinstieg gelenkt werden. Man schwebt bequem mit der Fellhornbahn in die Höhe, steigt aber schon beim fotogenen Schlappoltsee aus und überschreitet den Gipfel in einem deutlich engeren Rundkurs, der über die Bierenwangalpe zurück zur Mittelstation führt. »Fellhorn kompakt« lautet also das Motto, eine Spritztour für Kurzentschlossene oder weniger Ausdauernde, gleichwohl mit fantastischen Aussichten …

Ausgangspunkt: Mittelstation »Schlappoltsee« der Fellhornbahn, 1780 m, erreichbar von Faistenoy im Stillachtal, 920 m, wo sich das Ende der öffentlichen Straße befindet (Busverkehr von Oberstdorf). Betriebszeiten zwischen Mitte Mai und Anfang November täglich von 8.30 bis 16.45 Uhr (im Frühjahr etwas verkürzt).
Anforderungen: T2+. Überwiegend gut ausgebaute Bergwege, Zubringer zum Kamm etwas kleiner und vor dem Gipfel eine leicht ausgesetzte Passage mit Fixseil, die aber keinen Bergwanderer überfordern sollte. Lockere Halbtagestour.
Einkehr: Restaurants bei der Mittelstation und Bergstation der Fellhornbahn, Obere Bierenwangalpe.
Beste Jahreszeit: Juni bis Oktober, sofern schneefrei.

Von der Mittelstation der **Fellhornbahn** ❶ zunächst rund 50 Höhenmeter abwärts zum **Schlappoltsee**, 1719 m, den man wahlweise links oder rechts herum passieren kann. Am gegenüberliegenden Ufer setzt man zum Aufstieg an, hält sich bei der nächsten Gabelung links und erreicht die Kammhöhe bei P. 1919 in der AV-Karte ❷. Aus dem Sattel nun links gegen das Fellhorn hinauf. An einem vorgelagerten Buckel vorbei biegt der Kamm-

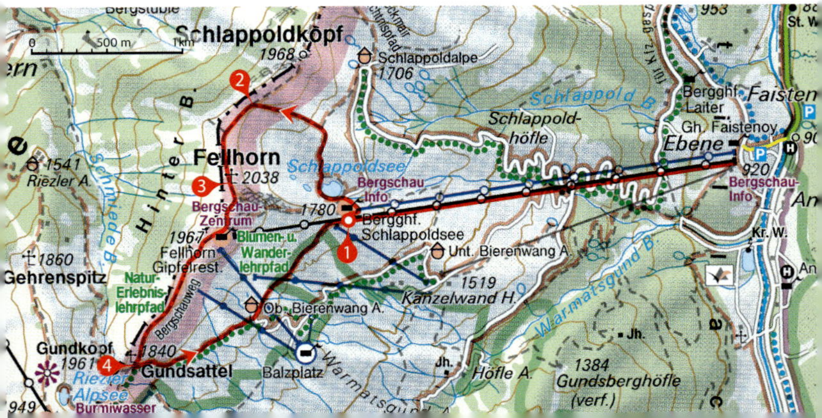

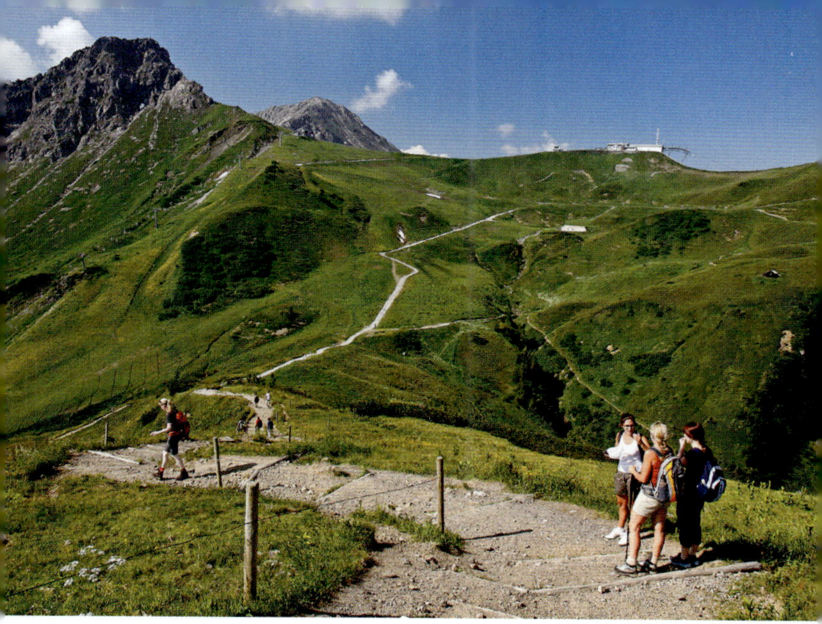

Am großzügig ausgebauten Fellhornweg; hinten die Kanzelwand.

verlauf merklich nach links ab und wird zuletzt etwas steiler. Seilsicherungen entschärfen diese an sich problemlose Passage zum Gipfel des **Fellhorns** ❸, 2038 m. Die Fortsetzung am Südrücken ist noch komfortabler ausgebaut. Rasch geht es an der Bergstation vorbei bis in den **Gundsattel** ❹, 1808 m, und dort scharf links. Mit einem Schrägabstieg kommen wir Richtung **Obere Bierenwangalpe** voran, können dort bei schöner Aussicht über das Stillachtal einkehren und vollenden die Runde schließlich quer durch die teils waldbestandenen Hänge, am Ende mit etwas Gegenanstieg zur Mittelstation der **Fellhornbahn** ❶.

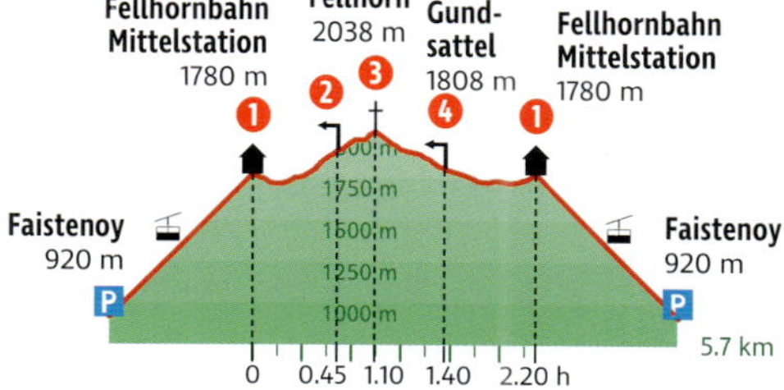

TOP

22

↗ 1300 m | ↘ 1300 m | 20.7 km

Mindelheimer Hütte, 2013 m, über Guggersee

8.45 h

Panoramaweg in den hintersten Winkel des Oberallgäus

Obwohl eigentlich ziemlich abgelegen, zählt die Mindelheimer Hütte über dem inneren Rappenalpental zu den beliebtesten Berghütten weit und breit. Über den nachfolgend vorgestellten Weg wird sie allerdings vergleichsweise selten angesteuert, zu lang mag er vielen erscheinen. In der Tat braucht man einige Ausdauer, wenn man drunten in Birgsau den Rucksack schultert, zunächst einmal reichliche zwei Stunden durch lichten Wald, Latschen und Schrofen aufsteigt, mit dem Guggersee dann einen traumhaften Fleck entdeckt, anschließend den Geländebalkon der Taufersbergalpe beschreitet, dabei nacheinander Kühgund, Roßgund und Saubuckelkar traversiert und erst nach über fünf Stunden bei der Mindelheimer Hütte einläuft. Stunden, in denen man die Aussicht auf den Allgäuer Hauptkamm gegenüber freilich richtig auskosten kann, denn die ganze Phalanx vom spitzen Eckzahn der Trettachspitze bis zum massigen Biberkopf liegt wie auf dem Präsentierteller. Wer später auch dem Hatscher durchs ewig lange Rappenalpental seine durchaus vorhandenen Reize abgewinnen kann, wird gewiss begeistert aus dem südlichsten Winkel Deutschlands zurückkehren …

Ausgangspunkt: Birgsau, 949 m, im hinteren Stillachtal, erreichbar per Bus von Oberstdorf über Parkplatz Renksteg und Faistenoy (in der Hauptsaison ab

Wanderer genießen die Abendsonne vor der Mindelheimer Hütte.

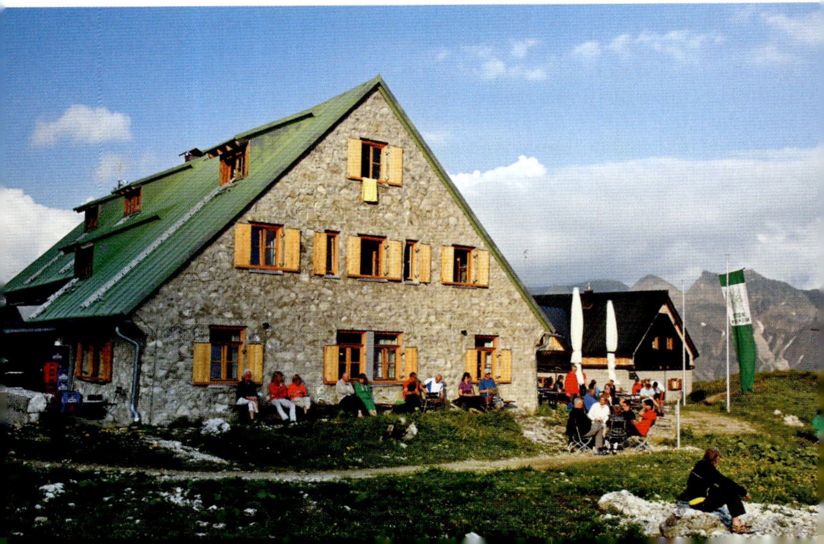

6.50 Uhr, zurück spätestens 18.55 Uhr). Auf Höhe der Fellhornbahn befindet sich der letzte öffentliche Parkplatz; von dort sind es rund 2 km bis Birgsau.
Anforderungen: Maximal T3–, meist um T2. Gewöhnliche Bergwege mit steileren Abschnitten im Aufstieg, ausgedehnten Hangtraversen, mäßig steilem Schleifenweg im Abstieg und zuletzt langer Strecke auf Hartbelag im Hochtal. In den oberen Lagen oft schottrig oder schrofig, jedoch bei grundlegender Trittsicherheit ohne schwierige oder heikle Stellen. Als Tagestour beachtliche Kondition und Marschtüchtigkeit erforderlich!
Einkehr: Mindelheimer Hütte (Reservierung unter mindelheimer-huette.de), Schwarze Hütte, Alpe Breitengehren, Buchrainer Alpe, Berggasthof Einödsbach (bei Variante; Di Ruhetag), Alpe Eschbach.
Beste Jahreszeit: Mitte Juni bis zum Hüttenschluss Mitte Oktober.
Varianten: 1. Kurz hinter der Vorderen Taufersbergalpe Abstiegsmöglichkeit nach Breitengehren, damit wesentlich kürzer. 2. Ein kleiner Umweg ist an der Schwelle vom Rappenalpen- ins Stillachtal über Einödsbach, 1114 m, möglich. Dazu zweigt man an bezeichneter Stelle zur Bachbrücke ab und wandert später über die Zufahrt hinunter Richtung Eschbachalpe.

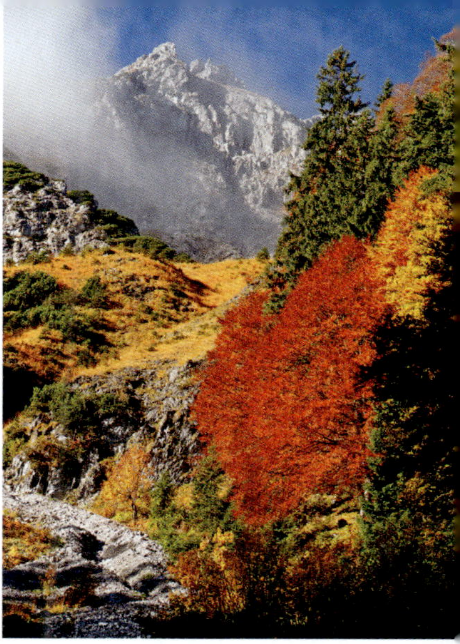

Der Herbst hat seine Farbtöpfe im Stillachtal ausgeschüttet.

Wer noch vor dem ersten Linienbus starten möchte, muss ab Parkplatz eine halbe Stunde taleinwärts laufen. Kurz vor der Haltestelle **Birgsau** ❶ beginnt über die Brücke hinweg der Weg Nr. 442, um an einer Alphütte vorbei die aufsteilende Berglehne anzugehen. Im lichtbewaldeten Terrain steigen wir zunächst neben dem Grießgundtobel aufwärts, schwenken dann links auf einen kleinen Rücken und setzen auf ca. 1400 Metern zu einer markanten Linkstraverse Richtung Scheidbichel an. Es folgt nochmals ein kräftiger Aufstieg bis zum Gugger, wo quasi die Basishöhe unseres Panoramaweges erreicht ist. In einer kleinen Mulde verbirgt sich der pittoreske **Guggersee** ❷, ca. 1710 m – ein anheimelnder Rastplatz! In leichtem Auf und Ab wandern wir am Geländebalkon weiter in Grundrichtung Südwest, passieren bald die **Vordere Taufersbergalpe** ❸, 1727 m, sowie einen Abzweig talwärts. Leicht ansteigend kommt man allmählich in den Kareinschnitt des Roßgund hinein und geht diesen im großen Bogen aus. Um den nächsten Hangrücken herum öffnet sich über uns das Saubuckelkar. Bald trifft man auf den mit Nr. 443 bezeichneten **Krumbacher Höhenweg** ❹, 1878 m, der anschließend noch eine ganze Weile die Südostflanke der

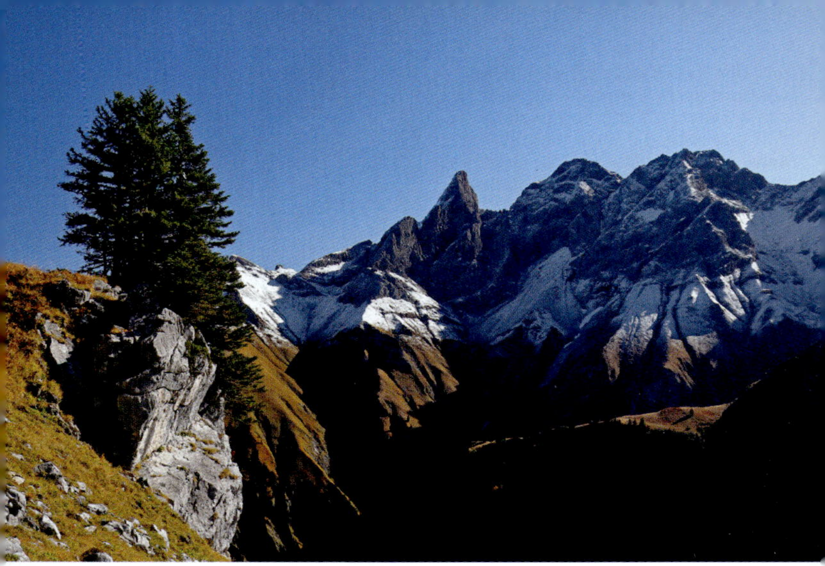

Stundenlang begeistert die Schau auf den Allgäuer Hauptkamm.

Schafalpenköpfe schneidet, stets um 1850 bis 1900 Meter Höhe pendelnd. Wir erreichen die **Obere Angererhütte** 5, 1907 m, und steigen von dort nochmals ein gutes Stück bis zur **Mindelheimer Hütte** 6, 2013 m, an (die manchmal zu lesende Höhe 2058 m dürfte unzutreffend sein).

Der Abstieg führt anfangs wieder zurück zur **Oberen Angererhütte**. Dort wenden wir uns mit Nr. 441 weiter talwärts. Da die Route in vielen Windungen und Schleifen angelegt ist, hält sich das Gefälle effektiv in Grenzen. Wir passieren die Untere Angererhütte und folgen den teils weitausholenden Serpentinen bis in den Grund des Rappenalpentals. Dort kurz einwärts, um über die Brücke gelangen zu können. Am geteerten Fahrweg empfängt uns in Kürze die **Schwarze Hütte** 7, 1235 m, beim Abzweig des Eselsweges zur Rappenseehütte. Für uns gibt es indes nur noch die klare Linie talauswärts. Kurz vor der **Breitengehrenalpe** 8, 1151 m,

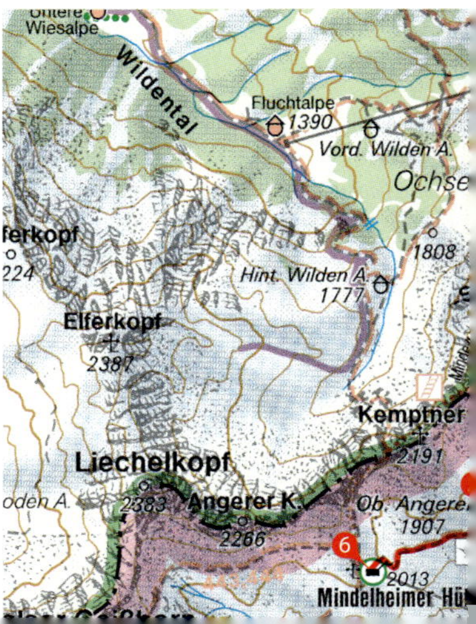

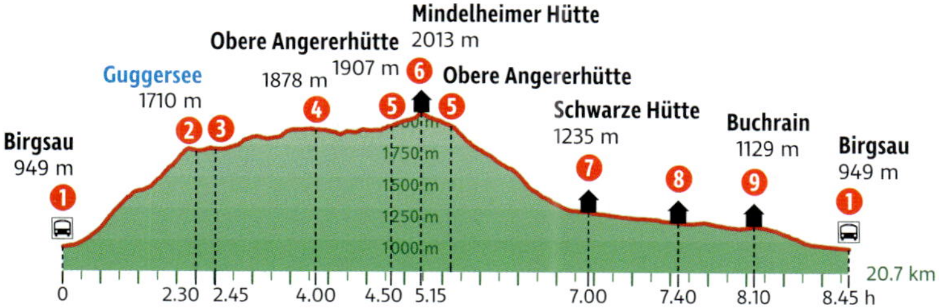

auf die linke Bachseite und zur ersten kleinen Gegensteigung. Die zweite bringt uns nach dem Hinweisschild »Einödsbach« auf die seichte Schwelle der **Buchrainer Alpe** 9, 1129 m, wo sich ein Traumblick auf das Allgäuer Dreigestirn mit Trettachspitze, Mädelegabel und Hochfrottspitze bietet. Im Anschluss ist das Tal nicht mehr nach dem Rappenalpenbach, sondern nach der Stillach benannt. Mit einem deutlicheren Gefälle kommen wir zur Kreuzung unweit der **Eschbachalpe** und können bei der Endhaltestelle wieder in den Bus steigen, ansonsten natürlich auch ein paar Minuten später in **Birgsau** 1.

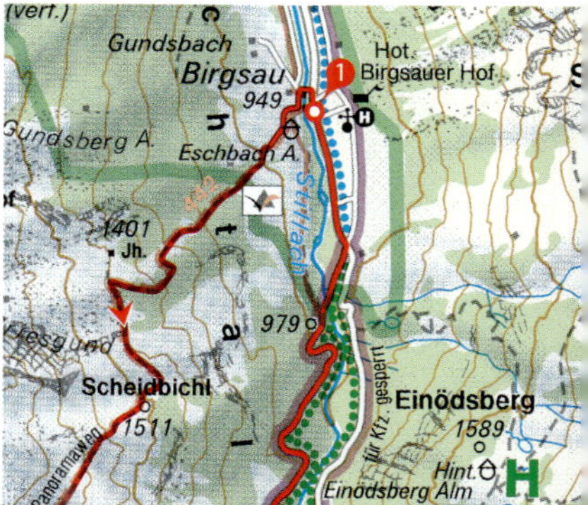

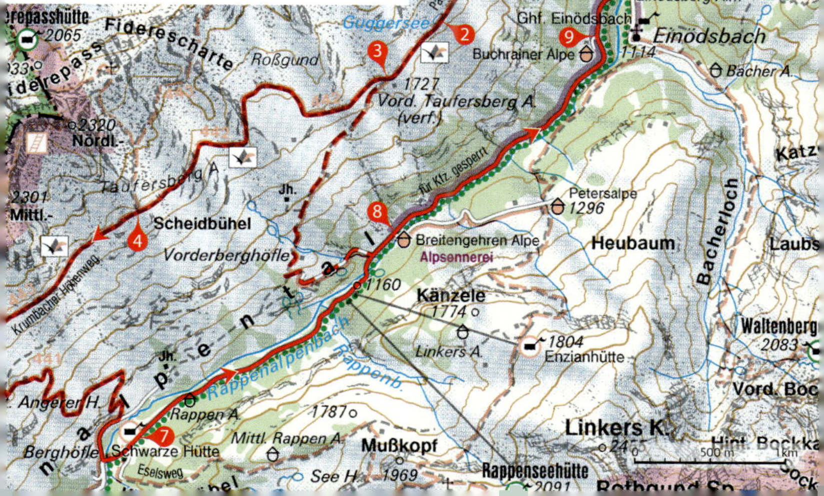

↗ 1180 m | ↘ 1180 m | 16.0 km

23 Rappenseehütte, 2091 m

6.00 h

Zum größten Schutzhaus der Bayerischen Alpen

Mehr als 300 Nächtigungsgäste kann die Rappenseehütte aufnehmen und zählt im Schnitt rund 15000 Beherbergungen pro Saison: rekordverdächtig! Als Zugpferd schlechthin gilt hier der Heilbronner Weg, ein gesicherter Höhensteig der Extraklasse, der sich um bzw. über einige der stattlichen Felsgipfel am Allgäuer Hauptkamm schlängelt und an manchen Tagen geradezu erstürmt wird. Nach seiner Einweihung im Jahr 1899 gewann die Rappenseehütte rasch an Popularität und musste daraufhin mehrfach erweitert werden. Für gemäßigte Wanderer stellt schon der Aufstieg bis in den von zwei malerischen Seen geschmückten Kessel eine Herausforderung dar. Wen es noch höher hinauszieht, der widme sich im Anschluss den Touren 24 bzw. 41 ...

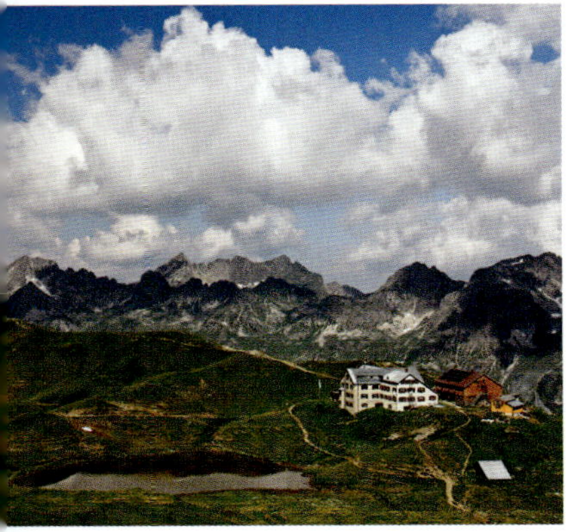

Hoch oben auf einer begrünten Geländeschwelle hat die Rappenseehütte ihren Standort.

Ausgangspunkt: Alpe Eschbach, 967 m, Endhaltestelle der Buslinie vom Bahnhof Oberstdorf via Renksteg und Fellhornbahn (dort befindet sich der letzte öffentliche Parkplatz). Erster Kurs in der Hauptsaison ab 6.50 Uhr.
Anforderungen: T2–3. Gut angelegte und meist auch relativ breit ausgetretene Bergwege, allenfalls bei Nässe können schmierige Passagen etwas lästig sein. Wegen abschüssiger Hänge elementare Trittsicherheit vorteilhaft (Absturzgefahr stellenweise nicht auszuschließen). Der Höhenunterschied verlangt solide Kondition; volle Tagestour.
Einkehr: Eschbachalpe, Einödsbach (Di Ruhetag), Petersalpe, Enzianhütte (Tel. +49 170 7931655), Rappenseehütte (Reservierung: rappenseehuette.de).
Beste Jahreszeit: Zur Hüttenöffnungszeit von Mitte Juni bis Anfang Oktober.

Von der Endhaltestelle **Eschbachalpe** ❶ taleinwärts und bei der Gabelung links auf die Forststraße nach **Einödsbach** ❷, 1114 m. Dahinter muss zunächst mit etwas Zwischenabstieg der aus dem Bacherloch mündende Tobel gekreuzt werden. Die Traverse setzt sich noch ein gutes Stück fort, bevor unser Bergweg endlich deutlich ansteigt. Nächstes Zwischenziel ist die **Petersalpe** ❸, 1296 m. Oberhalb ist das Gelände nun meist nur noch von Büschen und Strauchwerk bestanden. Wir holen nach rechts aus, kreuzen einen Graben und überwinden die Steilstufe des Känzele. Auf dem Absatz der Linkersalpe empfängt uns die **Enzianhütte** ❹, 1779 m –

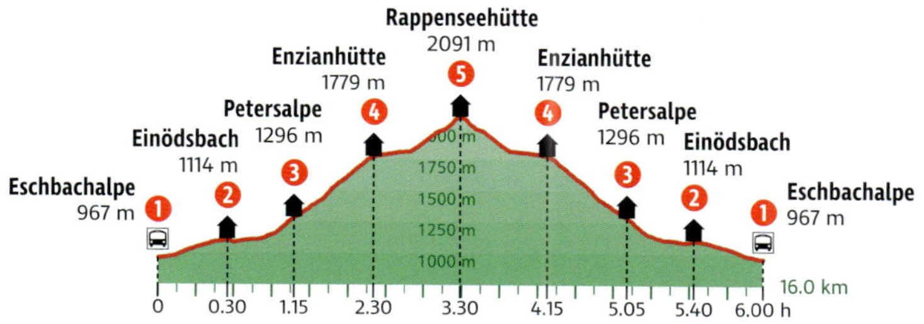

auch schon ein nettes Ziel, falls die Ausdauer nicht ganz so weit reicht. Die Wirtsleute werben mit ausgezeichneter Gastronomie und sogar einem Wellnessbereich. Das folgende Wegstück führt nur leicht ansteigend, aber teils etwas abschüssig quer durch den Rappenkessel. Dann erreicht man die Schwelle beim Muskopf, nimmt den Eselsweg respektive den Höhenweg von der Mindelheimer Hütte auf und absolviert über den sogenannten Seebichel das finale Bergauf bis zur **Rappenseehütte** 5, 2091 m. Der kleine See befindet sich in unmittelbarer Nähe, der größere gut 10 Gehminuten entfernt in der von welligem Grün eingefassten Mulde. Abstieg wie Aufstieg.

Beim Aufstieg zur Rappenseehütte.

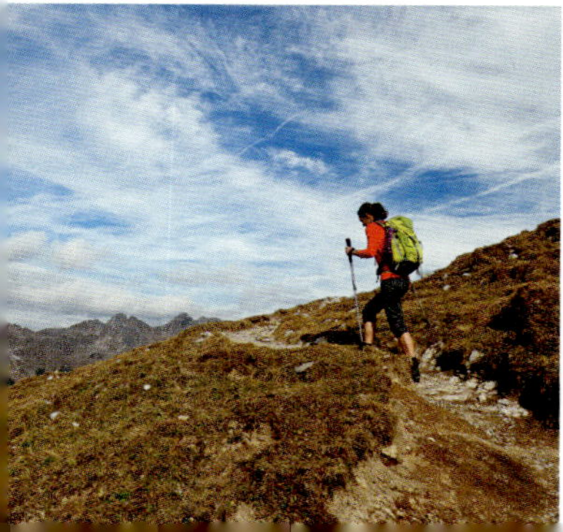

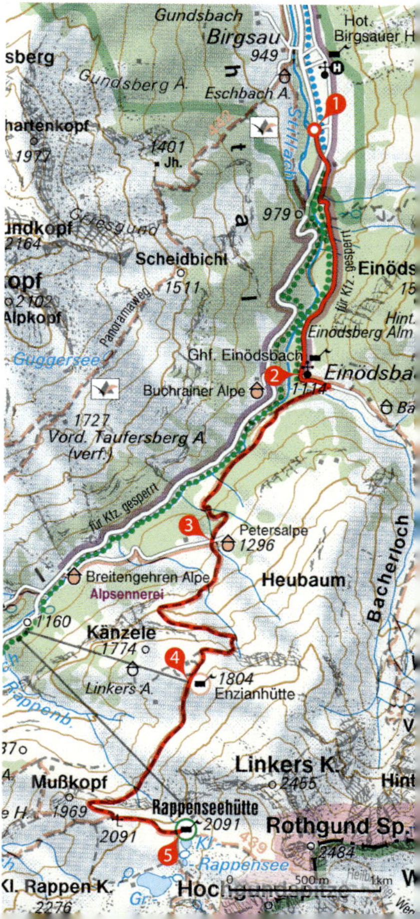

↗ 530 m | ↘ 530 m | 4.3 km

24 Rappenseekopf, 2467 m, und Hochrappenkopf, 2423 m

2.40 h

Die Hausberge der Rappenseehütte

Dieses interessante Gipfelduo erhebt sich unmittelbar über der Rappenseehütte im Hauptkamm der Allgäuer Alpen und ist als zünftige Zugabe zur Tour 23 gedacht: für Konditionsstarke durchaus an einem Tag zu schaffen, aber mußevoller doch eher mit Übernachtung. Die Abend- und Morgenstimmungen auf dieser Höhe zu erleben, besitzt ja auch ein besonderes Flair. Vielleicht entdeckt man sogar Steinböcke! Ganz leicht sind der Rappenseekopf und der benachbarte Hochrappenkopf allerdings nicht zu besteigen – immerhin bewegt man sich in abschüssigem Felsterrain.

Ausgangspunkt: Rappenseehütte, 2091 m, erreichbar aus dem inneren Stillachtal (Alpe Eschbach), wie bei Tour 23 ausführlich beschrieben.
Anforderungen: T3–4. Steiniges Hauptdolomit-Gelände mit steilen, etwas ausgesetzten Passagen vor allem am Rappenseekopf (Ostseite), aber kaum Kletterei, überwiegend Gehgelände. Deshalb eher noch »rot«, Trittsicherheit jedoch obligatorisch. Halbtagespensum von der Hütte aus; mit Zustieg vom Tal in zwei Etappen aufgeteilt gut verträglich.
Einkehr/Unterkunft: Rappenseehütte (Reservierung auf rappenseehuette.de).
Beste Jahreszeit: Juli bis Anfang Oktober.

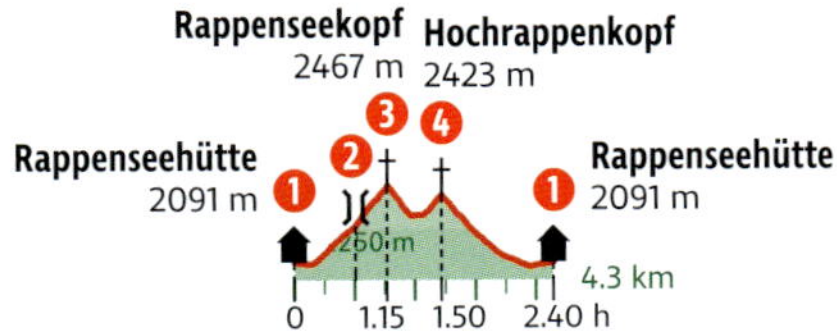

Hinter dem Rappensee öffnet sich der Horizont in Richtung Walsertaler Berge.

Steinböcke sind den Hochgebirgsbedingungen bestens angepasst.

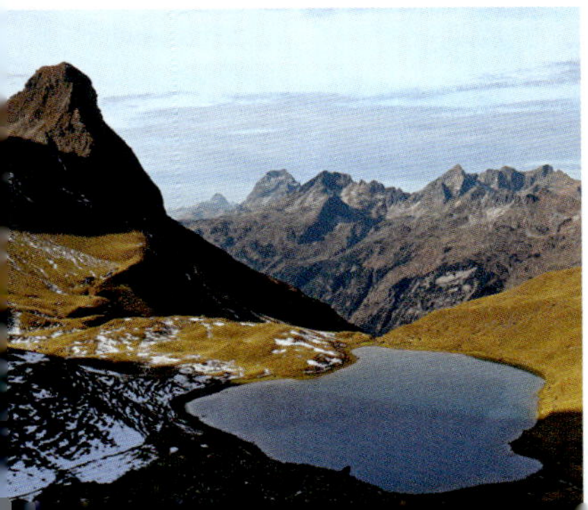

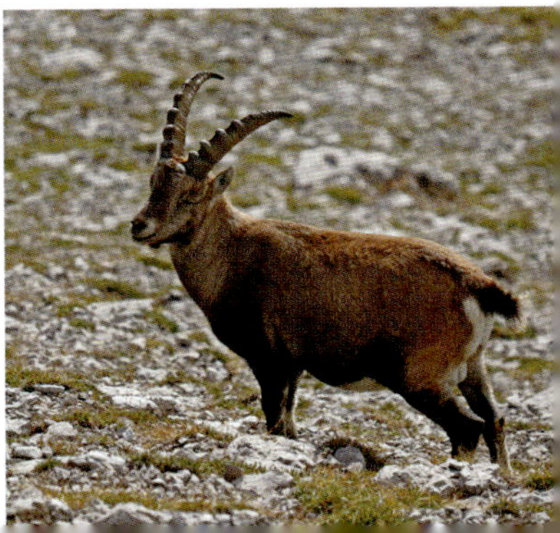

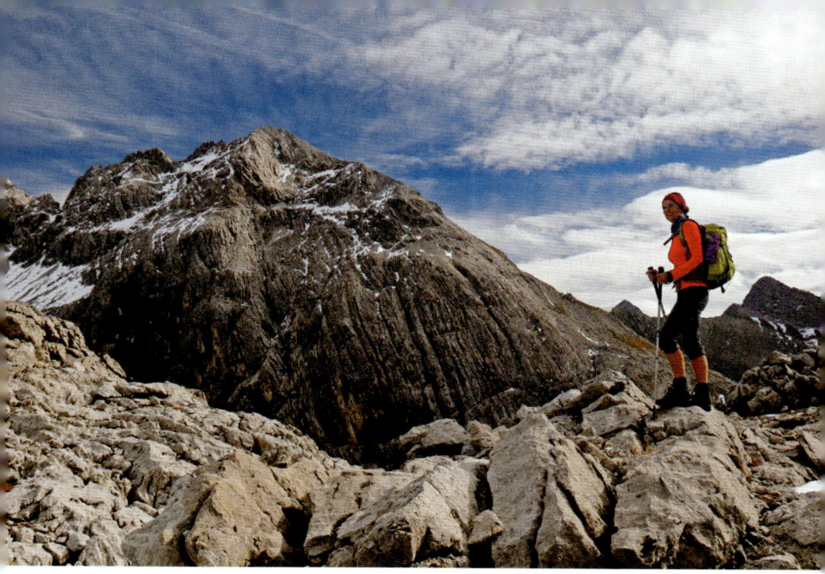

Aufstieg vor der schroffen Bergkulisse des Hohen Licht.

Von der **Rappenseehütte** ❶ wandern wir zunächst südwärts zwischen dem kleinen und dem großen See hindurch und halten uns bei der Gabelung links. Aus der Senke beginnt der bald schuttreiche Weg anzusteigen, um die Scharte P. 2272 ❷ zwischen Hochgundspitze und Rappenseekopf zu gewinnen. Letzterer wird nun über die felsig-schrofige Ostseite angegangen, überwiegend gepfadet, aber auch mit ein paar Stellen, die etwas Händeunterstützung verlangen. Nach recht knackigem Aufstieg legt sich das Gelände schließlich zum geräumigen Gipfelplateau am **Rappenseekopf** ❸, 2467 m, zurück.

Der Abstieg führt am schrofigen, aber weniger steilen Westrücken entlang in die folgende Einsattelung vor dem **Hochrappenkopf** ❹, 2423 m, der in ähnlichem Gelände bei nur 100 zusätzlichen Höhenmetern rasch mitgenommen wird. Zurück am Sattel wenden wir uns auf die Nordseite, vollführen einige Windungen und ziehen dann diagonal nach rechts unter die Steilflanke des Rappenseekopfes. Man gelangt aus dem Schotter wieder in die begrünte Rappenseemulde und mit geringer Gegensteigung zurück zur Hütte ❶.

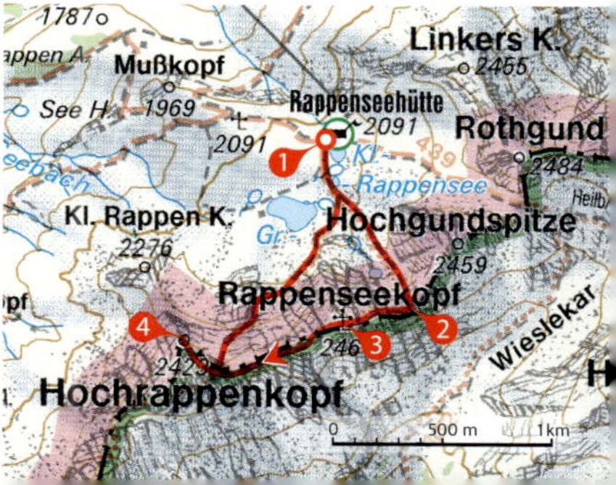

↗ 1120 m | ↘ 1120 m | 12.8 km

25 Waltenberger Haus, 2083 m

5.30 h

Ein Hüttenstandort im Wandel der Zeit

Zu den Alpinstützpunkten der Allgäuer Hochalpen zählt auch das Waltenberger Haus, gelegen am Fuße der ulkig benannten »Berge der Guten Hoffnung« (Felszacken im Westgrat der Hochfrottspitze). Es handelt sich sogar um die erste Alpenvereinshütte überhaupt in diesem Gebiet, errichtet schon 1875! Nachdem die Zeit nicht spurlos daran vorübergegangen ist, musste der alte Steinbau allerdings kürzlich abgerissen und durch eine moderne Hütte in Holzkonstruktion ersetzt werden. Um das neue Waltenberger Haus kennenzulernen, begeben wir uns von Einödsbach in den Trichter des Bacherlochs und tauchen damit in einen wild dreinschauenden Bergwinkel ein.

Ausgangspunkt: Alpe Eschbach, 967 m, Endhaltestelle der Buslinie von Oberstdorf via Renksteg und Fellhornbahn (dort befindet sich der letzte öffentliche Parkplatz). Erster Kurs i.d.R. ab 6.50 Uhr.
Anforderungen: T3. Viel begangener, schon recht alpin geprägter Bergweg mit einer gesicherten Passage. Zu Beginn der Saison können im Bacherloch noch heikle Schneefelder lauern. Konditionell durchschnittliche Tagestour.
Einkehr: Berggasthof Einödsbach (Di Ruhetag), Waltenberger Haus (Reservierung: waltenbergerhaus.de).
Beste Jahreszeit: Während der Hüttenöffnungszeit zwischen Mitte Juni und Anfang Oktober.

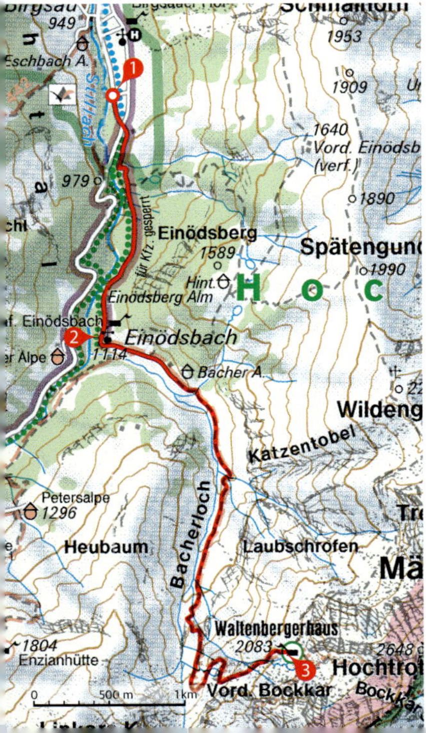

Auch diese Tour beginnt ab **Eschbachalpe** ❶ mit einem Aufstieg entlang des Fahrweges nach **Einödsbach** ❷, 1114 m. Hier nun links vorerst noch komfortabel an der Bacheralpe sowie dem seitlichen

Hinter Einödsbach geht es vorerst relativ gemütlich bergauf.

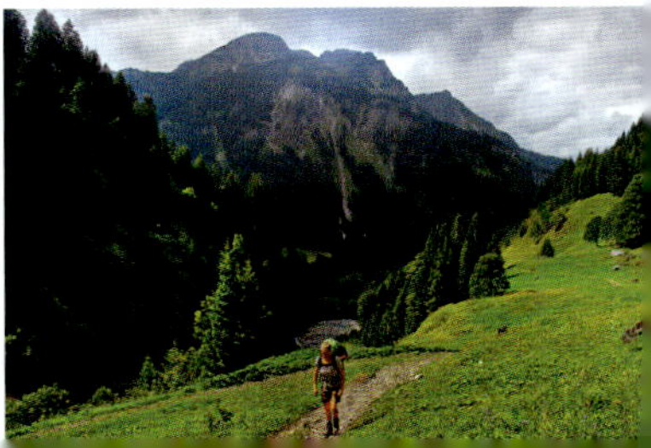

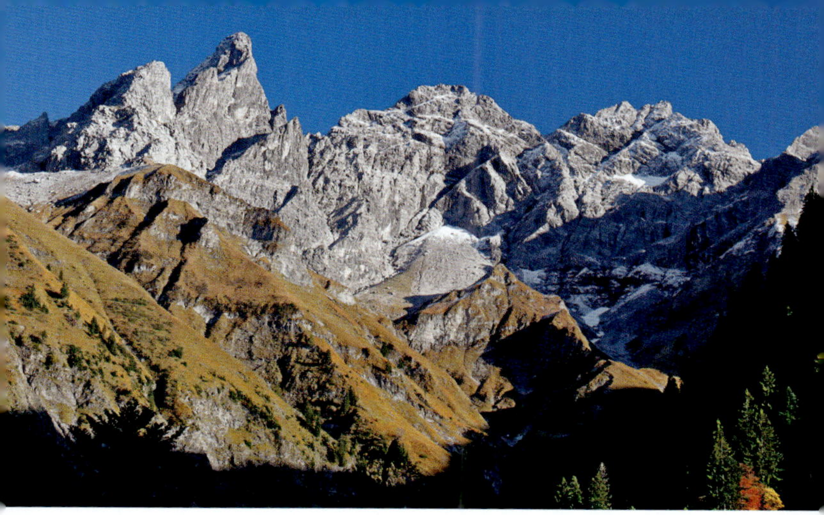

Majestätische Gipfelskyline im Stillach-Talschluss: Trettachspitze, Mädelegabel und Hochfrottspitze.

Hölltobel vorbei. Allmählich verengen sich die Steilgrasflanken beidseits und umschließen das Bacherloch, wo unser Anstieg naturgemäß verlaufen muss. Im unteren Teil ist das Gelände meist durch üppig wucherndes Kraut bewachsen, der Steig an sich aber gut ausgetreten. Wir bewegen uns stets an der linken Seite der tief eingeschnittenen Sohle aufwärts. Speziell bei der Querung diverser seitlicher Gräben ist erhöhte Vorsicht am Platze. Weiter oben unterm Schneeloch dreht die Route markant nach links ab und überwindet den Steilriegel über eine bandartige, mit Drahtseilen entschärfte Passage. Es folgen noch eine ausgeprägte Schleife sowie im Schlussstück einige kleinere Serpentinen, ehe wir beim **Waltenberger Haus** 3, 2083 m, eintreffen. Es thront auf einer kleinen Kanzel inmitten jäher Hänge. Retour geht es auf dem gleichen Weg.

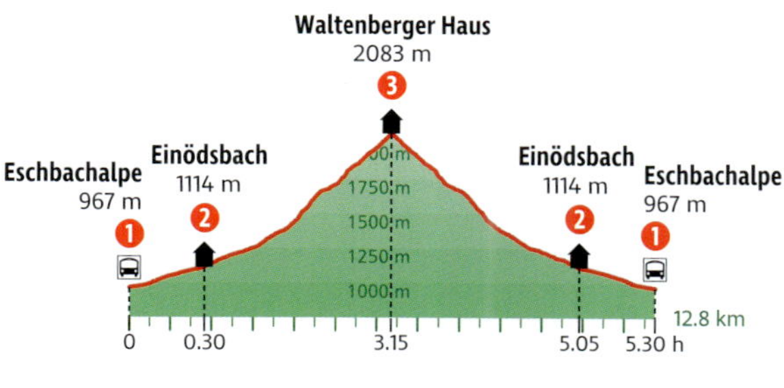

↗ 1270 m | ↘ 1270 m | 10.7 km

26 Wildengundkopf, 2237 m

6.15 h

Einsamer Grasberg im Bannkreis der Trettachspitze

Gern als »Matterhorn der Allgäuer Alpen« tituliert, zählt die formschöne Trettachspitze zu den absoluten Schaustücken der Region. Kein Zweifel, dass an diesem exorbitant steilen Felszahn nur Kletterer eine Chance haben. Zwischen den langen Talfurchen der Stillach und Trettach streicht allerdings ein begrünter Kammzug aus, der unmittelbar nördlich vorgelagert den Wildengundkopf trägt. Eine Möglichkeit auch für Bergwanderer, mit der Trettachspitze auf Tuchfühlung zu gehen. Zwar gibt es keinen offiziellen Bergweg dorthin, aber mit ein wenig Zutrauen und Orientierungssinn ist der Aufstieg keine Hexerei. Kletterstellen kommen nirgends vor, man bewegt sich in wechselnd steilen Matten und gewinnt mit dem Wildengundkopf nicht nur einen famosen Logenplatz im Herzen der Allgäuer Alpen, sondern auch einen Gipfel abseits der Modeziele.

Am üppig bewachsenen Grasrücken zum Wildengundkopf.

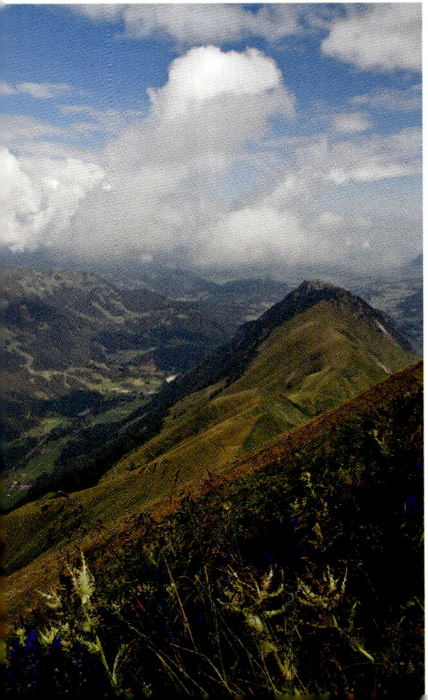

Ausgangspunkt: Alpe Eschbach, 967 m, Endhaltestelle der Buslinie von Oberstdorf via Renksteg und Fellhornbahn (dort befindet sich der letzte öffentliche Parkplatz). Erster Kurs i.d.R. ab 6.50 Uhr (genauer Fahrplan unter brutscher-reisen.de).
Anforderungen: T3. Bis zur Einödsbergalpe breiterer Alpweg, danach nur noch kleine Pfade in häufig abschüssigen Matten, nur teilweise und spärlich markiert. Zur obligatorischen Trittsicherheit kommt deshalb auch ein gewisses Orientierungsvermögen als Voraussetzung. Kondition für eine normale, gut ausgefüllte Tagestour.
Einkehr: Nur die Eschbachalpe beim Ausgangspunkt.
Beste Jahreszeit: Mitte Juni bis Mitte Oktober.
Variante: Für erfahrene Bergwanderer interessant ist eine Verbindung zum Waltenberger Haus via Märchenwiese, Glatteck und Mädelegabelkar. Von der Hütte schließlich durchs Bacherloch nach Einödsbach hinab (vgl. Tour 25). Gesamtbewertung T3–4, Zeitbedarf 7.15 Std.

Von der Endhaltestelle nahe der Eschbachalpe ❶ wandern wir talein-

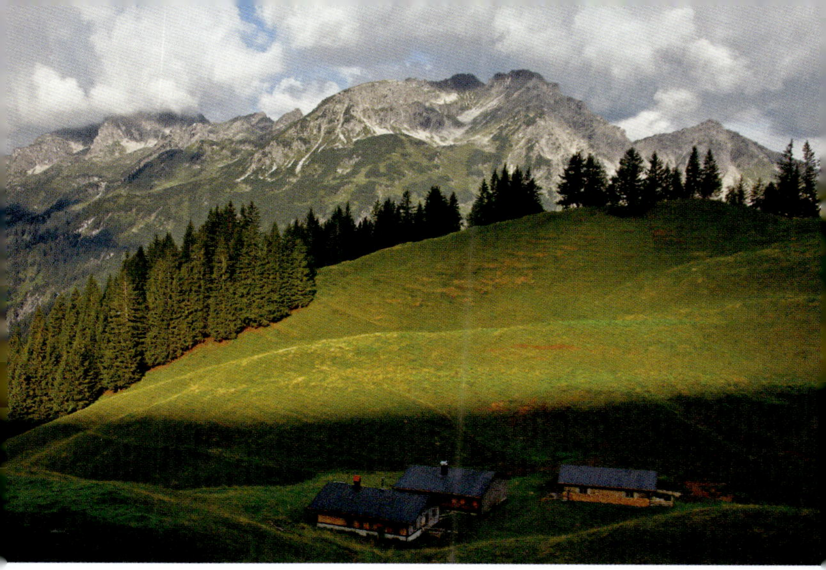

Versteckt auf einer Geländeterrasse: die Hintere Einödsbergalpe.

wärts und begeben uns bei der Gabelung linker Hand Richtung Einödsbach. Kurz nachdem die geschotterte Straße eine Doppelkehre vollzogen hat, also bereits gut 10 Minuten nach Aufbruch, zweigt links der nicht beschilderte Weg zur Einödsbergalpe ab ❷. Dieser schraubt sich recht kernig an den Hängen bergauf und lässt uns zwischendurch einen Wasserfall bewundern. Weiter oben wird mit einer Rechtstraverse der Zulauf des Wasserfalls überschritten, womit wir auch schon ins Weidegebiet eintreten und die **Hintere Einödsbergalpe** ❸, 1538 m, erreichen.

Direkt hinter den Hütten gabeln sich die Pfadspuren. Man achtet darauf, nicht links Richtung Vordere Einödsbergalpe abzudriften, sondern steigt in Kehren frontal am Hang bergauf und durchmisst dabei noch ein kleines Gehölz. Der Steig kann vom Vieh arg zertrampelt sein. Auf einem seichten Wiesenrücken gewinnen wir weiter an Höhe – vorübergehend mal etwas undeutlich gepfadet, dann aber wieder klar erkennbar – und streben leicht links

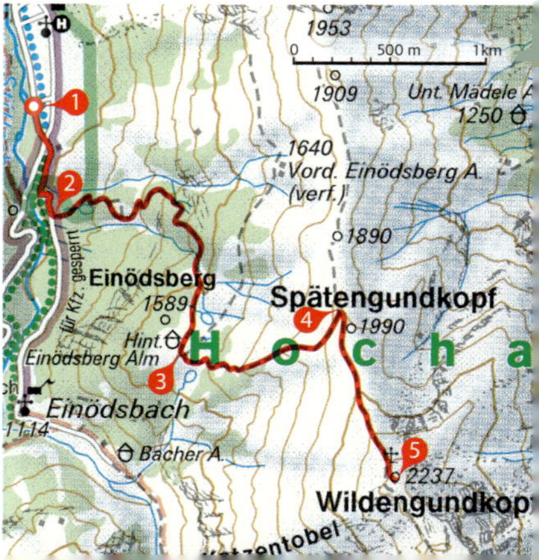

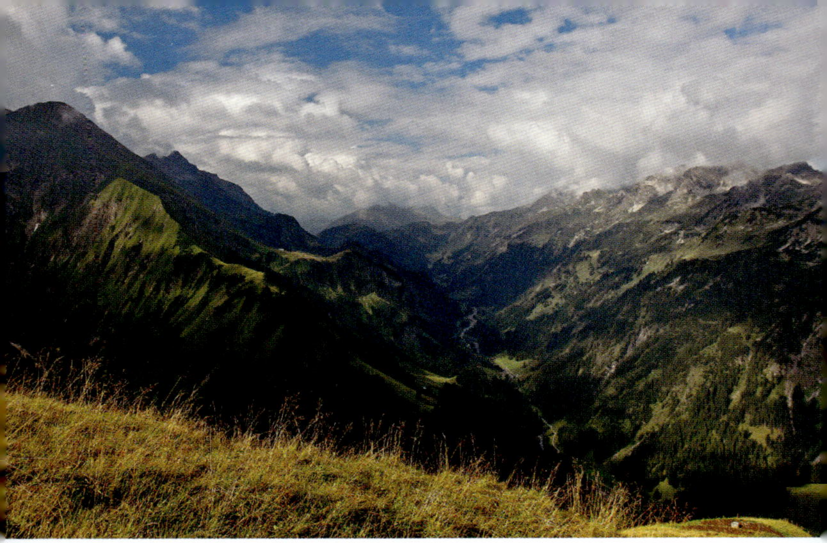

Blick in die Achse des Rappenalpentals.

haltend der Kammhöhe ❹, ca. 1900 m, zu. Ein Schild weist hier den Abstieg nach Birgsau/Oberstdorf aus, sprich unsere eben begangene Route. In südlicher Richtung passieren wir den unbedeutenden **Spätengundkopf**, 1990 m, auf der rechten Seite und folgen dann wieder dem Grasrücken, der nach einer kurzen Felspassage merklich aufsteilt. Dabei prägt sich ein guter Pfad aus, jetzt auch ab und zu von blassen roten Punkten begleitet. Dieser schlängelt sich zu einem Marterl hinauf und zieht dann rechtsseitig weiter zu einer hohen Schulter, wo endlich die Trettachspitze in voller Größe sichtbar wird. Wir befinden uns bereits in unmittelbarer Nähe zum **Wildengundkopf** ❺, 2237 m, und gewinnen die Gipfelkuppe rasch über eine Trittspur im Gras. Der Abstieg verläuft identisch.

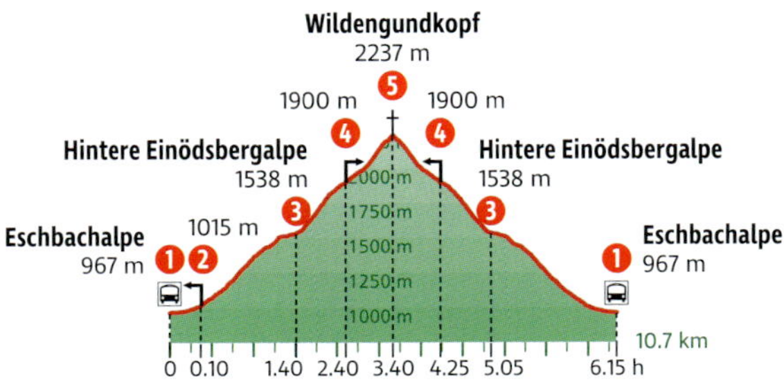

↗ 1400 m | ↘ 1400 m | 17.3 km

7.15 h

Kemptner Hütte, 1844 m, und Muttlerkopf, 2366 m

27

Durch den Sperrbachtobel zum Tiroler Grenzkamm

Ganz hinten über dem Talschluss der Trettach hat die Kemptner Hütte ihren Platz. Das Alpenvereinshaus ist vergleichbar groß dimensioniert wie die Rappenseehütte, was angesichts der vielen Gäste, die über den Heilbronner Weg pilgern oder am enorm populären Weitwanderweg E5 hier ihr erstes Quartier beziehen, kaum verwundert. Sieht man also Wanderer, die sich schwer bepackt aus der Spielmannsau durch den Sperrbachtobel hinaufmühen, so sind diese wahrscheinlich Richtung Italien unterwegs … Für uns soll der Grenzkamm zu Tirol vollkommen ausreichen. Dort erhebt sich als Hausberg der Kemptner Hütte der Muttlerkopf – kein großer Name im Gipfelverbund der Allgäuer Alpen, aber ein exzellenter Aussichtspunkt. Wem die Zugabe zu anstrengend wird, der kann es natürlich auch schon bei der Hütte bewenden lassen. Die Mattenlandschaft oberhalb des tief eingeschnittenen Sperrbachtobels, der im Winter ein veritabler Lawinenfänger ist, erscheint typisch allgäuerisch und so richtig anheimelnd.

Ausgangspunkt: Spielmannsau, 992 m, im Trettachtal. Zwischen Mai und Oktober erreichbar mit dem Wanderbus vom Bahnhof Oberstdorf via Renksteg. Erster Kurs in der Hauptsaison um 7.45 Uhr (ausführlicher Fahrplan unter brutscher-reisen.de).

Anforderungen: T3–. Gut ausgebauter Bergweg durch häufig üppig bewachsenes Gelände bis zur Hütte. Bei Nässe können erdige Passagen und glatte Steine für etwas Verdruss sorgen; im

Die Kemptner Hütte liegt am Kreuzungspunkt wichtiger Routen.

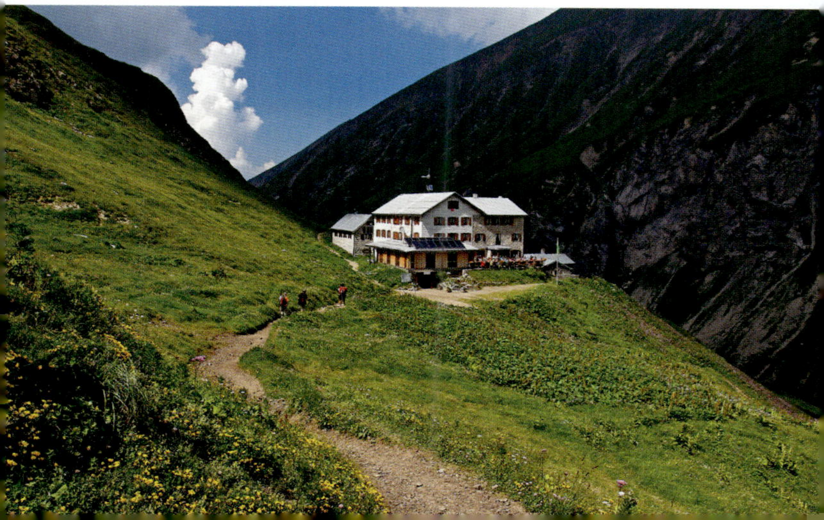

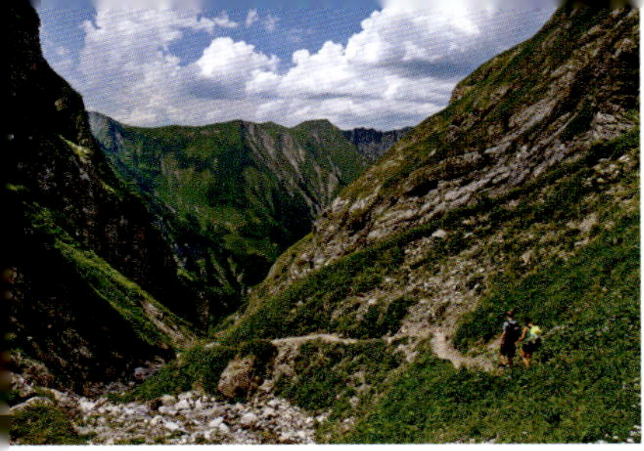

Der Hüttenweg verläuft durch den engen Sperrbachtobel.

Frühsommer oft noch Probleme durch Schneefelder. Zum Muttlerkopf führt ein mittelsteiler Schrofensteig ohne besondere Hindernisse. Als Tagestour inklusive Gipfel ziemlich knackiges Pensum, bis zur Hütte normal (gut 850 Hm).
Einkehr: Berggasthof Spielmannsau (Mi Ruhetag), Alpe Oberau, Kemptner Hütte (Reservierung unter kemptnerhuette.de).
Beste Jahreszeit: Mitte Juni bis Anfang/ Mitte Oktober (Hüttenöffnungszeit).

Vom kleinen Weiler **Spielmannsau** ❶ folgen wir dem Sträßchen weiter taleinwärts, passieren die **Alpe Oberau**, 1004 m, und treten in ein Waldstück ein. Am Ende der fahrbaren Trasse befindet sich die Materialseilbahn. Auf der linken Seite der Trettach zunächst noch sachte ansteigend, dann das erste Mal über den Sperrbach hinweg und steil hinauf zum Vorsprung **»Am Knie«** ❷, ca. 1300 m. Die Umgebung präsentiert sich stark bewachsen und wirkt mit ihrem Buschwerk beinahe »dschungelartig«, sodass der Steig teilweise freigemäht werden muss. Nach kurzem Zwischenabstieg wechseln wir an einer Brücke erneut die Seite und dringen jetzt immer weiter in den eindrücklichen, von himmelstrebenden Flanken umschlossenen Sperrbachtobel ein. Sofern nicht noch Lawinenschneefelder das Vorankommen erschweren (bis in den Sommer hinein finden sich meist dicke, dreckverschmierte Schichten

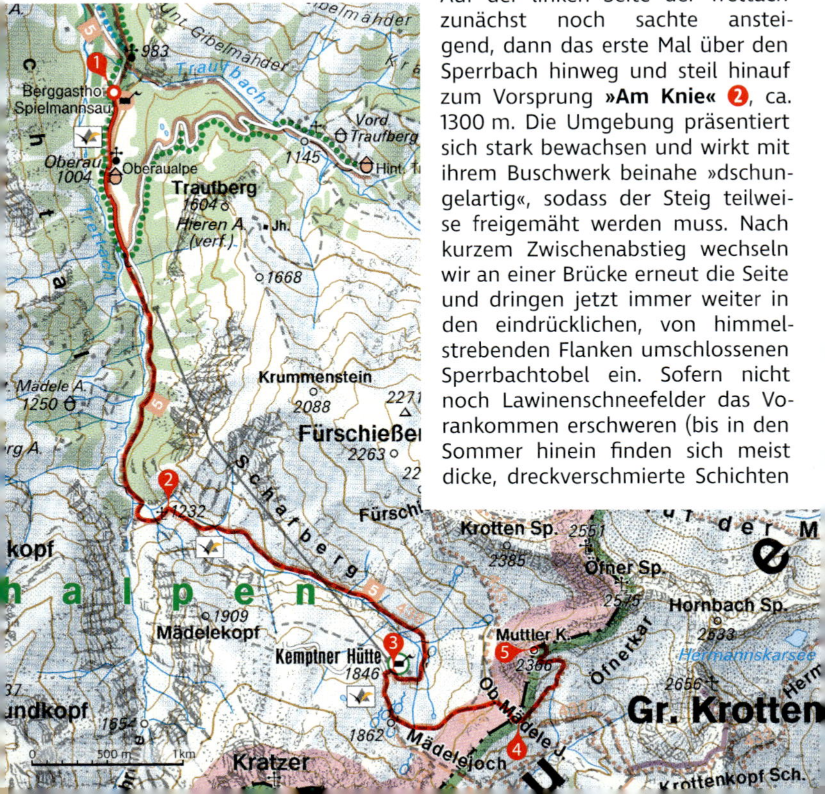

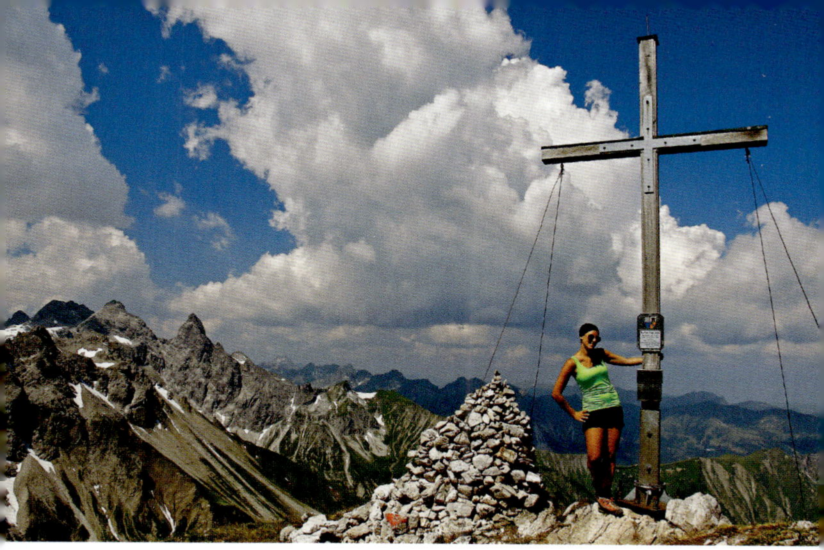

Beim Gipfelkreuz auf dem Muttler darf man schon ein wenig stolz sein.

im Grund des Trichters), geht es nun auf gutem Steig stetig bergauf. Hinter der sogenannten Hinteren Schneeflucht öffnet sich die Umklammerung zusehends. Mit einem Rechtsbogen nähern wir uns schließlich der **Kemptner Hütte** ❸, 1844 m, am Fuße des Kratzers.
Von dort südwärts, bei der ersten Verzweigung links, bei der zweiten rechts und damit ins **Obere Mädelejoch** ❹, 2033 m, hinauf. Gleich jenseits der Grenze zweigt der Gipfelsteig zum **Muttlerkopf** ❺, 2366 m, ab: im Zickzack durch die leicht schrofige Südflanke ohne besondere Schwierigkeiten bis zum Kreuz. Den Rückweg nach Spielmannsau vollziehen wir auf der gleichen Route.

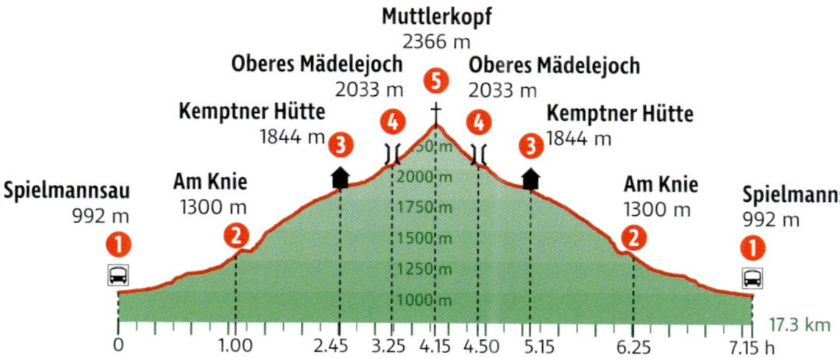

↗ 1530 m | ↘ 1630 m | 16.6 km

28 Kreuzeck, 2376 m, und Rauheck, 2384 m

8.00 h

Große Überschreitung für gestandene Bergwanderer

Mit seinen gewaltigen Steilflanken sticht der hohe Giebel von Kreuzeck und Rauheck aus bestimmten Perspektiven schon von weither ins Auge. Auffallend glatt und tiefgrün wirken die Abhänge über dem Traufbach- und Dietersbachtal – ein mustergültiges Erscheinungsbild des vegetationsfreundlichen Fleckenmergels. Erreichbar sind diese Gipfel im Wesentlichen über ihre Kammrücken, was in Anbetracht der Abgelegenheit allerdings einiges abfordert. Es sei hier eine besonders pfiffige Route vorgeschlagen, die in der Spielmannsau ihren Ausgang nimmt, oberhalb der Traufbergalpe die üblichen Touristenwege hinter sich lässt und mit sehr urtümlicher Note über den Bettlerrücken zum Kreuzeck hinaufleitet. Landschaftlich ebenso großartig gestaltet sich auch die Fortsetzung via Rauheck bis zum Alpelesattel, welcher die unglaublich steile Höfats vom Hauptkamm abtrennt und so richtig profiliert in Szene setzt. Durchs Gerstruben- respektive Dietersbachtal lässt sich der Bogen dann vollenden und auch noch der Gemütlichkeit ihren Raum lassen. Gegen Ende wartet nämlich eine ganze Reihe von Einkehrmöglichkeiten. Nichtsdestotrotz: Diese Unternehmung gehört zu den knackigsten in diesem Band.

Ausgangspunkt: Spielmannsau, 992 m, im Trettachtal. Zwischen Mai und Oktober erreichbar mit dem Wanderbus vom Bahnhof Oberstdorf via Renksteg. Erster Kurs in der Hauptsaison um 7.45 Uhr.
Endpunkt: Bei den Haltestellen »Golfplatz/Abzweig Gerstruben« oder »Christlessee« kann man wieder in den Bus der gleichen Linie steigen. Ansonsten auch zu Fuß in weiteren 30 Min. zum Parkplatz Renksteg, 824 m, falls man dort sein Auto abgestellt hat.
Anforderungen: T3–4. Lange Überschreitung, die am Bettlerrücken einem nicht bezeichneten, nur spärlich ausgetretenen Steig folgt. Davon abgesehen offiziell markierte Routen, grundlegende Trittsicherheit aber immer wieder notwendig. Nur der Abschnitt durchs Dietersbachtal ist ganz leicht. Vom Gelände

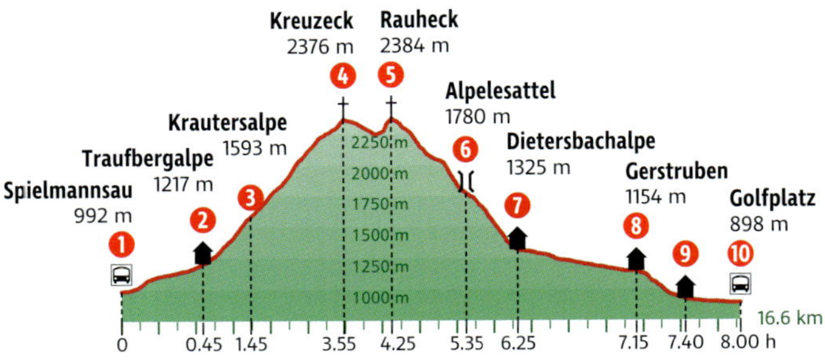

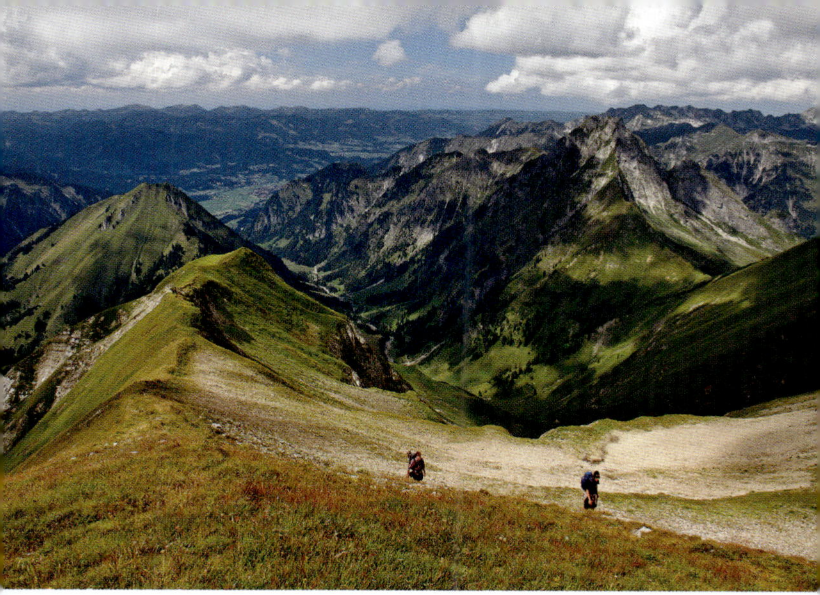

Der Bettlerrücken zeichnet eine wunderschöne Anstiegslinie.

her streng genommen noch »(dunkel) rot«, angesichts des Gesamtanspruchs, nicht zuletzt in konditioneller Hinsicht, aber sinnvoller »schwarz« eingestuft.
Einkehr: Traufbergalpe, Dietersbachalpe, Berggasthof Gerstruben (Mi Ruhetag), Mumme Stüble (So/Mo Ruhetag), Berggasthof Riefenkopf (Di/Mi Ruhetag).
Beste Jahreszeit: Ende Juni bis in den Oktober, falls schneefrei.

Variante: Am Kreuzeck dem Kamm in entgegengesetzter Richtung (süwestwärts) folgen, ab Marchsattel dann durch die Nordflanke der Krottenspitzen (Märzle) hinüber zum Fürschießersattel und jenseits zur Kemptner Hütte hinab (vgl. Tour 42). Von dort wie bei Tour 27 beschrieben zurück nach Spielmannsau. Die Gesamtgehzeit beläuft sich ebenfalls auf rund 8 Std.

Kurz vor **Spielmannsau** ❶, d.h. unmittelbar beim Traufbach, beginnt der Zugang. Bald zieht unser Steig in einen wildromantischen Tobel hinein und wechselt hier auf die rechte Seite. Nachdem es flacher geworden ist, stößt man auf einen Güterweg, setzt wieder nach links über und wandert noch ein gutes Stück taleinwärts bis zur **Traufbergalpe** ❷, 1217 m. Ohne Beschilderung schlagen wir direkt bei der Jausenstation einen horizontalen Pfad in Richtung Vordere Traufbergalpe ein, ziehen aber nach wenigen Schritten diagonal durch die üppig bewachsenen Hänge aufwärts. Der steile und oft erdige Weg erreicht einen breiten, bewaldeten Rücken zwischen zwei Tobeln und über diesen die **Krautersalpe** ❸, 1593 m. Hier empfangen uns eine alte sowie eine neue Hütte. Schwächere Spuren leiten am Wiesenrücken bergauf und gabeln sich Richtung Kegelkopf links und Bettlerrücken

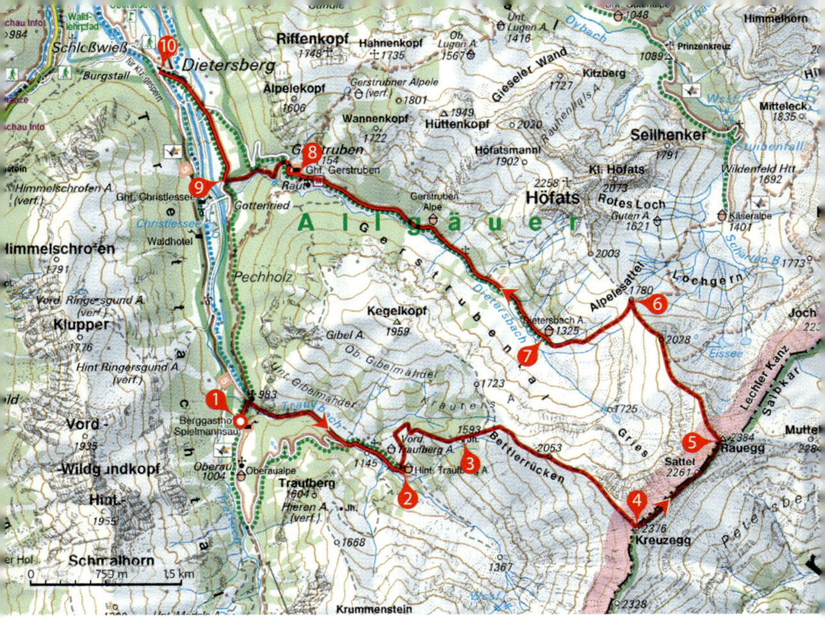

geradeaus. Wir nähern uns nun der Kammlinie, die auf der Seite des Dietersbachtals jäh abfällt. Der Rücken selbst ist bei wechselnder Steigung jedoch ohne besondere Hindernisse begehbar – mit einer kurzen felsigen Unterbrechung bis zum Gipfel fast vollständig grasig. Nur darf man aufgrund der eher seltenen Begehungen keine dick ausgetretene Spur erwarten. An Besonderheiten ist weiters nur ein kleines Kreuz auf dem Köpfchen P. 2053 zu erwähnen. Bis wir endlich das **Kreuzeck** 4, 2376 m, erreichen, wird es sich allerdings eine ganze Weile ziehen.

Stolz schwingt sich die Höfats über dem Alpelesattel auf (links). Im Vergleich dazu die Westansicht über dem Dietersbachtal (rechts).

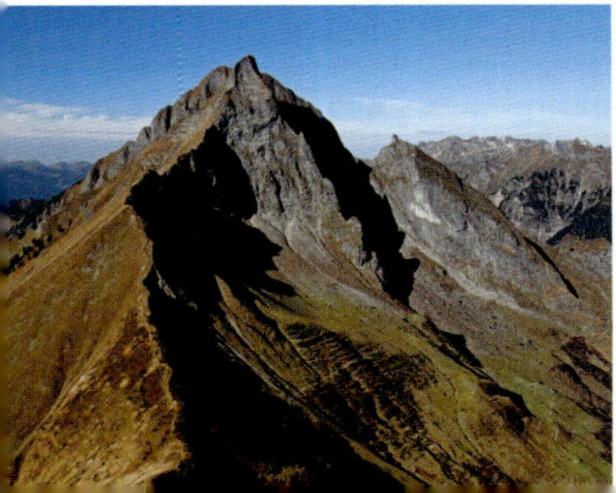

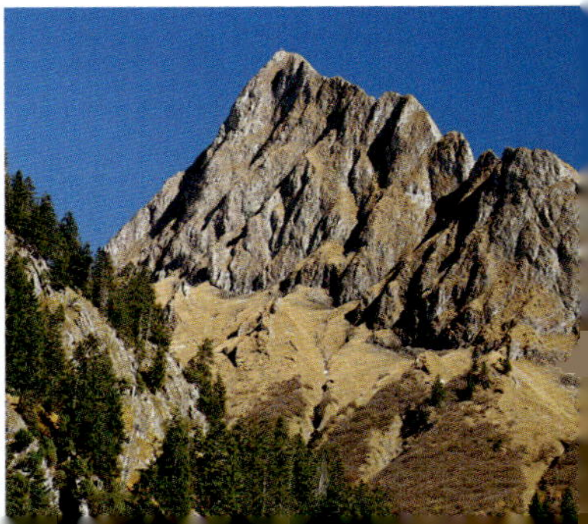

Über den Grenzkamm verläuft nun der markierte Höhenweg Nr. 443. Mit ihm geht es allmählich in den Sattel (P. 2261) hinab und zum **Rauheck** 5, 2384 m, vergleichsweise steiler wieder bergauf. Dessen Nordwestrücken vermittelt anschließend – quasi parallel zum Bettlerrücken – die Abstiegsroute. Der erste große Abschwung bringt uns zum **Seichereck**, 2044 m, wo Nr. 443 rechts auf die Terrassen bei den Eisseen hinunterschwenkt, wir allerdings am Gratrücken verbleiben. Bald wird dieser steiler und zwingt dem Weg einen engen Kehrenkurs auf. Wir gelangen in den **Alpelesattel** 6, 1780 m, der Verbindung zwischen Oy- und Dietersbachtal, und wenden uns linker Hand in Letzteres. Über die Matten auf einen baumbestandenen Rücken zwischen zwei Gräben und wiederum relativ steil hinab in den inneren Grund des Hochtals. Hier lädt die **Dietersbachalpe** 7, 1325 m, zur Rast. Auf breitem Wirtschaftsweg wandern wir via Gerstrubner Alpe talauswärts und haben beim kleinen Bergweiler **Gerstruben** 8, 1154 m, ebenfalls Gelegenheit zur Einkehr. Am spannendsten ist schließlich der Ausklang durch den wilden Hölltobel: Vom Fahrweg in Kürze links ab und auf der Steiganlage an einem Wasserfallkolk und einer engen, steilen Klamm vorbei. Unten im Trettachtal kommt man beim **Mumme Stüble** 9 heraus. Schlussendlich noch rund einen Kilometer entlang der Straße in die Streusiedlung Dietersberg (mit dem Gasthof Riefenkopf) und zur Bushaltestelle **»Golfplatz«** 10, 898 m, die man etwas zügiger natürlich auch über die Gerstrubner Zufahrt erreichen könnte.

An der urigen Traufbergalpe kommen wir gleich am Anfang vorbei.

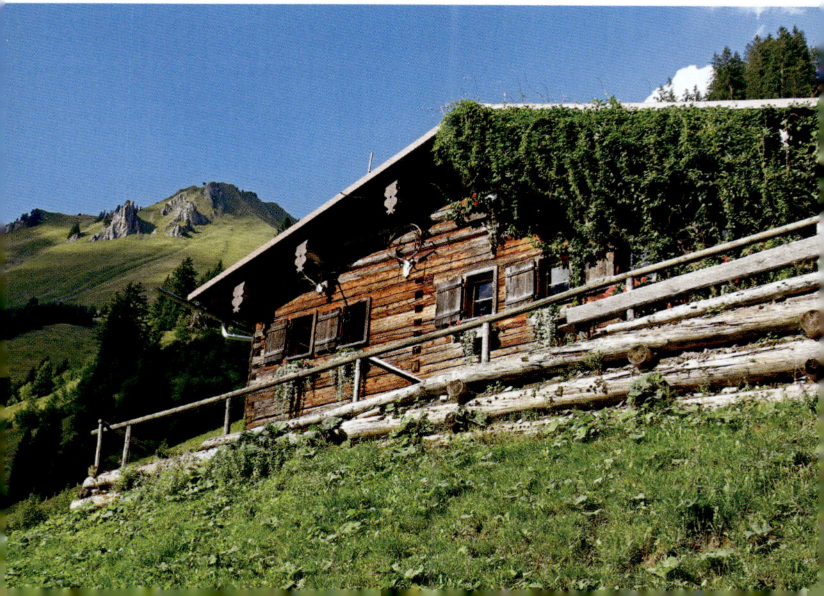

↗ 400 m | ↘ 400 m | 10.7 km

29 Gerstruben, 1154 m, und Christlessee

3.00 h

Kleine Idyllen im Trettachtal

Wer nicht so hoch hinaus möchte, findet auch in den Oberstdorfer Bergtälern allerhand liebreizende Fleckchen. Im Trettachtal ist besonders der glasklare Christlessee ein nettes Ziel. Etwas höher, auf der Geländestufe des Dietersbachtals, liegt der alte Bergbauernweiler Gerstruben am Fuße der berühmten Höfats. Das intakte, sonnengebeizte Höfe-Ensemble hat in dieser Form seit Jahrhunderten überdauert – bis 1892 war es sogar ganzjährig bewohnt. Den Aufstieg dorthin sollten wir durch den interessanten Hölltobel wählen.

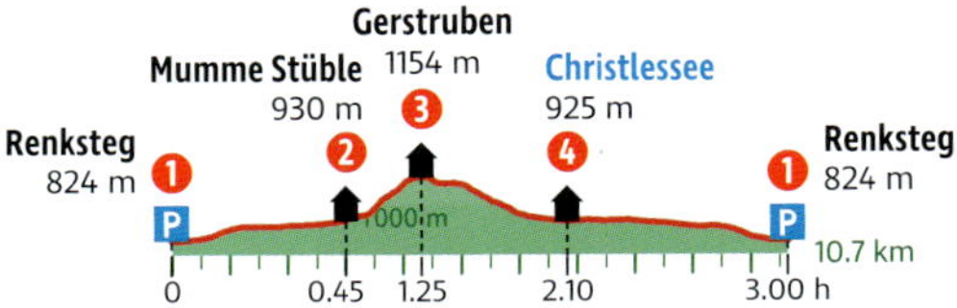

Der Hölltobel bietet ein tolles Wasserschauspiel.

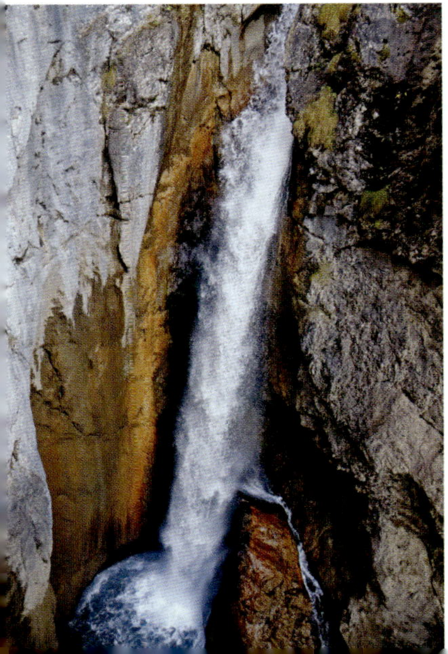

Ausgangspunkt: Parkplatz Renksteg, 824 m, südlich von Oberstdorf (inklusive Busanbindung). Man kann den Bus Oberstdorf – Spielmannsau auch bis zum Golfplatz nutzen und die Tour damit noch merklich verkürzen.
Anforderungen: T2. Am Hölltobelsteig und hinter Raut steilere Passagen im Wald, sonst völlig leichte Talwanderung. Halbtagesprogramm.
Einkehr: Berggasthof Riefenkopf (Di/Mi Ruhetag), Mumme Stüble (So/Mo Ruhetag), Berggasthof Gerstruben (Mi Ruhetag), Café-Restaurant Christlessee (Do/Fr Ruhetag).
Beste Jahreszeit: Fast ganzjährig, winters im Hölltobel eventuell eingeschränkt.
Variante: Wer etwas länger wandern möchte, kann die Tour bis in die Spielmannsau, 992 m, ausdehnen (1 Std. zusätzlich).

Vom Parkplatz **Renksteg** ❶ folgt man der anfangs ganz flachen, später ansteigenden Straße zum Golf-

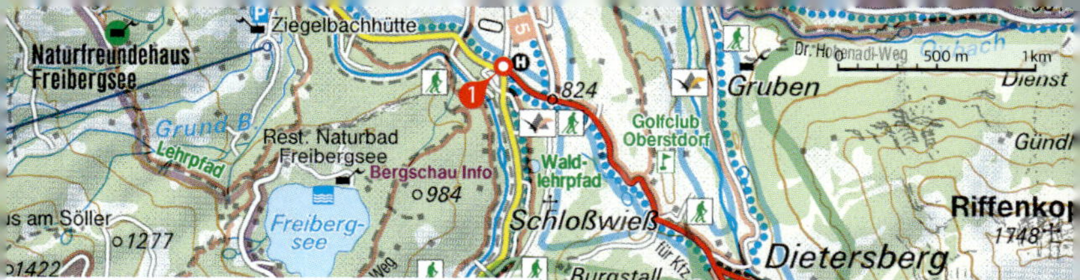
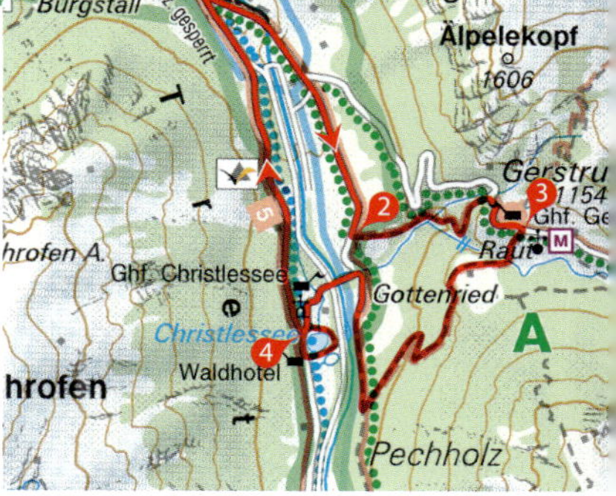

platz. Wo sie sich gabelt, geht es für uns links über die Trettachbrücke weiter zur nächsten Verzweigung vor dem Streuweiler Dietersberg. Um den sehenswerten Hölltobel kennenzulernen, bleiben wir vorerst in der Talsohle und zweigen dann beim **Mumme Stüble** ❷ links zur Berglehne ab. Der Steig taucht in den Wald ein und schraubt sich neben dem schluchtartig eingeschnittenen Dietersbach in die Höhe. Wo dieser durch einen engen Spalt schießt, liegt die spannendste Stelle im Hölltobel (kurzer Abstecher). Danach schließen wir zur Bergstraße auf und erreichen alsbald den schmucken Weiler **Gerstruben** ❸, 1154 m, mit seinem Gasthaus.

Zwischen den alten Höfen nehmen wir jenen Weg auf, der etwas unterhalb den Dietersbach kreuzt und damit zur gegenüber gelegenen Wiesenlichtung von **Raut**, 1125 m, führt. Von dort geht es im Pechholz insgesamt schräg links – zwischendurch mit zwei Serpentinen – wieder in den Grund des Trettachtals hinab. Unten in die Au von Gottenried und kurz darauf links über die Trettach zum **Christlessee** ❹, 925 m, den man kurz umrunden wird. Auf dem seitlich vorbeiführenden Sträßchen wandern wir schließlich zurück Richtung Golfplatz und wie bekannt zum Parkplatz **Renksteg** ❶.

Das Trettachtal südlich von Oberstdorf ist noch sehr ursprünglich geblieben.

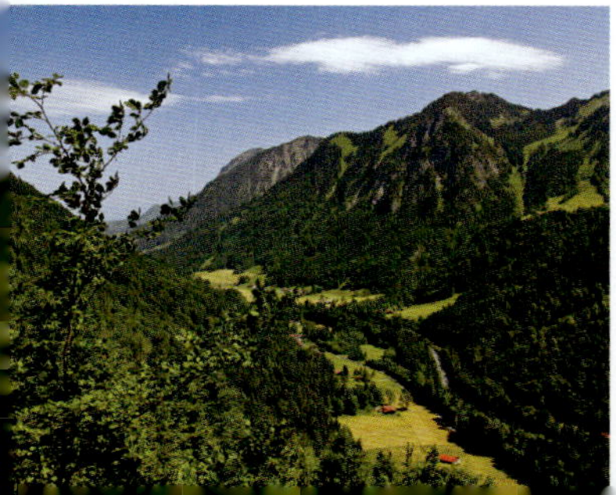

Gerstruben an der Schwelle des Dietersbachtals gegen die Höfats.

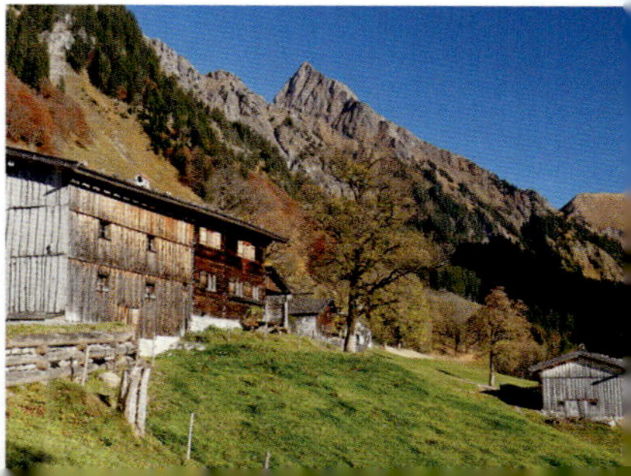

TOP

30

↗ 1080 m | ↘ 1080 m | 17.7 km

Riefenkopf, 1748 m, und Hahnenköpfle, 1735 m

6.30 h

Stiller Übergang von Gerstruben ins Oytal

Das Gipfelpärchen Riefenkopf und Hahnenköpfle (in manchen Karten: Riffenkopf/Hahnenkopf) steht im Oberstdorfer Bergkranz zwar in der vorderen Reihe, drängt sich aufgrund höherer und spektakulärerer Massive im Hintergrund jedoch kaum auf. Nur wenig aus dem Bergwald herausragend, ahnen viele nicht, welch tolle, kaum überlaufene Aussichtspunkte hier auf ihre Entdeckung warten. Überhaupt sind die Kenntnisse über diese Tour vergleichsweise bescheiden, die Farbzeichen unterwegs Mangelware. Also eher ein Geheimtipp! Wir planen eine Überschreitung von Gerstruben hinüber ins Oytal und flechten je nach Gusto einen oder beide Gipfelabstecher ein. Bei Beschränkung auf das Hahnenköpfle bleibt die Tour mittelschwierig, während sich der Riefenkopf mit einer etwas kniffligen Hürde zuoberst als eine Nummer wehrhafter erweist.

Ausgangspunkt: Parkplatz Renksteg, 824 m, südlich von Oberstdorf (inklusive Busanbindung). Man kann den Bus Oberstdorf – Spielmannsau auch bis zum Golfplatz nutzen, den Zustieg damit etwas abkürzen und später beim Rückweg aus dem Oytal Richtung Ortskern marschieren.

Anforderungen: T4– (am Riefenkopf), sonst maximal T3 und noch »rot«. Abgesehen von einzelnen Beschilderungen kaum markierte Bergwege, die dennoch

Wie aus dem Allgäuer Bilderbuch: die Obere Lugenalpe.

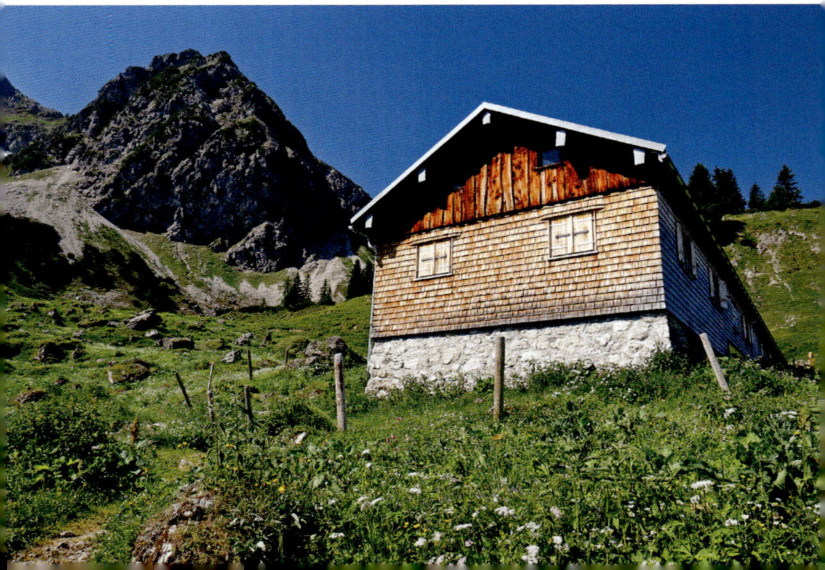

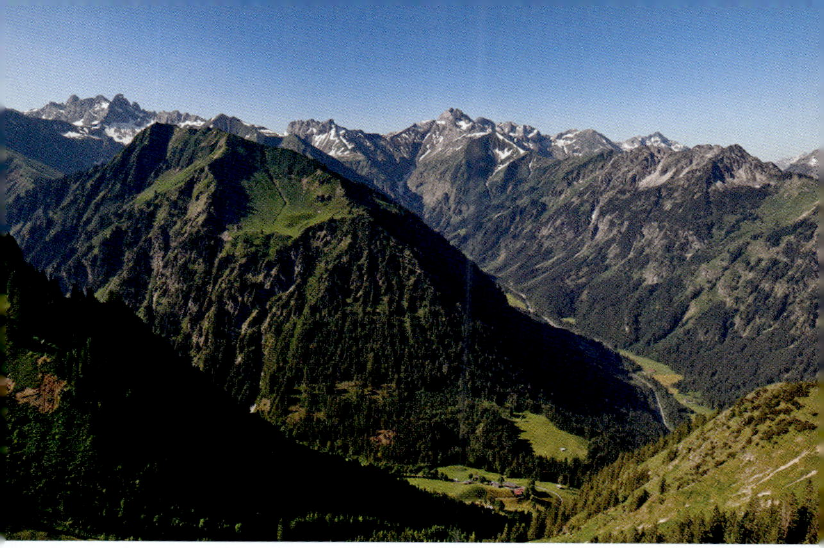

Das Panorama Richtung Allgäuer Hochalpen ist aller Ehren wert.

passabel verfolgt werden können. Die Gipfelabstecher führen auf kleinen Pfaden zwischen Latschen und Bäumen hindurch, zum Hahnenköpfle problemlos, zum Riefenkopf anspruchsvoller mit felsiger Schlüsselstelle (I) am Schluss. Trittsicherheit wichtig. Mit den Straßenabschnitten im Talbereich ziemlich ausschweifende Tour, die Ausdauer verlangt.
Einkehr: Berggasthof Gerstruben (Mi Ruhetag), Untere Lugenalpe (Getränke ggf. im Brunnen), Oytalhaus, Café-Restaurant Gruben.
Beste Jahreszeit: Juni bis Oktober.

Vom Parkplatz **Renksteg** ❶ wandern wir auf der Straße nach Spielmannsau am Golfplatz vorbei, überschreiten die Trettach nach links zum Streuweiler Dietersberg und zweigen dann auf die steiler ansteigende Zufahrt nach **Gerstruben** ❷, 1154 m, ab (alternativ und etwas länger auch durch den Hölltobel). Das Hüttenensemble dort ist ein legendäres Fotosujet, die Jausenstation ein beliebtes Ausflugsziel. Für uns geht die Tour hier freilich

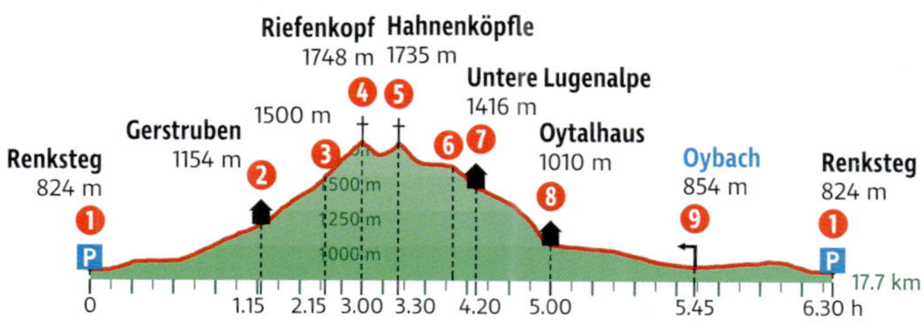

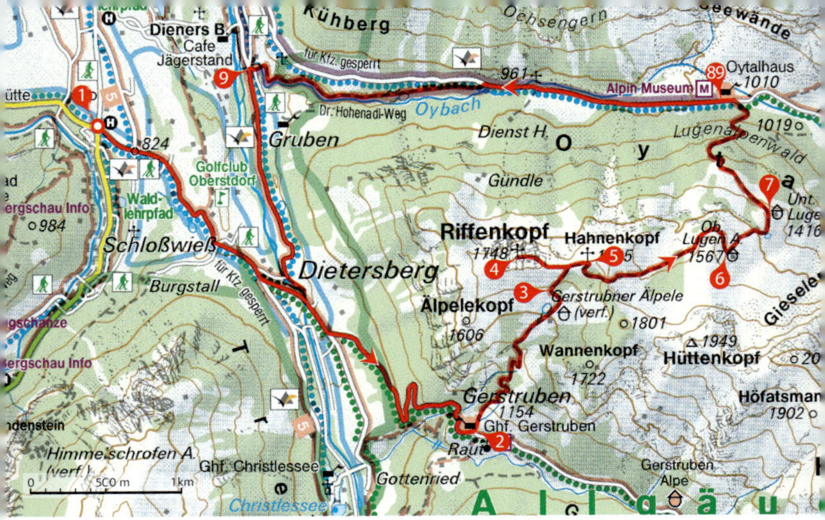

Vor der Schlüsselstelle am Riefenkopf.

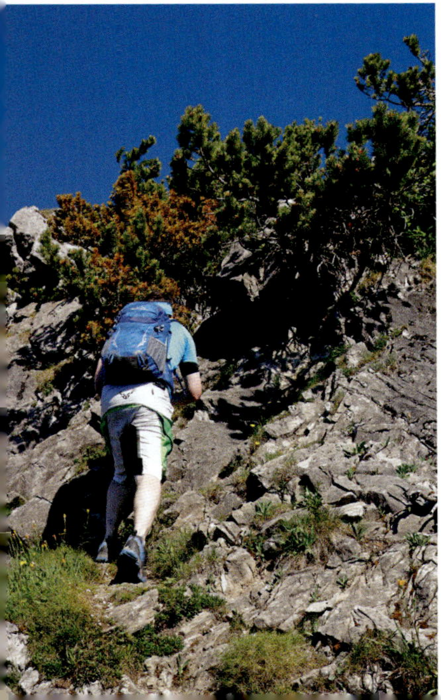

erst richtig los. Oberhalb des Gasthauses beginnt der Bergweg auf einer Wiese, durchläuft anschließend mit etlichen Serpentinen ein Waldstück und kommt nach Kreuzung eines Grabens in eine offene Hangmulde. Das ehemalige **Gerstrubner Älpele** ist verfallen – es steht aber eine neue Jagdhütte ❸, nachdem wir wieder in den Baumbestand eintauchen. Mit einigen Kurven wird einer Art Kesselmulde ausgewichen. Wo wir erstmals einen Blick auf Oberstdorf und ins Oytal erhaschen, zweigt der etwas unscheinbare Pfad zum Riefenkopf ab. Durch Latschen, teils schrofig, wird es stellenweise steil. Vor dem Grataufschwung zum vorgelagerten Kopf weicht die Spur in die Südseite aus, umgeht damit geschickt ein paar schwierige Partien, führt kurz vor dem Gipfel aber noch zur Schlüsselstelle, einer kurzen Klettereinlage (I), mit der man direkt auf den **Riefenkopf** ❹,

1748 m, aussteigt. Zurück am Hauptweg setzen wir den Aufstieg mit ein, zwei Schleifen fort bis zum eigentlichen Übergang auf knapp 1700 Metern. Hier setzt der Stichpfad durch nicht allzu sperrige Latschen zum **Hahnenköpfle** 5, 1735 m, an.

Das Bergab auf der Seite des Oytals ist landschaftlich noch schöner als der Aufstieg von Südwesten. Unser Steig schraubt sich zunächst in eine gutmütige Wiesenmulde hinunter, führt danach eben um einen vorspringenden Rücken herum und damit zur **Oberen Lugenalpe** 6, 1567 m. Eine steilere Geländestufe bringt uns zum Absatz mit der **Unteren Lugenalpe** 7, 1416 m, wo wir auf einen breiteren Karrenweg treffen. Dieser zieht mit einigen Schleifen ins Oytal hinunter – man achte auf die Abkürzungsmöglichkeit, die unweit des **Oytalhauses** 8, 1010 m, herauskommt. Wie eine Allee führt das Sträßchen nun flach talauswärts. Nach gut 20 Minuten zweigen wir auf den Dr.-Hohenadl-Weg ab, wandern damit durch den Einschnitt des Oybachs, meist direkt am rauschenden Bach entlang. Vorn an der Brücke 9, 854 m, beachte man den Hinweis »Renksteg« nach links. Wir laufen damit auf bequemem Spazierweg parallel zur Trettach am **Café Gruben** vorbei geringfügig aufwärts. Schließlich über die Zwingbrücke nach rechts zum Golfplatz und auf der Teerstraße zurück Richtung **Renksteg** 1.

Auch beim Abstieg ins Oytal ergeben sich herrliche Landschaftsbilder.

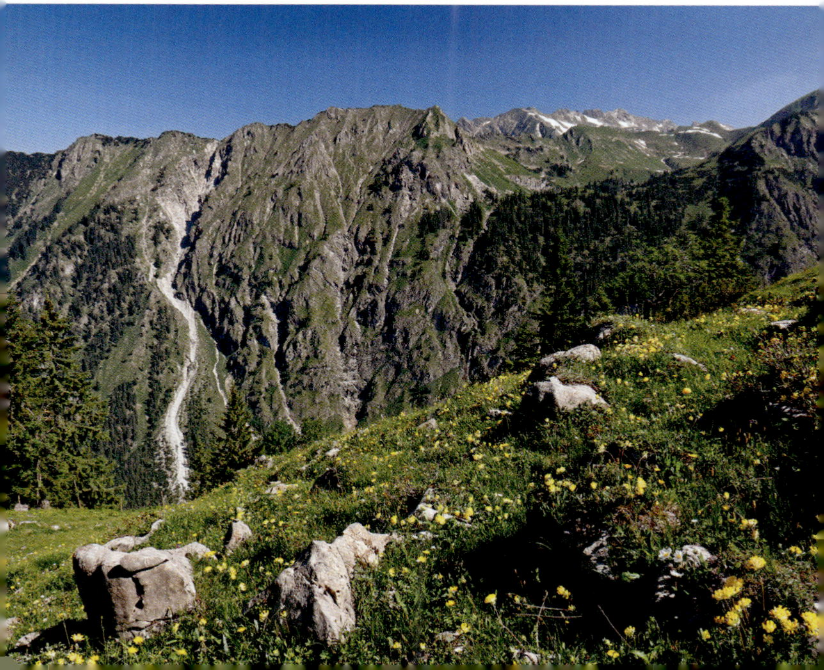

↗ 820 m | ↘ 820 m | 6.8 km

31 Schattenbergkreuz, ca. 1660 m

4.15 h

Oberstdorf fast wie aus der Vogelperspektive

Der Name Schattenberg besitzt in Oberstdorf Gewicht; die meisten dürften ihn freilich von der berühmten Vierschanzentournee her kennen. Oberhalb der Schanzentürme grüßt das Schattenbergkreuz so verlockend herab zum meistbesuchten Ferienort Deutschlands, dass man sich darüber wundert, meist nur Einheimische und vereinzelt gut informierte Gäste auf dieser fantastischen Aussichtskanzel anzutreffen! Der Weg dorthin gehört halt nicht zu den offiziell propagierten und ist als solcher auch nicht übermäßig genussvoll. Aber diese tolle Perspektive …

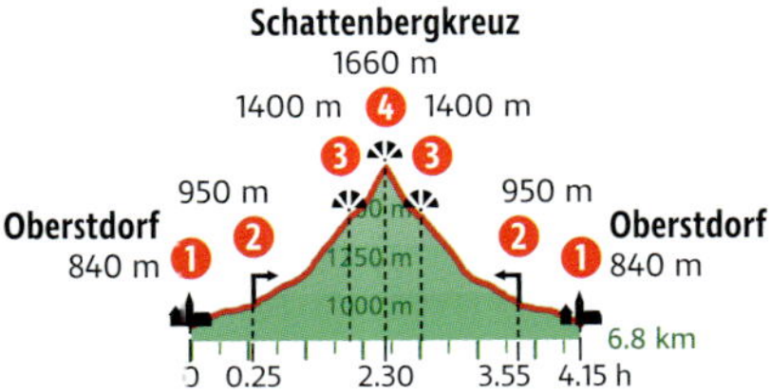

Ausgangspunkt: Oberstdorf, Parkplatz Oybele Festhalle nahe der Trettach, 840 m. Mit Öffis wird man beim Bahnhof starten oder ggf. den Ortsbus nutzen.
Anforderungen: T3. Deutlicher, aber nicht bezeichneter Bergsteig, phasenweise sehr steil, besonders oben in den Latschen. Deshalb durchaus recht anstrengend, wenn auch die Strecke und

Beim Schattenbergkreuz nehmen wir einen tollen Logenplatz ein.

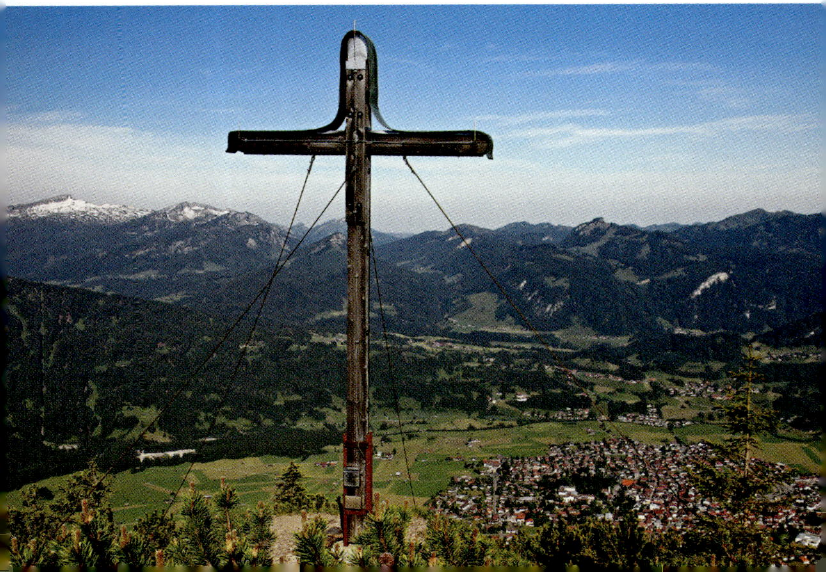

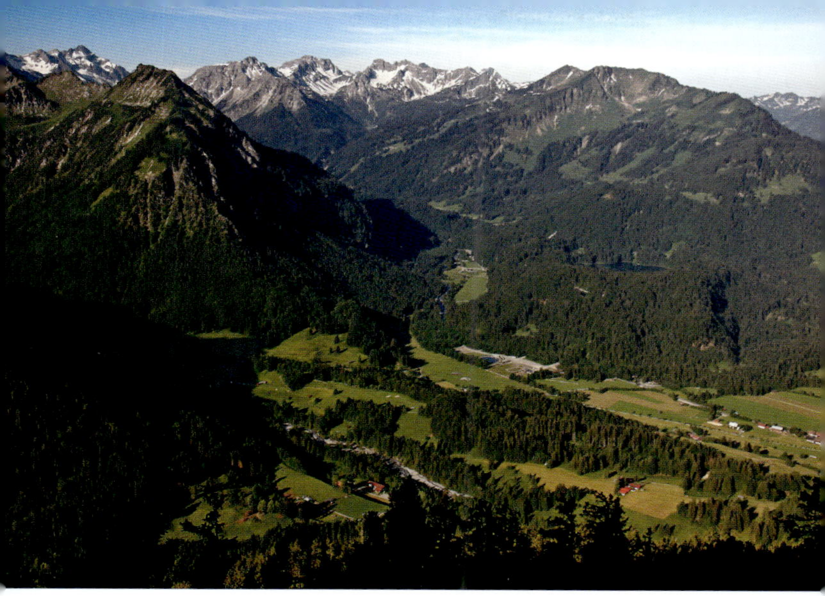

Blick hinein ins Gebirge, speziell auf die Berge ums Stillachtal.

das Gesamtpensum nicht allzu groß sind. **Einkehr:** Keine am Weg, aber reichliches Angebot in Oberstdorf. **Beste Jahreszeit:** Mai bis Spätherbst.

Hinter der Trettachbrücke in **Oberstdorf** ❶ geht es in Kehren zum Kühberg hinauf und dort kurzzeitig auf die Oytalstraße, bis scharf links ein Fahrweg zu den Skischanzen abzweigt. Wichtig ist jetzt, dass man nach gut 200 Metern einen kleinen unbeschilderten Pfad in den Wiesen aufspürt ❷. Dieser zieht diagonal zum Waldrand empor und setzt sich dort ziemlich wurzlig fort. Nach einer Linksbiegung wird die Trasse besser, gewinnt in wechselnder Steigung an Höhe (seltene rote Punkte) und kommt auf rund 1400 Metern zu einer Kanzel ❸ mit bereits prickelndem Tiefblick auf Oberstdorf. Beim weiteren Aufstieg am Schattenberg wird der Wald von der Krummholzzone abgelöst. Hier sehr steil bis zum **Schattenbergkreuz** ❹, ca. 1660 m, wo das Panorama nochmals gewachsen ist. Der Abstieg verläuft identisch.

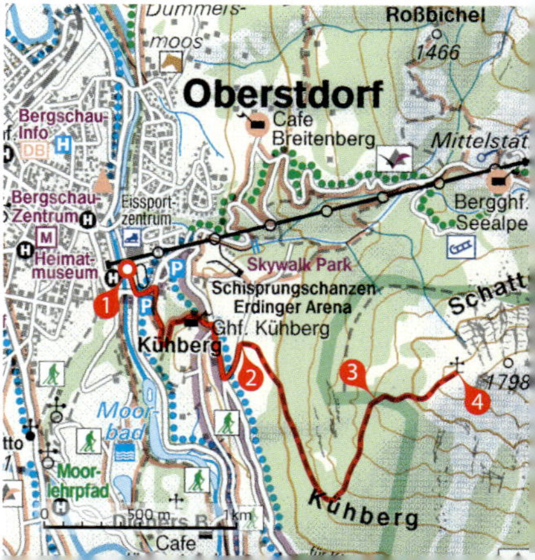

↗ 30 m | ↘ 1130 m | 11.1 km

32 Der Gleitweg ins Oytal

3.40 h

Bergabwanderung am fotogenen Seealpsee vorbei

Der Seealpsee ist eines der Kleinode schlechthin rund um Oberstdorf und vor der Kulisse von Höfats und Allgäuer Hauptkamm einfach ein Motiv fürs Bilderbuch! Aus dem Nebelhorngebiet führt der landschaftlich eindrucksvolle Gleitweg daran vorbei, im weiteren Verlauf bis hinunter ins Oytal sogar leicht ausgesetzt. Trotz fehlender Aufstiegsmühen sollte man die Tour also nicht unterschätzen.

Ausgangspunkt: Oberstdorf, Talstation der Nebelhornbahn, ca. 826 m, mit der man zur Station Höfatsblick, 1929 m, hinaufschwebt. Betriebszeiten ab Ende Mai bis Anfang November täglich von 8.30 bis 16.30 Uhr.
Anforderungen: T3. Am Gleitweg ziemlich steiles Gelände und teils etwas ruppige Wegverhältnisse, daher Trittsicherheit wichtig (nur für bereits bergerfahrene Kinder geeignet). Fast ausschließlich bergab, was die Mühen reduziert, aber nicht unbedingt jedem behagen muss. In umgekehrter Richtung benötigt man fast 5 Std.
Einkehr: Bergrestaurant und Edmund-Probst-Haus bei der Seilbahn, Hintere Seealpe, Oytalhaus (Mo Ruhetag).
Beste Jahreszeit: Mitte Juni bis Ende Oktober, falls schneefrei.

Der Einstieg mit der **Nebelhornbahn** verschafft uns erschwernislos den hohen Ausgangspunkt bei der Station Höfatsblick ❶, 1929 m, neben dem **Edmund-Probst-Haus** des Alpenvereins. In südlicher Richtung steigen

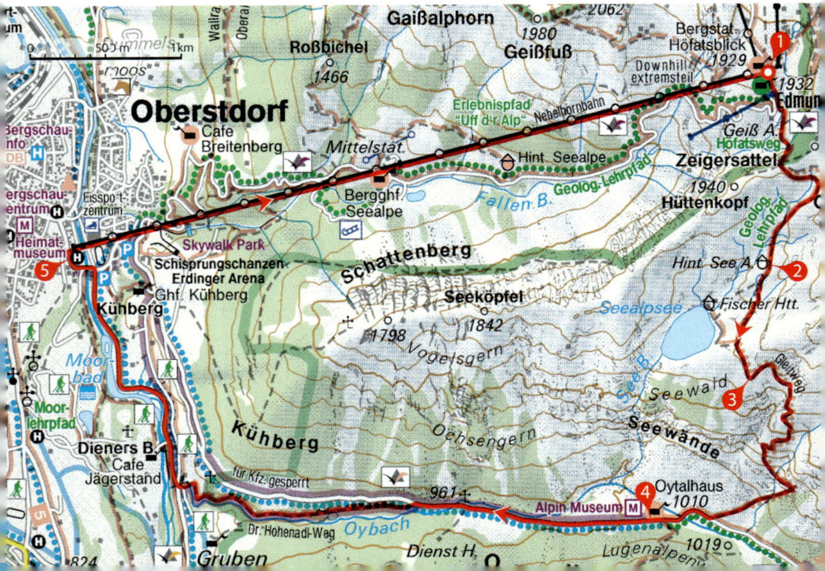

wir kurz ab und zum **Zeigersattel**, 1922 m, wieder auf. Hier trennen sich der Laufbachereckweg, welcher die Höhe hält, und unsere Route, die zum südseitigen Abstieg ansetzt. Zunächst im Bogen auf die linke Seite der Hangmulde, in der weiter unten bereits der **Seealpsee** einen traumhaften Akzent setzt. Wir verlieren bis zur **Hinteren Seealpe** ❷, 1764 m, ein gutes Stück an Höhe, queren danach erst einmal über dem tiefblauen See entlang und schwenken bei **»Mäxeles Egg«** ❸, ca. 1700 m, nach links. Wer indes unmittelbar zum Ufer absteigen möchte, muss danach auch wieder hinauf. Am Gleitweg wird als Nächstes der Ansatz des wilden Gündlestobels ausgegangen, stellenweise mit Drahtseilhilfe für zaghafte Gemüter. Anschließend beginnt der Kehrenreigen durch die nur vorübergehend licht bewaldete Steilflanke. Zweimal muss noch der parallele Seealpengündlestobel (mit Wasserfall) gekreuzt werden, ehe der langwierige Zickzackkurs in den Wiesen des Oytals ausläuft. Dort erreichen wir in Kürze das **Oytalhaus** ❹, 1010 m, als willkommene Einkehrstation. Auf der »Ahornallee« geht es schließlich noch weit talauswärts, wobei man bald etwas schöner auch den Dr.-Hohenadl-Weg neben dem Oybach einschlagen kann, um die Tour später direkt entlang der Trettach ausklingen zu lassen. Man kommt von Süden her direkt wieder unweit der Nebelhornbahn nach **Oberstdorf** ❺ hinein.

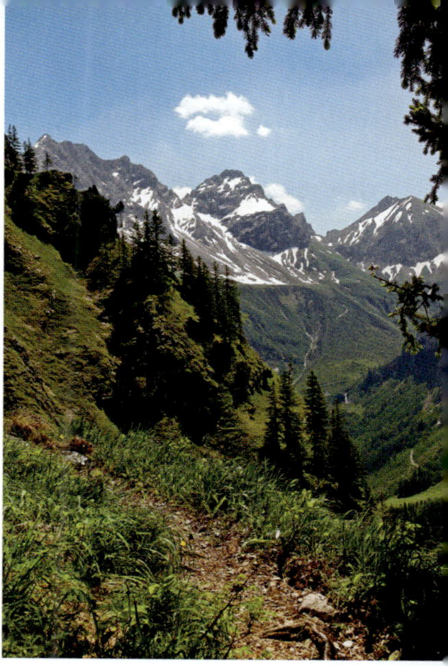

Idyllisch läuft unser Pfad in die Kulissen des Oytals hinein.

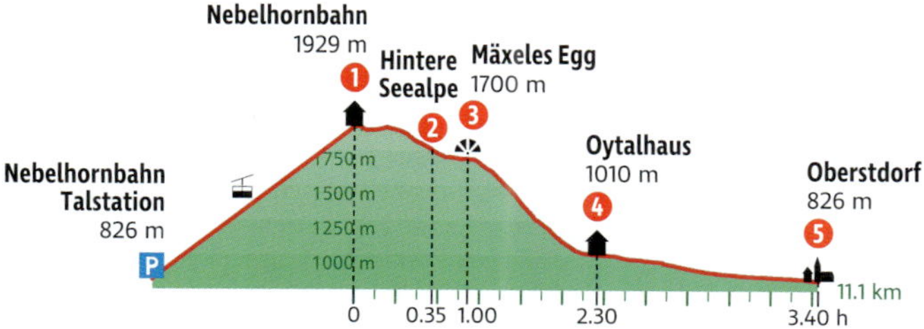

TOP

↗ 1250 m | ↘ 1250 m | 16.0 km

33 Rubihorn, 1957 m

7.15 h

Oberstdorfs idealer Hausberg

Es erscheint nicht übertrieben, das Rubihorn als den Aussichtsberg schlechthin über dem Illertal zu bezeichnen. Schon wenn man sich Oberstdorf mit Zug oder Auto nähert, dominiert sein wuchtiger Felsaufbau die linke Talseite. Ein Massentourismus wie am seilbahnerschlossenen Nebelhorn bleibt dem Rubihorn zwar zum Glück erspart, dennoch treibt es bei Schönwetter stets zahlreiche Gipfelstürmer hinauf. Diese können zwischen zwei Routen wählen – oder am besten gleich eine Kombination beider verwirklichen. Nach einem Warmlaufprogramm durch den sehenswerten Faltenbachtobel zur Seealpe steigt man über die Südwestseite empor und genießt derweil schon immer prächtigere Ausblicke über den Oberstdorfer Talkessel inklusive dem Kleinwalsertal. Beim späteren Abstieg bezaubert vor allem der stattliche, oft farbintensive Gaisalpsee. Mit der Gaisalpe finden wir die passende Einkehrmöglichkeit, bevor der Kreis quer durch die Westflanke des Berges über den Wallrafweg geschlossen wird. Summa summarum eine Top-Tour für gestandene Bergwanderer!

Der Untere Gaisalpsee mit dem Rubihorn: eines der schönsten Bergmotive im Oberallgäu.

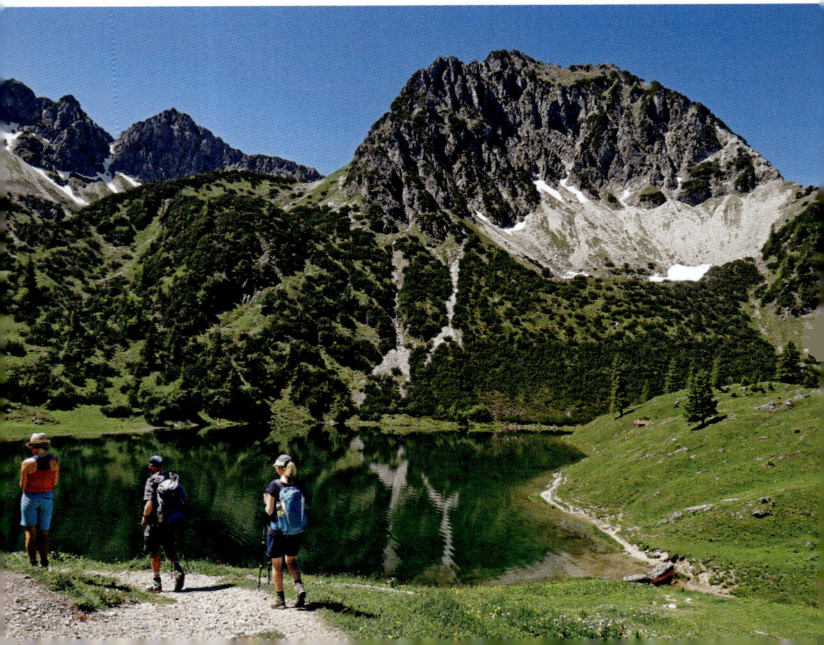

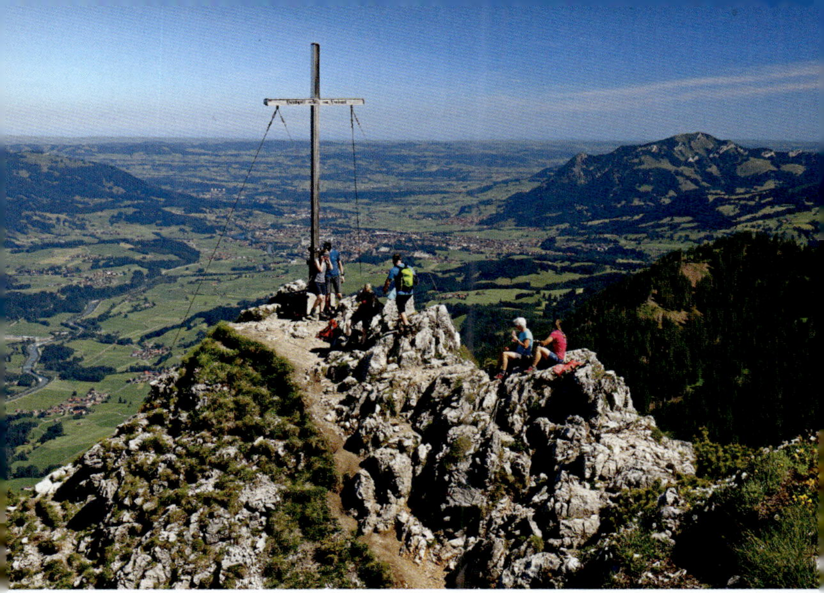

Am Gipfel des Rubihorns hoch über dem Illertal. Rechts hinten der Grünten.

Ausgangspunkt: Oberstdorf, Talstation der Nebelhornbahn, 826 m. Mit Öffis startet man beim Bahnhof oder nutzt den Ortsbus zum Ausgangspunkt. Bei Bedarf kann man den ersten Teil des Aufstiegs bis zur Station Seealpe mit der Seilbahn absolvieren.
Anforderungen: T3+ im Aufstieg, T3 im Abstieg. Beidseitig Bergwege mit Steilpassagen, die zumindest abschnittsweise gute Trittsicherheit verlangen. Schon unten im Faltenbachtobel recht zünftig, zum Niedereck Serpentinensteig mit vereinzelten Sicherungen, solche auch zum Gipfel und mitunter beim Abstieg zur Gaisalpe. Erst am Wallrafweg leicht und bequem. Insgesamt stramme Tour für Ausdauernde!
Einkehr: Seealpe, Gaisalpe (Mo/Di Ruhetag), Untere Richteralpe (Mo/Di Ruhetag), Café Breitenberg (Do Ruhetag).
Beste Jahreszeit: Mitte Juni bis Mitte/Ende Oktober.
Hinweis: Zuletzt erschwerte massiver Windbruch den Aufstieg im Bereich Roßbichel. Der Weg war daraufhin an manchen Stellen zerstört und offiziell gesperrt, ein Durchkommen aber möglich. Man hole am besten aktuelle Informationen vor Ort ein.

Von der Nebelhornbahn in **Oberstdorf** ❶ geht es via Oststraße sowie Am Faltenbach zur riesigen Arena der Schattenbergschanze und oberhalb direkt in den Faltenbachtobel hinein. Wasserfälle, Gumpen und Kaskaden schaffen eine eindrückliche Szenerie. Der Weg zieht anfangs links, später rechts davon empor, vereinzelt sogar mit Sicherungen. Nach einem Stück auf breiter Schottertrasse abermals auf die linke Seite, um dort den Wanderweg Richtung **Seealpe** ❷, 1267 m, zu nutzen. Die Jausenstation befin-

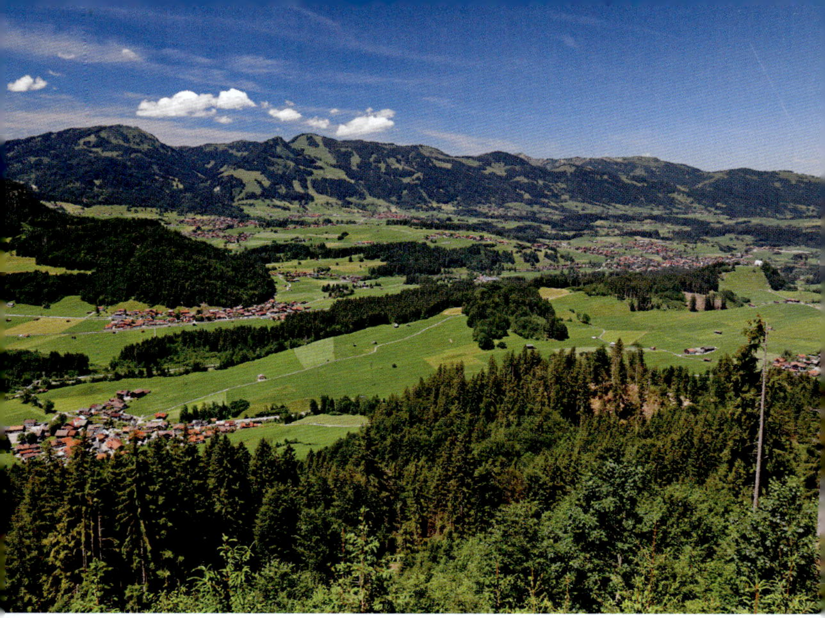

Vom Wallrafweg zeigen sich die Dörfer des Illertals eingebettet in eine liebreizende Wiesenlandschaft.

det sich bei der ersten Sektion der Nebelhornbahn. Hier setzt nun die eigentliche Route zum Rubihorn an. Wir wenden uns in die südexponierten Weidehänge der sogenannten »Halde« (wer mag, könnte schon vorher unbeschildert auf dürftiger Spur abkürzen) und gelangen schräg links in ein Areal mit starken Sturmschäden. Hinauf zum Absatz am **Roßbichel** 3, 1466 m, ist der originale Weg möglicherweise sogar schwer zu verfolgen und sanierungsbedürftig. Wir befinden uns jetzt am Südwestausläufer unseres Berges und vollziehen einen ausgiebigen Serpentinenkurs, bis etwa 1600 Meter Höhe eventuell noch durch umgestürzte Bäume erschwert. Dabei prägt sich zunehmend eine latschengesäumte und nach oben hin felsdurchsetzte Rinne aus. Vor dem Ausstieg am **Niedereck** 4, 1862 m, sind einige Stellen gesichert. Am Grat bzw. mitunter knapp links daneben gen Norden, nach wenigen Abstiegsmetern über einen Rücken und nochmals kurz abwärts in die Lücke, wo von rechts der Normalweg dazukommt. Dem schroffen Gipfelaufbau wird nun linksseitig ausgewichen, um mit weiteren gesicherten Stellen das Kreuz auf dem **Rubihorn** 5, 1957 m, zu erreichen. Es steht am Nordgipfel nicht ganz am höchsten Punkt des Bergstocks.
Der Abstieg leitet aus der besagten Lücke in die Ostflanke, vollzieht dort als Schuttsteig etliche Windungen und dreht von einem Wiesenabsatz

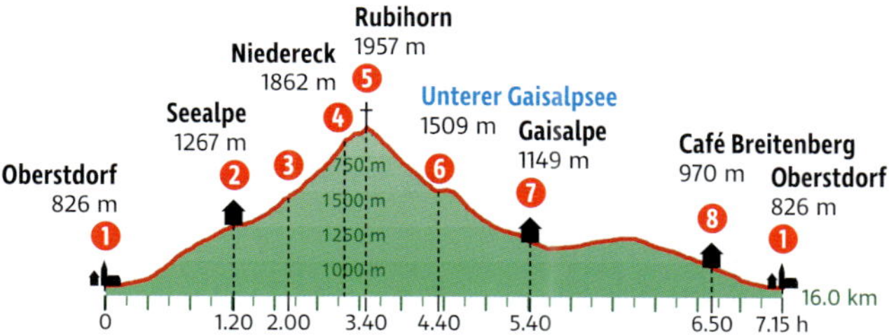

nordwärts ein. Man gelangt zum **Unteren Gaisalpsee** 6, passiert das Ostufer und setzt den oft felsdurchsetzten und später wurzligen Steig auf der rechten Seite des Kessels fort (einzelne Drahtseile). Durch Waldbereiche nähern wir uns der meist gut besuchten **Gaisalpe** 7, 1149 m – alternativ kann zur Einkehr auch die nicht weit entfernte Untere Richteralpe angesteuert werden. Anschließend auf der Zufahrt bis kurz vor den Tobel und hier nach links über die Brücke auf den Wallrafweg. Dieser zieht nun kilometerweit quer durch den gesamten Westhang des Rubihorns, abwechselnd über Lichtungen und durch baumbestandene Bereiche, und gewinnt zwischendurch noch etwa 100 Meter an Höhe. Dann senkt er sich allmählich ab, wird zur Forststraße und beim **Café Breitenberg** 8, ca. 970 m, zum Asphaltband, das uns hinunter zur Schattenbergschanze bringt. Zuletzt abwechslungshalber durch die Roßbichlstraße zurück zur Nebelhornbahn in **Oberstdorf** 1.

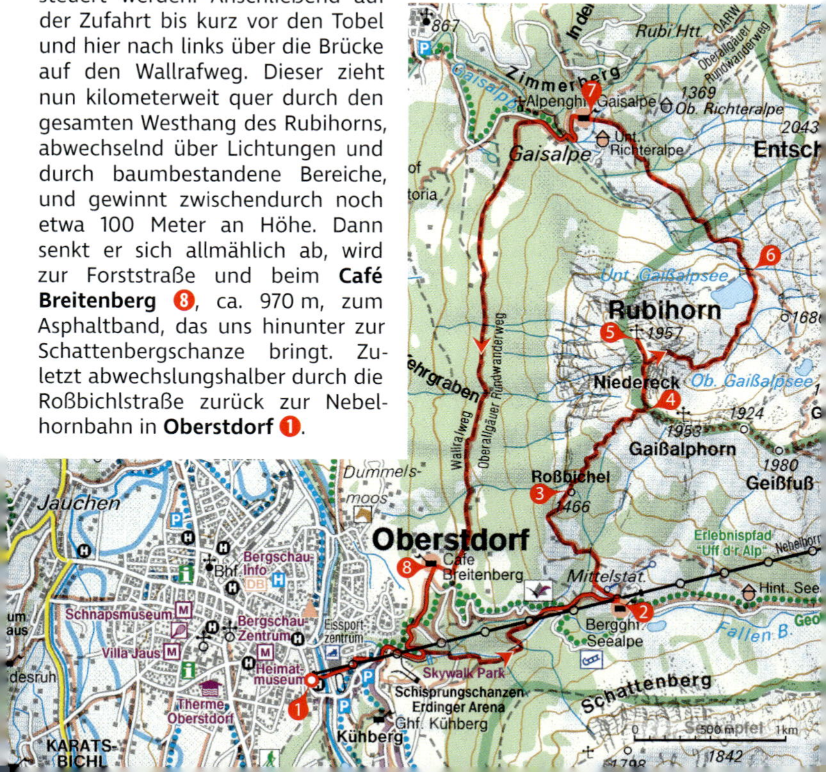

TOUREN VON HÜTTE ZU HÜTTE

Viele der Berghütten in der Allgäuer Bergwelt sind durch herrliche Höhenwege miteinander verbunden, sodass sich mehrtägige Wanderungen geradezu aufdrängen. Neudeutsch spricht man auch vom »Hüttentrekking«, einer Spielart des Bergwanderns, die eigentlich schon eine lange Tradition besitzt, aber seit einigen Jahren wieder beachtlichen Zulauf erfährt. Keine Frage, das Bergerlebnis ist besonders intensiv und nachhaltig, wenn man tagelang auf der Höhe bleibt, im direkten wie im übertragenen Sinn den Horizont erweitert und besondere Stimmungen aufsaugt, wie sie vor allem die frühen Morgenstunden und die Zeit um die Abenddämmerung in sich tragen. Man darf auch logistisch nicht verkennen, dass sich manche hoch- bzw. abgelegene Route praktisch überhaupt nur mit einer Hüttenübernachtung bewerkstelligen lässt. Warum also nicht gleich mehrere solcher Highlights zusammenbinden und damit ein Füllhorn von unvergesslichen Eindrücken einsammeln? Zwei Hüttentreks bieten sich für unsere engere Region an und werden in den nachfolgenden Kapiteln etappenweise beschrieben.

Die **Kleinwalsertaler Hüttenrunde** (Tour 34–38) beginnt bei der Kanzelwandbahn, mit deren Hilfe wir sofort in der aussichtsreichen Höhenwegetage loslegen können. Erstes Ziel ist nun die Fiderepasshütte, die sich prinzipiell auf verschiedenen Routen erreichen lässt, besonders spannend über die Walser Hammerspitze. Über die Fiderescharte und den Krumbacher Höhenweg führt eine moderate Verbindung zur Mindelheimer Hütte – ein Abschnitt, der vor allem vom packenden Blick auf den Allgäuer Hauptkamm profitiert. Zeitlich überschaubar ist auch der Übergang zur Widdersteinhütte, die geografisch schon zum Hochtannberg orientiert ist und dementsprechend schöne Blicke ins Lechquellengebirge bietet. Danach müssen wir wohl oder übel bis in die Talsohle absteigen, und zwar durchs Bärgunt nach Baad, dem hintersten Dorf im Kleinwalsertal. Dies bedeutet aber nur eine kurze Stippvisite in der Zivilisation, denn über die Ochsenhofer Scharte kommen wir schon in den Bereich des oberen Schwarzwassertals und zur gleichnamigen Hütte voran. Die finale Etappe hat dann noch etwas Besonderes in petto: Wir überschreiten mit dem Hohen Ifen einen Paradeberg des Kleinwalsertals und im Anschluss sogar noch die bizarr geformte Hochfläche des Gottesackers. Ob man für dieses Programm fünf volle Tage veranschlagt (bei Nächtigung in jeder Hütte) oder einzelne kürzere Abschnitte zusammenlegt, ist Geschmackssache. Auch einige Seitensprünge sind lohnend – dafür geben die Kapitel der Tagestouren ja manche Anregung her.

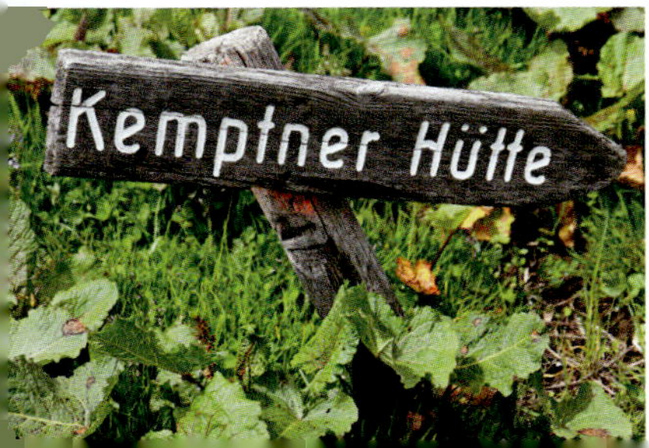

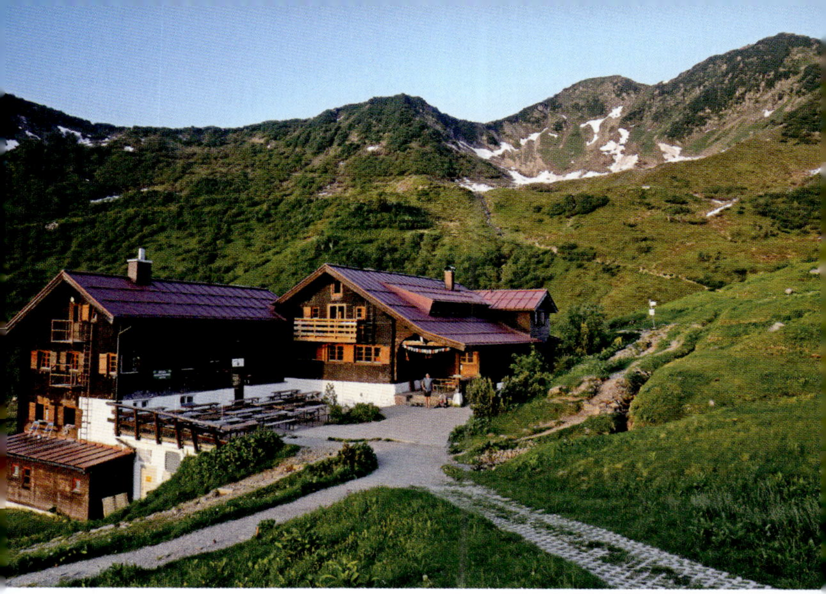

Frühmorgens bei der Schwarzwasserhütte.

Die **Oberstdorfer Hüttenrunde** (Tour 39–42) schlägt einen großen Bogen vom Fellhorn zum Nebelhorn und ist ziemlich eindeutig auf vier Tagesetappen festgelegt, die zum Teil auch wesentlich länger und anstrengender ausfallen. Den Einstieg vollziehen wir mit der Fellhornbahn, also ebenfalls ohne Umschweife aus einer Grundhöhe von fast 2000 Metern. Ungeachtet möglicher Varianten soll über die Roßgundscharte ein Routenabschnitt eingebunden werden, der ansonsten noch an keiner Stelle in diesem Führer beschrieben ist. Wir erreichen am ersten Tag bereits die Mindelheimer Hütte und absolvieren am zweiten mit dem Übergang via Schrofenpass und Mutzentobel bis zur Rappenseehütte eine ähnlich mittelschwere Etappe. Anspruchsvoller wird es am berühmten Heilbronner Weg hinüber zur Kemptner Hütte, quasi das Filetstück dieses Trekkings. Die Route windet sich um und über die felsige Gipfelriege am Hauptkamm der Allgäuer Alpen und ist phasenweise klettersteigartig ausgebaut – allerdings dergestalt, dass sich ein robuster, trittsicherer Bergwanderer bei guten Bedingungen kaum vor unüberwindliche Hürden gestellt sieht. Unter Umständen gerät dann eher die Schlussetappe noch zur grenzwertigen Herausforderung. Sie ist zwar wandertechnisch etwas leichter, aber halt enorm lang: ein Mammutmarsch über den Kamm von Kreuzeck und Rauheck, via Himmelecksattel und Laufbacher Eck im Bogen um den profilierten Schneck herum und schlussendlich auf hoher Linie bis hin zur Nebelhornbahn.

↗ 600 m | ↘ 480 m | 5.7 km

34 Kanzelwandbahn – Fiderepasshütte

3.00 h

Spannender Auftakt über die Walser Hammerspitze

Um von der Kanzelwandbahn zur Fiderepasshütte zu gelangen, stehen sozusagen zweieinhalb Möglichkeiten zur Auswahl. Dass sich die Walser Hammerspitze gleichsam in den Weg stellt, kann unsere Begeisterung ja nur beflügeln: Die Überschreitung des Schrofengipfels sorgt für Spannung und einen großartigen ersten Überblick über die Region.

Ausgangspunkt: Bergstation der Kanzelwandbahn, 1949 m, von Riezlern. Die Talstation befindet sich an der Ortsdurchfahrt (Haltestelle der Buslinie 1). Betriebszeiten in der Hauptsaison zwischen 8.30 und 16.45 Uhr.
Endpunkt: Fiderepasshütte, 2065 m.
Anforderungen: T3. Gewöhnliche Bergwege, die vor allem im schrofigen Gipfelbereich stellenweise Trittsicherheit verlangen. Konditionell recht moderate Halbtagesetappe.
Einkehr/Unterkunft: Kanzelwand Panoramarestaurant, Adlerhorst, Fiderepasshütte (Reservierung: fiderepasshuette.de).
Beste Jahreszeit: Mitte Juni bis Mitte Oktober.
Varianten: 1. Man kann die Walser Hammerspitze über die Innerkuhgehrenalpe, 1673 m, auch umgehen, damit nur T2 (»blau«).
2. Eine gänzlich abweichende Alternative beginnt mit dem Aufstieg zur Kanzelwand, 2059 m. Aus der Scharte daneben mit Nr. 446 auf deutscher Seite bis auf gut 1700 m hinab, dann auf dem Höhenweg Richtung Kühgundalpe und von dort durch den Einschnitt des Warmatsgundbachs hinauf zum Fiderepass. Bewertung T2–3, Gehzeit 2.45 Std.

Das Gipfelkreuz auf der Walser Hammerspitze; hinten der Ifenstock.

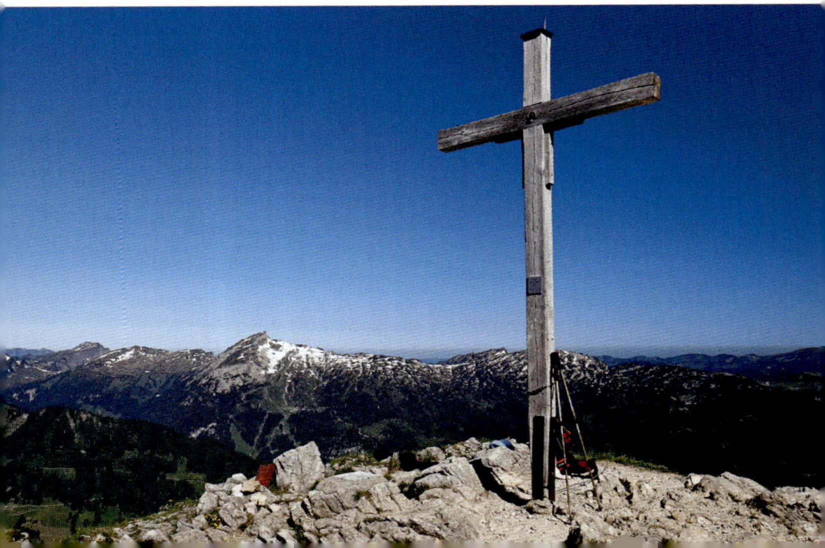

Nach der Bergfahrt mit der **Kanzelwandbahn** ❶ beginnen wir die Tour auf einem Promenadenweg und wenden uns bei der großen Kreuzung rechts hinab. Knapp unterhalb schlägt man bei der Jausenstation Adlerhorst links den Steig ein und wandert im Bogen durch eine langgestreckte Hangmulde unterhalb des Verbindungsgrates zwischen Kanzelwand und Hammerspitze entlang. Nach etwas Höhenverlust gewinnen wir im Gegenanstieg über eine bewachsene Stufe den **Kuhgehrensattel** ❷, 1857 m, und orientieren uns hier gipfelwärts. Das Rasengelände wird allmählich durch steinigeren Untergrund abgelöst. Später links haltend zum oberen Nordostgrat, über den die **Walser Hammerspitze** ❸, 2170 m, schließlich erstiegen wird.

Der südwestwärts gerichtete Gratrücken gibt die Abstiegslinie vor, verliert sich später in den Hängen und bringt uns zur **Wannenalpe** ❹, 1821 m. Nun nach links und auf dem oberen Weg quer durch die Flanken, allmählich wieder ansteigend und zuletzt gemeinsam mit dem üblichen Hüttenzustieg hinauf zur **Fiderepasshütte** ❺, die knapp oberhalb des Sattels genau auf der Grenze liegt.

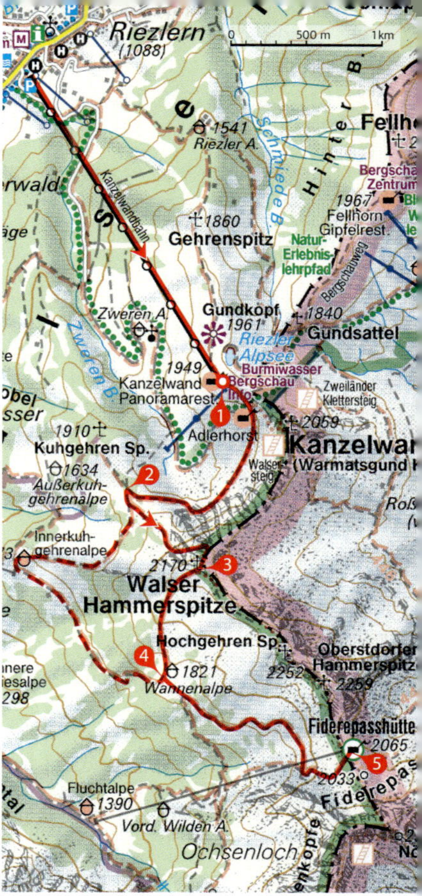

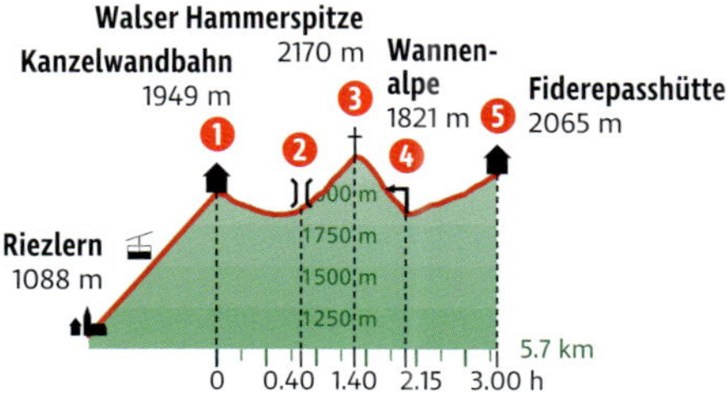

35 Fiderepasshütte – Mindelheimer Hütte

2.45 h

Über den Krumbacher Höhenweg

Zwischen Fiderepass- und Mindelheimer Hütte besteht im Hin und Her fast täglich reger Verkehr. Routinierte Bergsteiger setzen natürlich mit Vorliebe den Mindelheimer Klettersteig über die drei Schafalpenköpfe aufs Programm, was allerdings den Rahmen eines typischen Hüttentrekkings sprengen würde. Zudem müsste man die komplette Klettersteigausrüstung mitführen. Viel unbeschwerter wandert es sich hingegen über den Krumbacher Höhenweg, auf den wir jenseits der Fiderescharte stoßen. Die Schau Richtung Allgäuer Hauptkamm ist auch von diesem Geländebalkon fantastisch: ein Panoramaweg im besten Sinne des Wortes! Nebenbei bemerkt: Zusammen mit den normalen Hüttenzugängen vom Bergheim Moser (Schwendle) ergibt diese Verbindung auch ein wunderbares, voll ausgefülltes Tagesprogramm von fast acht Stunden (vgl. dazu die Touren 14 und 15).

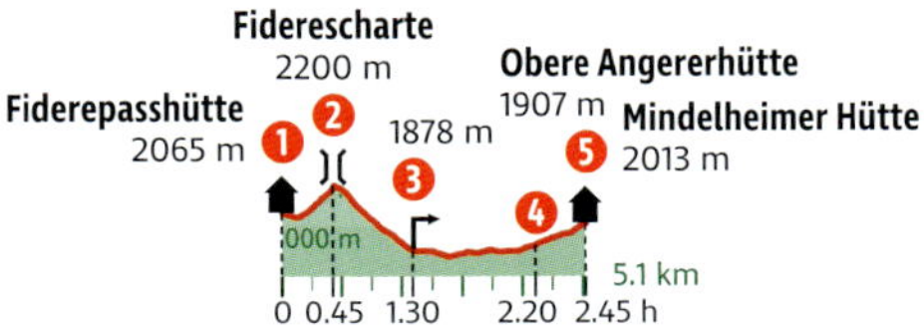

Ausgangspunkt: Fiderepasshütte, 2065 m.
Endpunkt: Mindelheimer Hütte, 2013 m.
Anforderungen: T2–3. Im Prinzip gut ausgebaute Bergwege in mittelsteilem Gelände ohne besondere Hindernisse. Streckenweise steiniger Untergrund, daher elementare Trittsicherheit angenehm. Lockeres Halbtagesprogramm.

Einkehr/Unterkunft: Fiderepasshütte, Mindelheimer Hütte (Reservierung: mindelheimer-huette.de).
Beste Jahreszeit: Mitte Juni bis Mitte Oktober.
Tipp: Ein schönes Zugabeziel für eine nachmittägliche Spritztour im Bereich der Mindelheimer Hütte ist das Kemptner Köpfle, 2191 m (siehe Tour 14).

Der aussichtsreiche Krumbacher Höhenweg führt zum Etappenziel Mindelheimer Hütte.

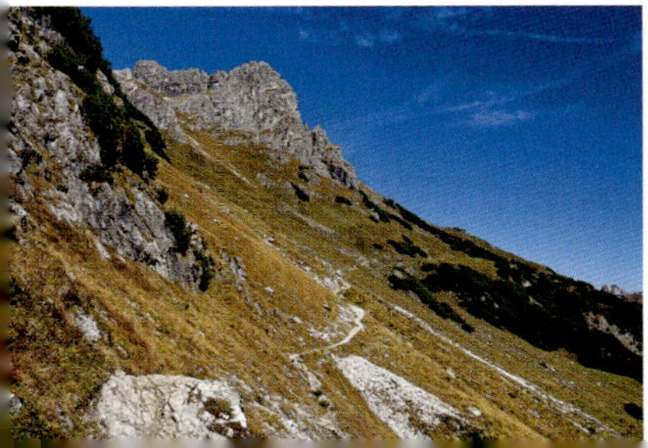

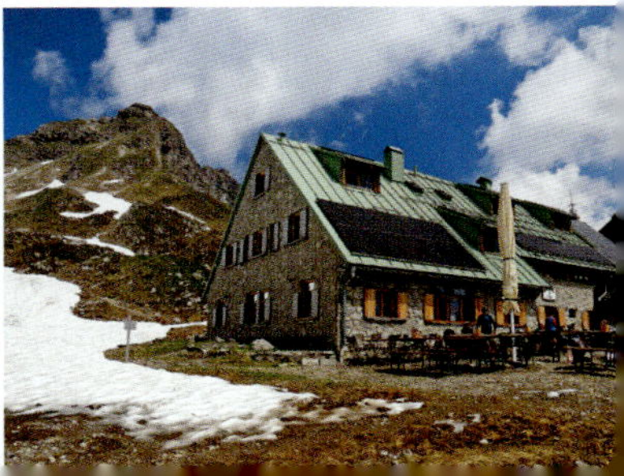

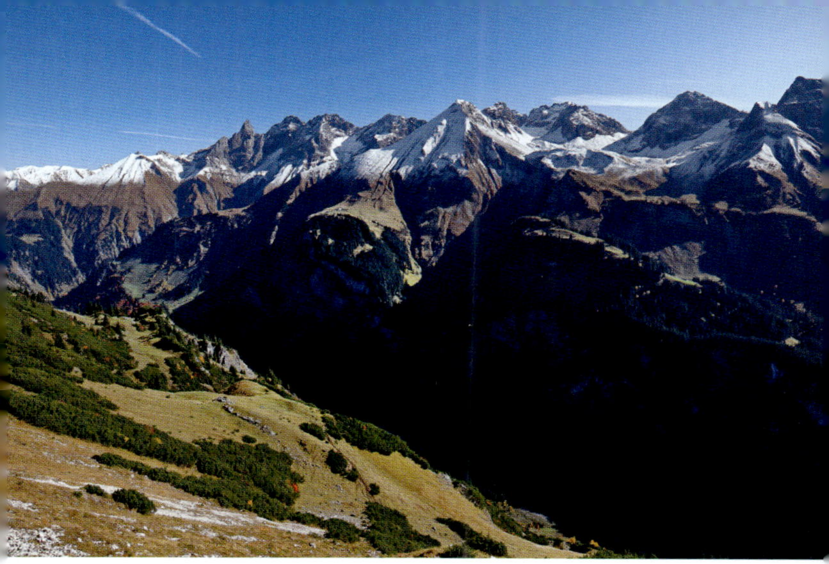

Grandiose Aussicht vom Krumbacher Höhenweg auf den Allgäuer Hauptkamm jenseits des Rappenalpentals.

Von der **Fiderepasshütte** ❶ kurz zum Sattel hinunter und am geröllreichen Gegenhang schräg links Richtung **Fiderescharte** ❷, ca. 2200 m, empor. Der Durchschlupf am Gratausläufer der Schafalpenköpfe wird zuletzt mit ein paar Kehren gewonnen. Jenseits ignorieren wir den Abzweig zum Mindelheimer Klettersteig und begeben uns nach einer kurzen Traverse durch das steinige Saubuckelkar bis auf den Balkon der Taufersbergalpe ❸, 1878 m, hinab. Der **Krumbacher Höhenweg** trägt jetzt die Bezeichnung 442/443 und führt ohne größere Höhendifferenzen quer durch die freien Hanglagen über dem Rappenalpental. Bei der **Oberen Angererhütte** ❹, 1907 m, nimmt man den Zugang vom Tal auf und bewältigt bis zur **Mindelheimer Hütte** ❺, 2013 m, noch gut 100 Meter Steigung.

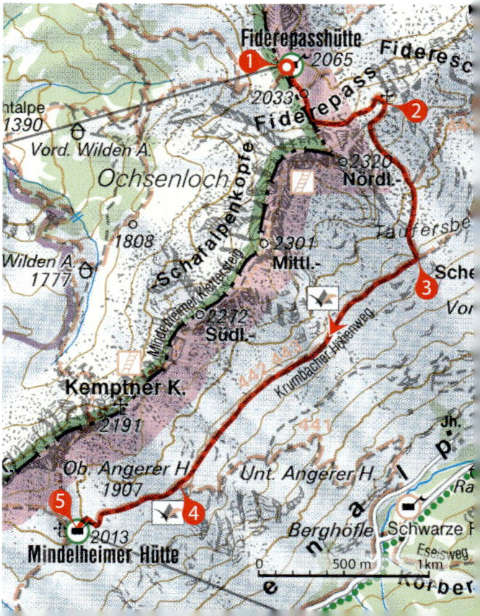

↗ 360 m | ↘ 360 m | 6.4 km

36 Mindelheimer Hütte – Widdersteinhütte

3.00 h

Über das wellige Koblat auf die Südseite des stolzen Widderstein

In ähnlicher Weise wie am Krumbacher Höhenweg setzt sich der nächste Übergang zur Widdersteinhütte fort. Die Route pendelt um die 2000-Meter-Marke und bietet am Walser Geißhorn sogar die Chance auf einen Mitnahmegipfel. Am Koblat durchwandern wir eine wellige Hochebene, die links zum Hochtannbergpass abfällt. Ausdauernde können die beiden Halbtagesetappen im Übrigen zusammenlegen und die Mindelheimer Hütte damit überspringen. Die Gehzeit beträgt dann netto knapp 6 Stunden.

Ausgangspunkt: Mindelheimer Hütte, 2013 m.
Endpunkt: Widdersteinhütte, 2009 m.
Anforderungen: T2+. Normale Bergwege, im Wilden Gund meist schuttreicher Untergrund, am Koblat hingegen leicht verkarstet. Mit elementarer Trittsicherheit problemlose Halbtagesetappe.
Einkehr/Unterkunft: Mindelheimer Hütte, Widdersteinhütte (Tel. +43 664 3912524, Reservierung auch online möglich).
Beste Jahreszeit: Mitte Juni bis Mitte Oktober.
Tipp: Der ideale Mitnahmegipfel auf dieser Etappe ist das Walser Geißhorn, 2366 m. Über den steilen, aber nicht besonders schwierigen Südrücken zieht ein markierter Steig hinauf. T2–3, Mehraufwand gut 1 Std. (vgl. Tour 14).

Die Widdersteinhütte unter ihrem mächtigen Hausberg.

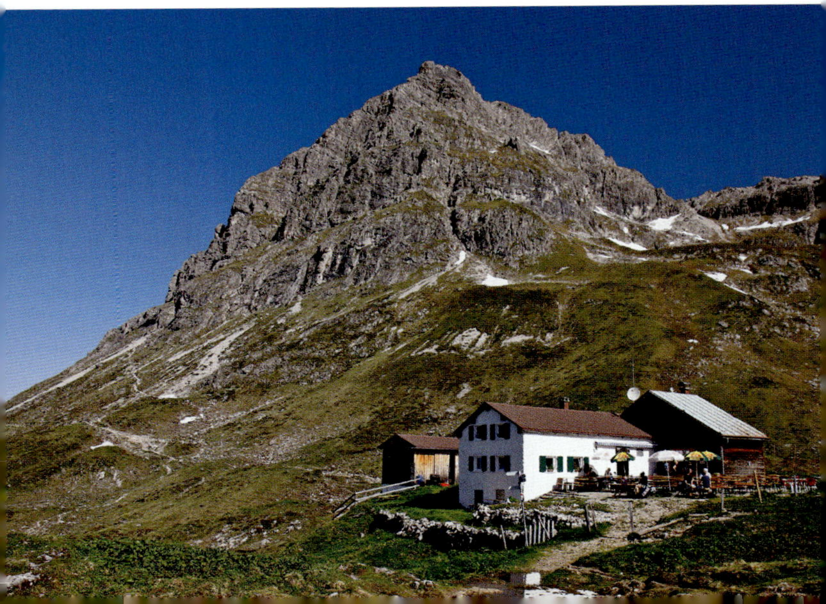

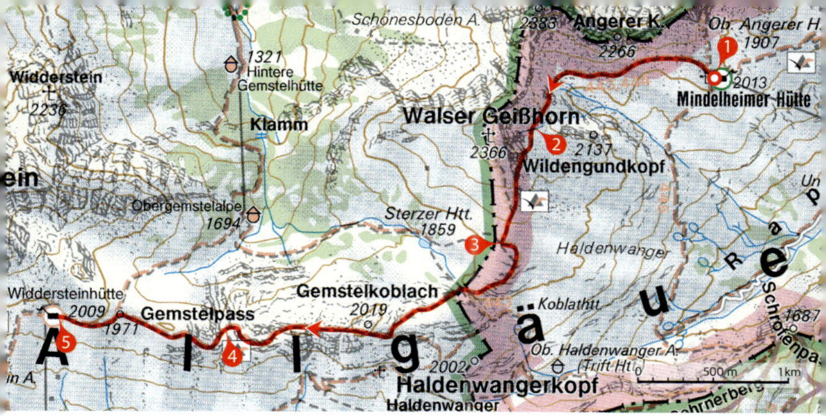

Von der **Mindelheimer Hütte** ❶ mit leichtem Auf und Ab unter dem Angererkopf entlang in den Wilden Gund und aus dieser Karmulde in mehreren Abstufungen bis in die Einsattelung am seitlich abgesetzten **Wildengundkopf** ❷, 2172 m, hinauf. Wir queren die Ostflanke des Walser Geißhorns und stoßen auf den Gipfelabzweig, bevor der Weg zur nächsten Wegkreuzung am **Koblatpass** ❸, 2053 m, wieder leicht abfällt. Mit einem ausgeprägten Rechtsbogen erreichen wir einen anderen Sattel (P. 1982) und befinden uns damit bereits auf der kupierten Hochfläche des Koblat, die offenkundige Karsterscheinungen zeigt. Wir halten Kurs Richtung Westen und haben im weiteren Verlauf nur kleine Auf- und Abstiege vor uns. Markant ist allenfalls der Einschnitt des **Schärtle** ❹. Inzwischen rückt mehr und mehr der Widderstein in den Fokus. Wir kommen zum **Gemstelpass**, 1971 m, mit einer Abstiegsmöglichkeit nach Mittelberg-Bödmen und treffen eine Viertelstunde später bei der **Widdersteinhütte** ❺, 2009 m, ein.

Die Strecke über das wellige Koblat besitzt ganz spezielle Reize.

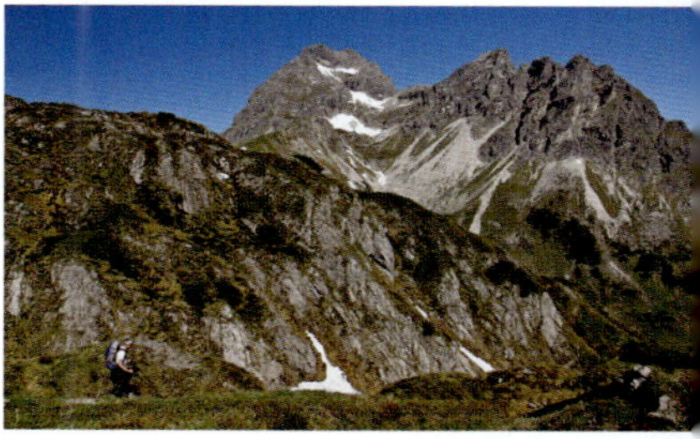

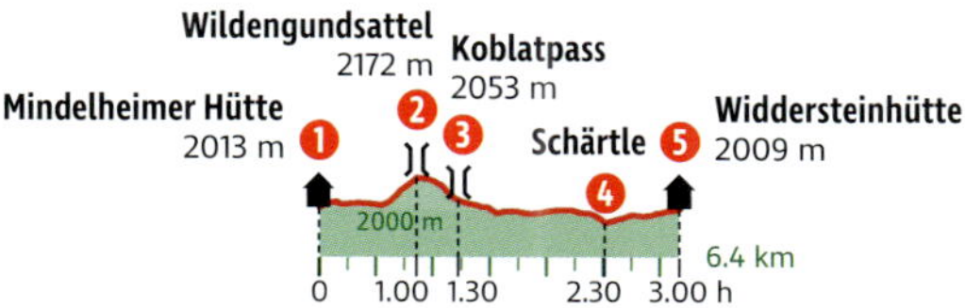

↗ 700 m | ↘ 1090 m | 12.6 km

37 Widdersteinhütte – Baad – Schwarzwasserhütte

4.50 h

Der Wechsel vom Widderstein- ins Ifengebiet

Auf dieser Etappe haben wir deutlich mehr Strecke zu absolvieren als auf den vorherigen und müssen dabei unvermeidlich auch einen zwischenzeitlichen Talabstieg in Kauf nehmen. Denn eine durchgehende Höhenwegverbindung fehlt in dem abschüssigen, stark gegliederten Relief zwischen Hochalppass und Derrenjoch. So kommen wir nach dem Abstieg durchs urtümliche Bärgunt ins kleine Walserdörfchen Baad und wenden uns via Tura- und Starzelalpe wieder bergauf, um über die Ochsenhofer Scharte ins innere Schwarzwassertal und zur gleichnamigen Hütte zu wechseln. Dort steht dann der Hohe Ifen markant im Blickfeld.

Ausgangspunkt: Widdersteinhütte, 2009 m.
Endpunkt: Schwarzwasserhütte, 1620 m.
Anforderungen: T2. Allgemein wenig schwierige Bergwege und in Talnähe auch Güterwege. Etwas steilere Abschnitte beim Bergab hinter dem Hochalppass sowie im Aufstieg zur Starzelalpe. Bei Nässe kann es auf erdigem Untergrund stellenweise rutschig werden. Durchschnittliches Tagespensum.
Einkehr/Unterkunft: Widdersteinhütte, Bärgunthütte, Baad, Schwarzwasserhütte (Tel. +43 5517 30210).
Beste Jahreszeit: Mitte Juni bis Mitte Oktober.

Im Süden bauen sich die Gipfel des Lechquellengebirges auf. Links die Mohnenfluh, rechts die Braunarlspitze.

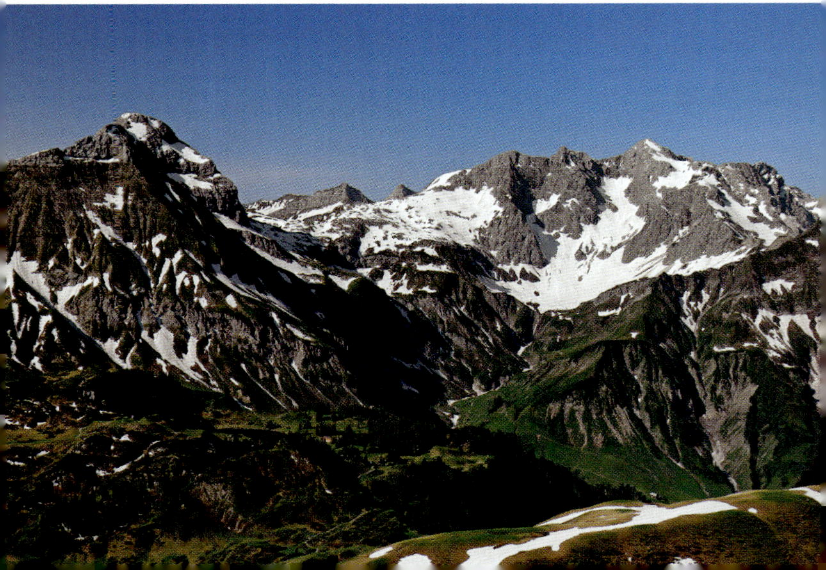

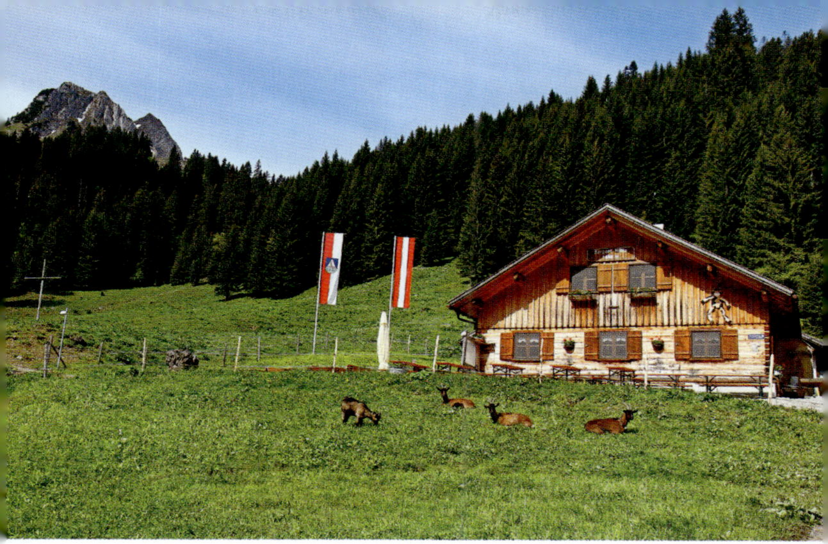

Die Bärgunthütte ist eine beliebte Einkehrstätte.

Bei der **Widdersteinhütte** ❶ nehmen wir den Hangweg in westlicher Richtung auf, bleiben auf der unteren Spur und passieren damit die Südabstürze des mächtigen Widderstein Richtung Hochalppass. Nachdem der grüne Buckel des Seekopfes mit seiner Hütte hinter uns liegt, führt der Weg vom **Hochalppass** ❷, 1938 m, noch ein Stück weit in mäßigem Gefälle über Wiesen dahin und schwenkt anschließend rechts ins Bärgunttal ein. Die steile Geländestufe mit Wasserfall wird im Hin und Her überwunden. Ein schöner Boden gliedert den weiteren Abstieg, der sich anschließend im Wechsel zwischen Waldparzellen und offenen Hängen vollzieht. Später kreuzt man einen Bach und wandert sanft zur **Bärgunthütte** ❸, 1408 m, hinaus. Von der urigen Jausenstation sind es noch gut zwei Kilometer neben dem Bärguntbach, bis wir mit **Baad** ❹, 1224 m, das innerste Dorf im Kleinwalsertal erreichen. Halbzeit der Etappe!

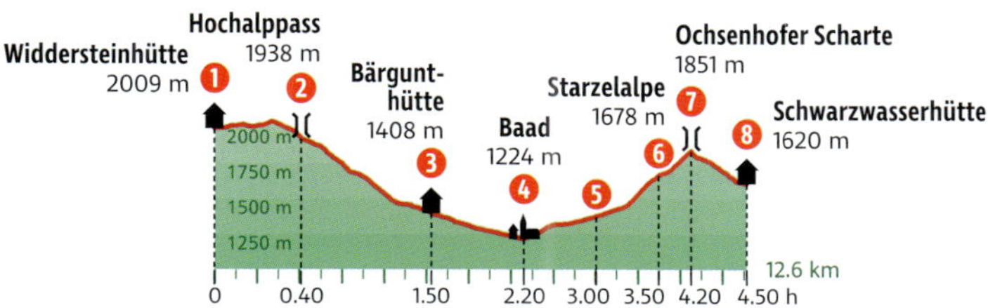

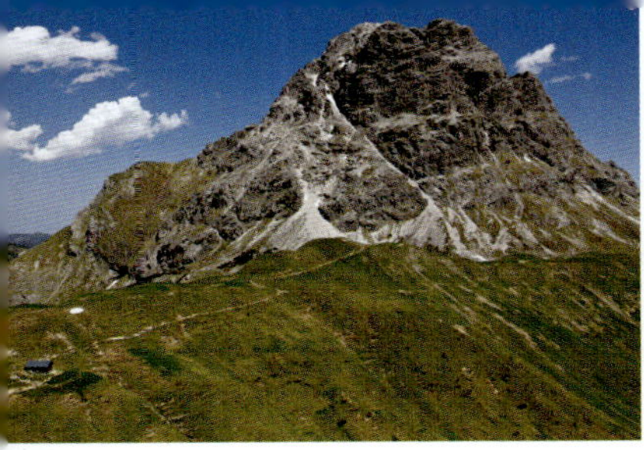

Der Widderstein wird gleich zu Beginn des Tages an seinem Sockel passiert.

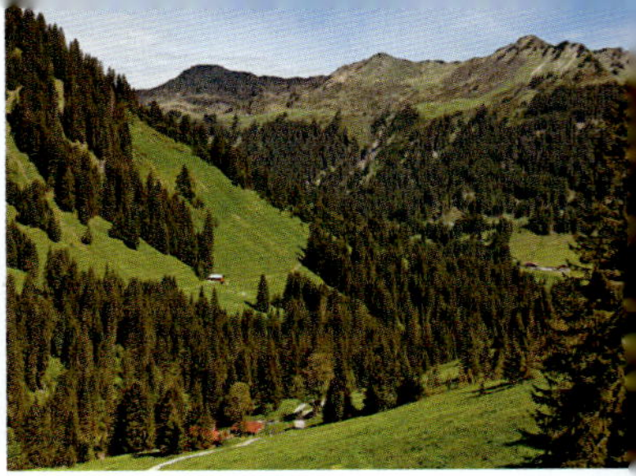

Im unteren Bärgunttal bei Baad wird die Szenerie lieblich.

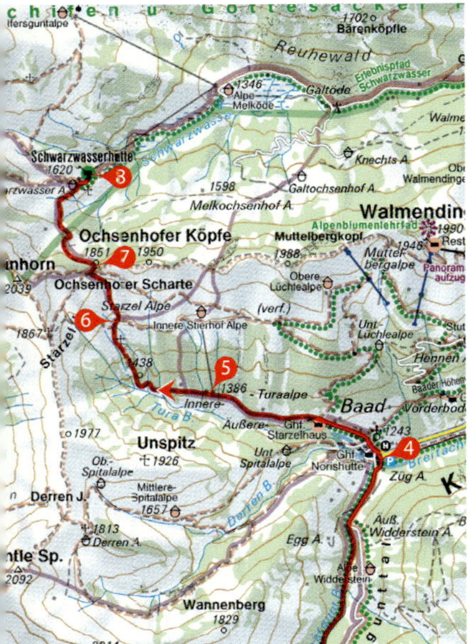

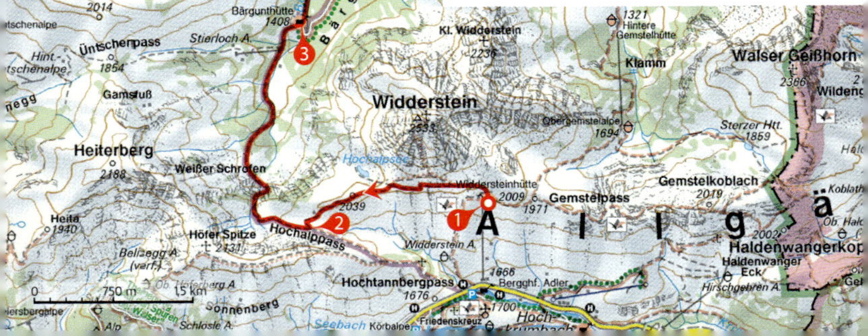

Am Kreisel nach links und nun auf einem kräftig ansteigenden Sträßchen ins Turatal hinein, wobei man sich ein gutes Stück oberhalb der tiefen Sohle bewegt. Wir passieren die Äußere und **Innere Turaalpe** 5, 1386 m, und setzen die Route auf einem Steig fort. Dieser überwindet rechts haltend eine bewaldete, von kleineren Tobeln durchzogene Geländepartie und gewinnt den freien Balkon bei der **Starzelalpe** 6, 1678 m. Durch die Wiesenhangmulde geradeaus weiter hinauf zur **Ochsenhofer Scharte** 7, 1851 m. Auf der Nordseite geht es erdig und bei feuchten Verhältnissen mitunter unerfreulich rutschig durch einen strauchbewachsenen Hang auf die Matten der Schwarzwasseralpe und im Abwärtsbogen bis zur stattlichen **Schwarzwasserhütte** 8, 1620 m.

↗ 780 m | ↘ 1200 m | 12.8 km

6.00 h

Schwarzwasserhütte – Hoher Ifen – Wäldele

38

Über das unverwechselbare Gipfelpult zum Gottesacker

Der Hohe Ifen ist geradezu ein alpines Markenzeichen des Kleinwalsertals und ein wahres Unikum. Als augenfälligstes Element zeigt sich das geneigte, wiesengrüne Pultdach mit der Ifenmauer, die sich ganz um den Berg zieht und auf beiden Gipfelzugängen jeweils die Schlüsselstelle bildet. Von einer Flyschhülle umgeben, fungiert widerstandsfähiger Schrattenkalk als Gipfelbildner. Ebenfalls davon geprägt und untrennbar mit dem Ifen verbunden ist aber auch das steinern-bleiche Gottesackerplateau, das mit seinen typischen Karsterscheinungen besonders herb und melancholisch wirkt. Nach der Gipfelüberschreitung fangen wir hier nochmals außergewöhnliche Impressionen ein, ehe das Kleinwalsertaler Hüttentrekking im Riezler Streuweiler Wäldele seinen Ausklang findet.

Ausgangspunkt: Schwarzwasserhütte, 1620 m.
Endpunkt: Wäldele, Bushaltestelle »Sonnblick«, ca. 1200 m. Von dort mit der Linie 3 nach Riezlern.
Anforderungen: T3–4. Zum Teil recht anspruchsvolles Gelände in abschüssigen Schrofen (zwei gesicherte Passagen), auf mitunter erdigen Pfaden und am rauen Gottesackerplateau über nackte Karrenfelder (hier oft ohne richtige Trasse, aber durchgängig markiert). Neben Trittsicherheit braucht es auch Orientierungsvermögen; bei schlechter Sicht

Das Herz der Allgäuer Alpen aus der Perspektive vom Hohen Ifen.

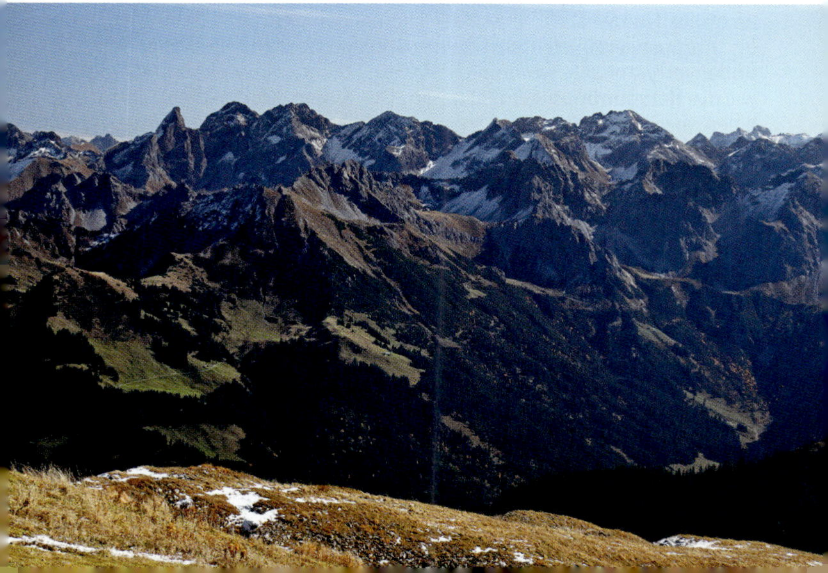

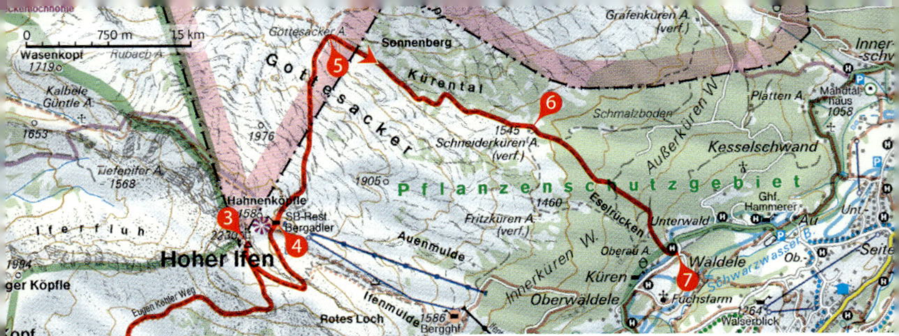

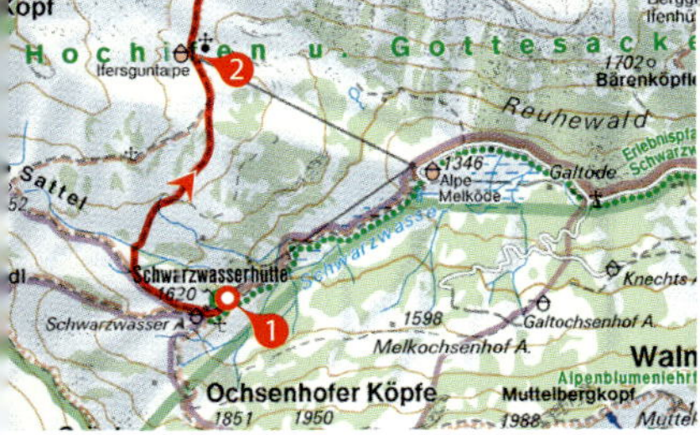

besser zur Ifenhütte absteigen. Volle Tagesetappe.
Einkehr/Unterkunft: Schwarzwasserhütte, bei der Variante zusätzlich Ifenhütte und Auenhütte.
Beste Jahreszeit: Ende Juni bis Mitte Oktober.
Variante: Bei der Gabelung auf der Schattseite des Hohen Ifen rechts haltend in die Ifenmulde hinunter und karauswärts über eine Geländeschwelle in Kehren zur Ifenhütte, 1586 m. Dort haben wir die Wahl zwischen der Seilbahn und dem nach links ausholenden Wirtschaftsweg zur Auenhütte, 1275 m (Großparkplatz und Bushaltestelle). Gehzeit 4.30 Std.

Von der **Schwarzwasserhütte** ❶ geht es über sanfte Bergwiesen zuerst Richtung Nordwesten, hinter der ehemaligen Zollhütte dann mehr nord- bis nordostwärts. Mehrere kleine Gräben kreuzend (was bei feuchten Bodenverhältnissen womöglich lästige Stellen mit sich bringt) steuern wir die **Ifersguntalpe** ❷, 1751 m, an. Der **Eugen-Köhler-Weg** schlägt nun einen markanten Rechtsbogen und zieht aus dem bewachsenen Terrain diagonal in abschüssigere Schutthänge hinein. Unter den Steilschrofen der südlichen Ifenmauer weit nach rechts, wobei in den kräftig ansteigenden Passagen zwischendurch einige Drahtseile und Tritthilfen verbaut sind. Mit einem Linksknick erfolgt der Ausstieg aus dem Riegel auf die begrünte Gipfelabdachung. Hier beschreiten wir die erdige Pfadspur und erreichen zuletzt gemeinsam mit der anderen Route den Gipfel des **Hohen Ifen** ❸, 2230 m.
Im Abstieg verbleibt man bei der Verzweigung links unweit der Abbruchkante und passiert eine auffällige Lücke, bevor die Markierung schließlich selbst scharf links in die nördliche Ifenmauer abdreht. Der Durchstieg gelingt mit Drahtseilhilfe über eingelagerte Bänder und Schrofenstufen. Nach einem Durchschlupf bei einem Felszacken verzweigt sich die Route an einer steilen Halde. Wir ziehen diagonal nach links zur Bergstation ❹, ca. 2020 m, unterhalb des kreuzgeschmückten Hahnenköpfle – das von

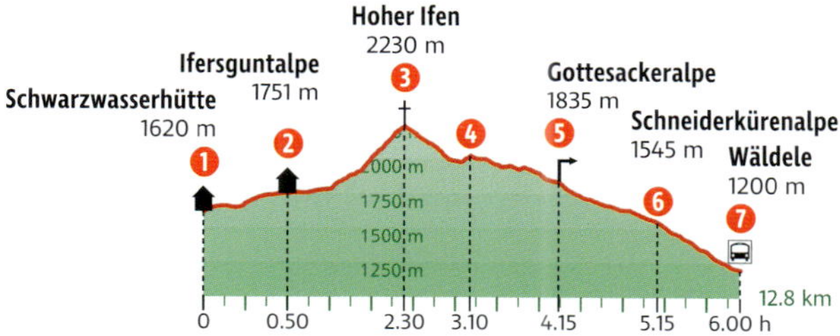

Entdeckungsfreudigen noch mitgenommen werden könnte – und gelangen aus dem obersten Teil der Ifenmulde auf die zerklüfteten Karstflächen des Gottesackers. Die Überschreitung ähnelt einem Slalom-Parcours fast wie auf einem spaltigen Gletscher, wobei gut auf die Markierung zu achten ist, um nicht von der richtigen Linie abzukommen. Gegen Norden säumen zunehmend auch Latschenbuckel den Weg. Insgesamt leicht absteigend erreichen wir die wichtige Kreuzung bei der ehemaligen **Gottesackeralpe** 5, 1835 m, und schlagen hier nach rechts die Route ins Kürental ein. Der gassenartige Geländeeinschnitt bringt uns in typischem, teils üppig sprießendem Bedecktkarst zur Jagdhütte auf der **Schneiderkürenalpe** 6, 1545 m. Hier wurde auch ein prähistorischer Jäger- bzw. Eremitenrastplatz entdeckt. Im weiteren Verlauf tauchen wir in Wald ein, kreuzen eine Forststraße und kommen schließlich im Streuweiler **Wäldele** 7 heraus.

Auf der karstigen Hochfläche des Gottesackers.

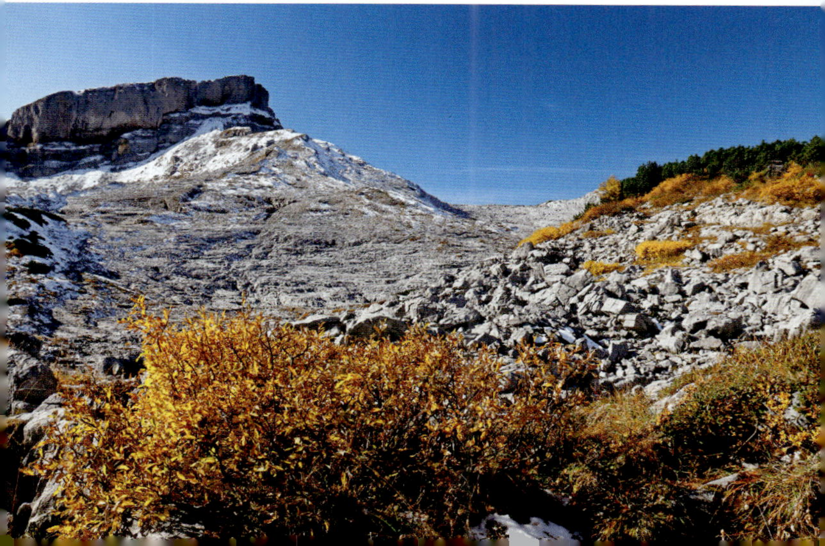

↗ 650 m | ↘ 600 m | 9.8 km

39 Fellhornbahn – Mindelheimer Hütte

4.30 h

Über die Roßgundscharte und den Krumbacher Höhenweg

Der große Bogen um Oberstdorf nimmt vorteilhaft bei der Fellhornbahn seinen Ausgang. Wir verabschieden uns aber bald aus dem belebten Seilbahngebiet und wählen mit der Roßgundscharte sogar einen relativ wenig frequentierten Übergang. Die Mindelheimer Hütte als Tagesziel ist nicht nur in die Kleinwalsertaler Runde integriert, sondern auch in die Oberstdorfer, und wird folglich wieder über den aussichtsreichen Krumbacher Höhenweg angesteuert.

Ausgangspunkt: Bergstation der Fellhornbahn, 1967 m, erreichbar von Faistenoy im Stillachtal, 920 m, wo sich das Ende der öffentlichen Straße befindet (Busverkehr von Oberstdorf). Betriebszeiten zwischen Mitte Mai und Anfang November täglich von 8.30 bis 16.45 Uhr.
Endpunkt: Mindelheimer Hütte, 2013 m.
Anforderungen: T2–3. Ordentliche Bergwege, mitunter etwas steinig (besonders im Bereich der Roßgundscharte), aber ohne wirklich problematische Stellen, daher mit elementarer Trittsicherheit gut beherrschbar. Auch konditionell gut verträgliches Tagespensum.
Einkehr/Unterkunft: Fellhorn Gipfelrestaurant, Mindelheimer Hütte (Reservierung: mindelheimer-huette.de).
Beste Jahreszeit: Mitte Juni bis Mitte Oktober.

Der Hammerwandzug flankiert unseren Höhenweg im ersten Teil.

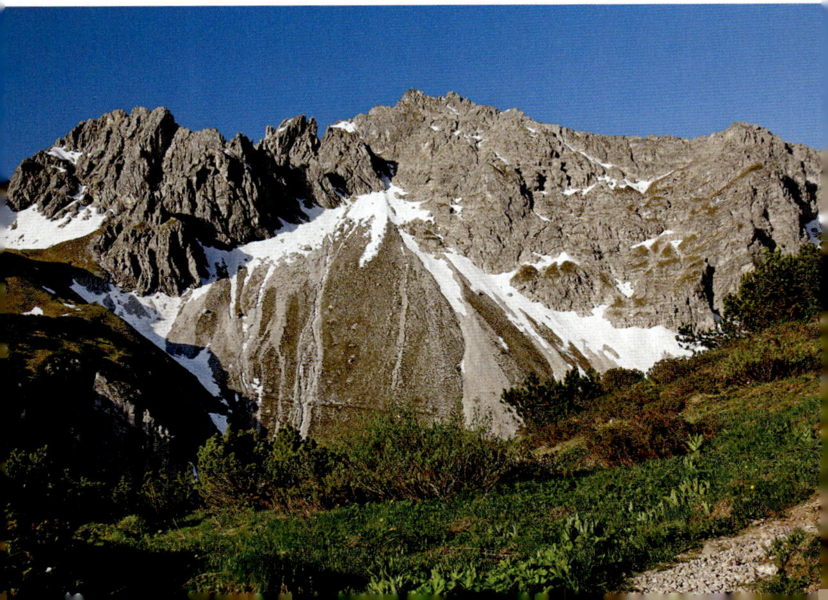

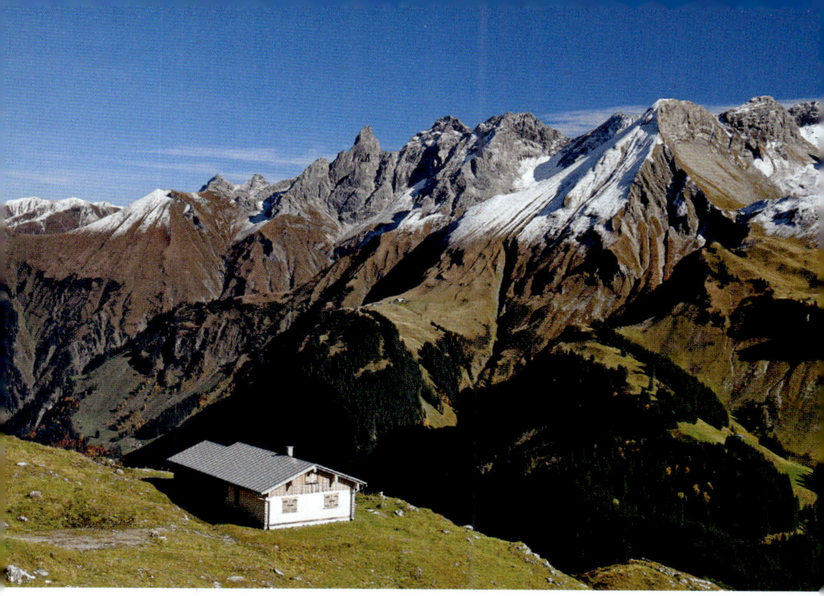

Herrliche Balkonlage: die Obere Angererhütte vor der Gipfelriege des Allgäuer Hauptkamms.

Variante: Anstatt die Roßgundscharte zu überschreiten, kann man am ersten Tag auch die Fiderepasshütte ansteuern (ab Kühgundalpe über Weg Nr. 446 im Warmatsgund), um nach allfälliger Übernachtung über die Fiderescharte auf den Krumbacher Höhenweg zu gelangen (siehe Tour 34/35).

Mit der **Fellhornbahn** werden zu Beginn mehr als 1000 Höhenmeter konditionsschonend bewältigt. Von der Bergstation ❶ orientiert man sich – sofern vorab nicht noch kurz der Gipfel bestiegen werden soll – auf breitem Wanderweg gen Süden hinab. Im **Gundsattel** ❷, 1808 m, vom Kamm in die ostseitige Hangmulde abrückend und mit Nr. 446 quer durch die mit Latschen und Strauchwerk bewachsene Flanke der Kanzelwand. Man geht einen seichten Kessel aus (hier mitunter schrofiges Gelände) und kommt mit geringfügiger Gegensteigung zur **Kühgundalpe** ❸, 1744 m, in deren Bereich sich mehrere Wege verzweigen. Jener zur Roßgundscharte (Nr. 443) trennt sich erst kurz hinter der Alp von der Route zum Fiderepass. Nun per

Die Roßgundscharte wird vergleichsweise selten als Übergang gewählt.

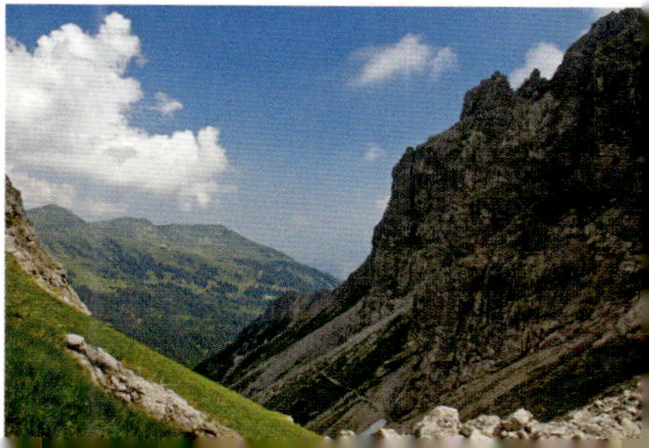

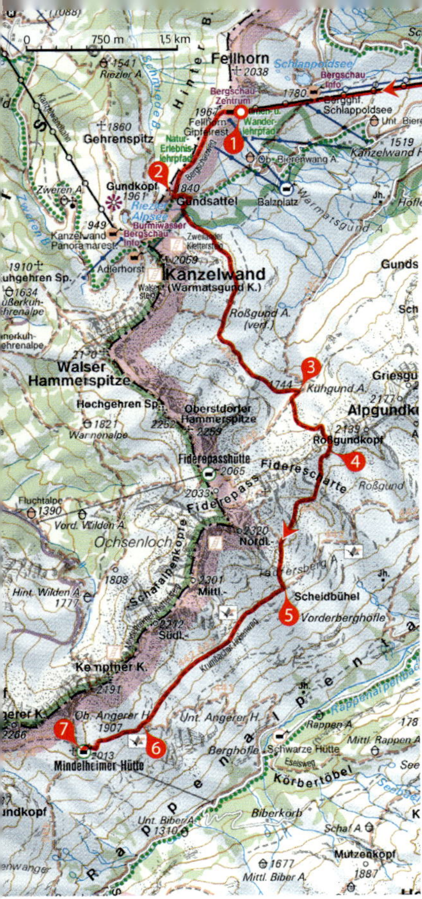

Linksbogen in ein Kar hinauf und mit etlichen Windungen Richtung **Roßgundscharte** ❹, 2005 m, wobei sich der eigentliche Übergang noch etwas höher zur Rechten, bei einem markant abgesetzten Felsgipfel, befindet.

Wir büßen in der jenseitigen Karbucht wieder an Höhe ein und gelangen über die sogenannten Saubuckel zur Vereinigung mit der Variante über die Fiderescharte. Weiter unten erfolgt die Einmündung ❺, 1878 m, in Weg Nr. 442, welcher von Birgsau über den Guggersee zur Taufersbergalpe heraufkommt und nun weithin die sonnseitigen Flanken der drei Schafalpenköpfe schneidet: eine herrliche Panoramastrecke! Mit geringen Höhenunterschieden wandern wir hinüber zur **Oberen Angererhütte** ❻, 1907 m, und bewältigen bis zum Tagesziel bei der **Mindelheimer Hütte** ❼, 2013 m, noch eine letzte Gegensteigung.

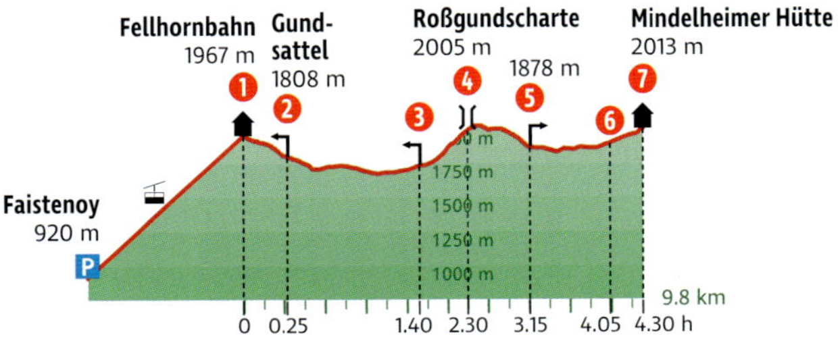

↗ 760 m | ↘ 680 m | 9.6 km

4.30 h

Mindelheimer Hütte – Rappenseehütte 40

Die Mattenbalkone über dem Rappenalpental

Nur gut vier Kilometer Luftlinie trennen die beiden Eckpunkte dieser Etappe, aber die tatsächliche Verbindung wird doch merklich länger. Vom Walserkamm der Allgäuer Alpen wechseln wir hinüber an den Hauptkamm, wo uns mit der Rappenseehütte ein Schutzhaus mit besonderem Attribut empfängt: Keine andere Bergunterkunft alpenweit bietet mehr Schlafplätze. Der Übergang dorthin bringt uns die »grüne« Seite der Allgäuer Bergwelt nahe, ehe wir anderntags am Heilbronner Weg ins schroffe Felsgelände eintauchen werden. Die markanteste, nicht selten auch heikelste Passage liegt heute im Mutzentobel.

Ausgangspunkt: Mindelheimer Hütte, 2013 m.
Endpunkt: Rappenseehütte, 2091 m.
Anforderungen: Maximal T3. Mittelschwerer Höhenweg mit einigen Sicherungsseilen unterhalb des Schrofenpasses und im Mutzentobel. Dort liegt bis in den Sommer hinein ein Lawinenschneefeld. Bei Nässe können vermehrt heikle Passagen auftreten, ansonsten für elementar Trittsichere gut beherrschbar. Relativ moderate Tagesetappe.
Einkehr/Unterkunft: Mindelheimer Hütte, Rappenseehütte (Reservierung: rappenseehuette.de).
Beste Jahreszeit: Mitte/Ende Juni bis Anfang Oktober.
Variante: Theoretisch auch über Schwarze Hütte und Eselsweg möglich, aber unüblich und mit 4 Std. kaum viel kürzer.

Ab **Mindelheimer Hütte** ❶ werden zu Beginn leider erst einmal rund 500 Höhenmeter bis in den Grund des Rappenalpentals eingebüßt. Unser Weg (Nr. 445) vollzieht insgesamt einen Schrägkurs durch ziemlich vegetationsreiches Gelände, kreuzt zwischendurch einen Tobel und nähert sich schließlich dem **Haldenwanger Bach** ❷, 1522 m. Am Gegenhang schlagen wir nach links die Route zum Schrofenpass ein. Über Steilabbrüchen ist sie mit Seilen abgesichert. Der weitläufige

Typische Wiesenlandschaft beim Salzbüheljoch.

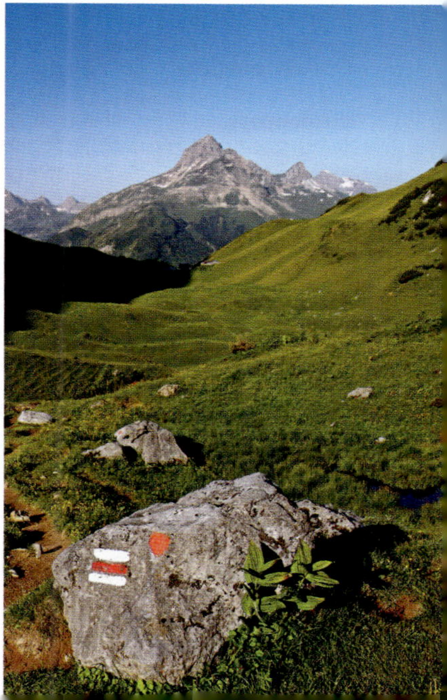

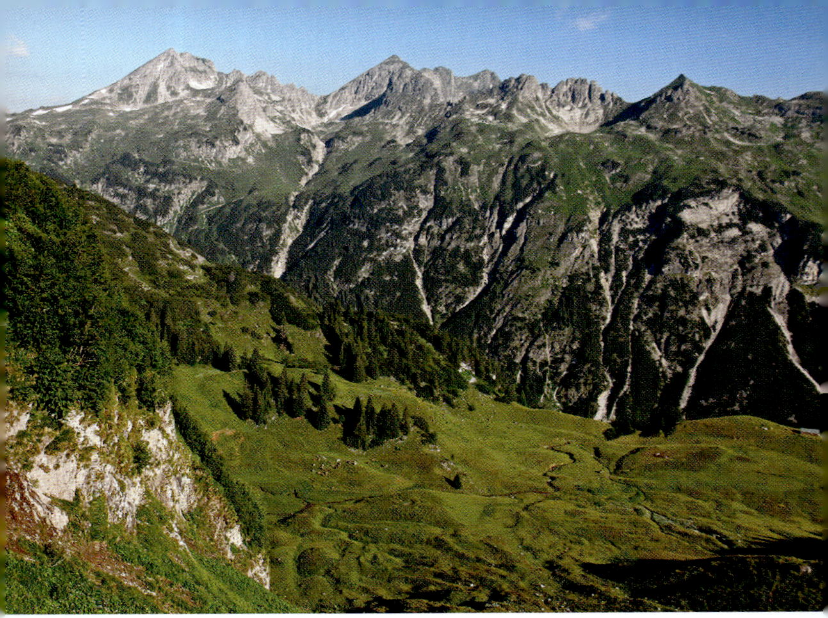

Blick über die Mittlere Biberalpe auf die Skyline von Geißhorn, Liechelkopf, Angererkopf und Kemptner Köpfle.

Schrofenpass, 1687 m, wird anschließend nur tangiert – wir bleiben auf bayerischer Seite und vollführen einen leicht ansteigenden Bogen um den Grüner herum in die Senke beim **Salzbüheljoch** ❸, 1781 m, mit seinem flachgründigen See. Über harmlose Matten am Balkon der Schloßwand sowie am Boden der Oberen Biberalpe noch etwas aufwärts, ehe der Einstieg in den wilden **Mutzentobel** erfolgt. Dieser bildet das größte Hindernis der Etappe. Auf erdigem, ordentlich gesichertem Steig in die je nach Jahreszeit mit Lawinenschnee gefüllte Rinne hinab ❹ und gegenüber ein Stück weit links hinaus, bis der endgültige Ausstieg auf die Hanglagen der Schafalpe möglich wird. Wir setzen die Traverse in dem Wiesengelände über einige

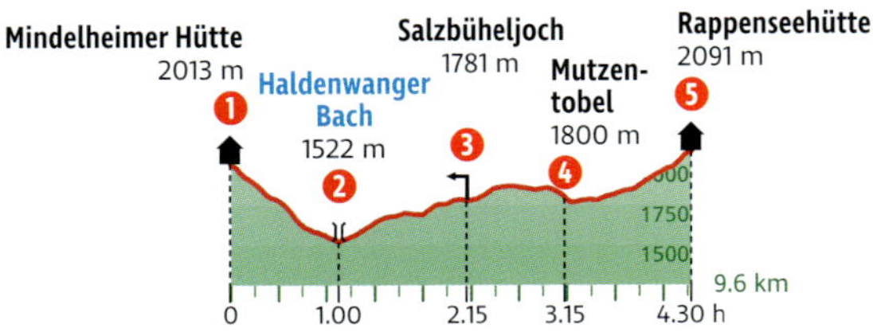

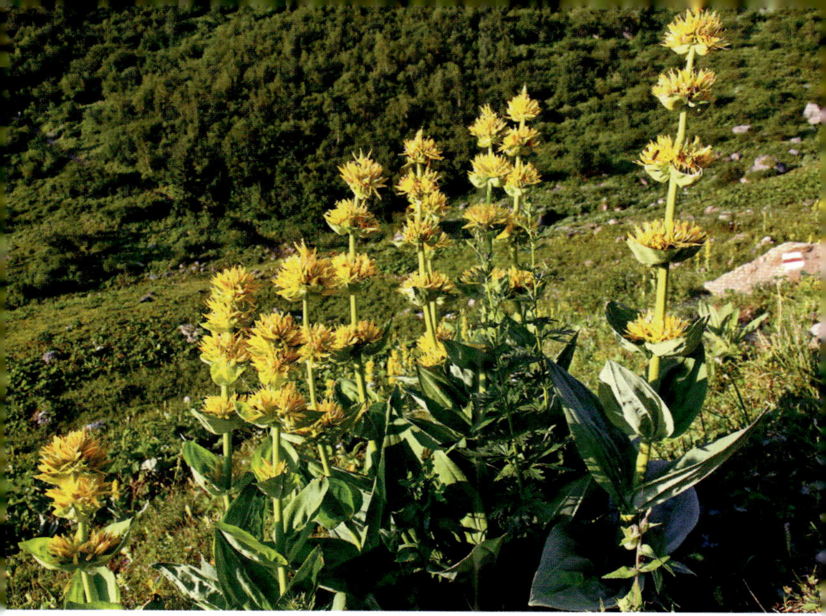

Prächtige Stauden des Gelben Enzian.

kleine Runsen fort, ehe wir nahe der Oberen Rappenalpe (Seehütte) zuerst auf den sogenannten Eselsweg aus dem Rappenalpental und kurz darauf auf den komfortabler ausgebauten Hüttenzugang von Einödsbach treffen. Mit den letzten Kehren hinauf zur Karschwelle am Seebichel, hinter der die **Rappenseehütte** 5 vor uns auftaucht.

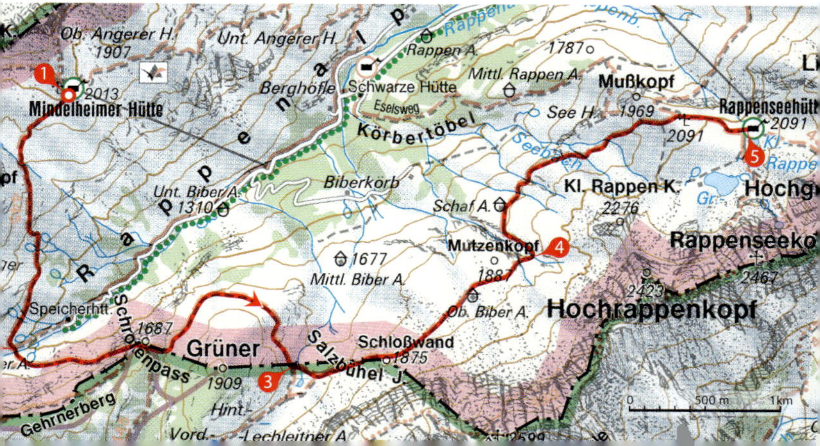

TOP 41

↗ 800 m | ↘ 1050 m | 9.8 km

Rappenseehütte – Heilbronner Weg – Kemptner Hütte

5.30 h

Der berühmteste Höhenweg der Allgäuer Alpen

Dem Heilbronner Weg eilt ein geradezu legendärer Ruf voraus. Auf dieser bereits um 1899 ausgebauten und gesicherten Route sind wir im höchsten Bereich der Allgäuer Alpen unterwegs, genießen vielseitige Nahimpressionen sowie eine stets großartige Fernschau und haben auch jede Menge Kraxelspaß, sofern wir uns in felsigem Gelände zu Hause fühlen. Auch wenn sich in Zeiten extremer Sportklettersteige die Maßstäbe scheinbar verschoben haben mögen: Für reine Bergwanderer ist und bleibt der Heilbronner Weg eine Herausforderung! Und die Selbstsicherung, die viele hier anlegen, ist für weniger Erfahrene durchaus kein Luxus. Wichtig sind zudem stabiles Wetter und gute Verhältnisse. Zu Sommerbeginn ist die Route wegen Altschneefeldern oft noch tückisch. Wer es allerdings optimal erwischt, erlebt eine traumhafte Route am Allgäuer Hauptkamm und kann das Gipfelprogramm von zwei obligatorischen Zielen (Steinschartenkopf und Bockkarkopf) mit dem Hohen Licht und der Mädelegabel sogar auf vier erhöhen! Einsam wird es an solchen Traumtagen aber wohl kaum zugehen …

Berühmt ist die Leiter zum Steinschartenkopf …

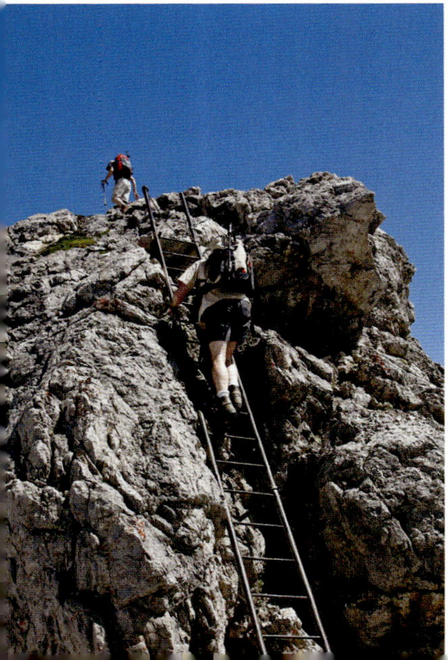

Ausgangspunkt: Rappenseehütte, 2091 m.
Endpunkt: Kemptner Hütte, 1844 m.
Anforderungen: T4. Hochalpiner Höhenweg mit Klettersteigcharakter, in dieser Kategorie jedoch nur Grad A (Sicherungsausrüstung nach persönlichem Ermessen). Im felsigen und teils ausgesetzten Gelände sind Trittsicherheit und Schwindelfreiheit unabdingbare Voraussetzungen. Gefährlich können abschüssige Schneefelder werden – falls hart gefroren, Steigeisen oder Grödel verwenden! Normales Tagespensum, mit Zusatzgipfeln für Konditionsstarke.
Einkehr/Unterkunft: Rappenseehütte, Kemptner Hütte (Reservierung: kemptner-huette.de).
Beste Jahreszeit: Anfang Juli bis Ende September.
Variante: Beliebte Gipfelabstecher am Heilbronner Weg sind einerseits das Hohe Licht, 2651 m, zu dem schon vor der Kleinen Steinscharte ein Stichweg führt, sowie die Mädelegabel, 2645 m, die hinter dem Schwarzmilzferner über ihren

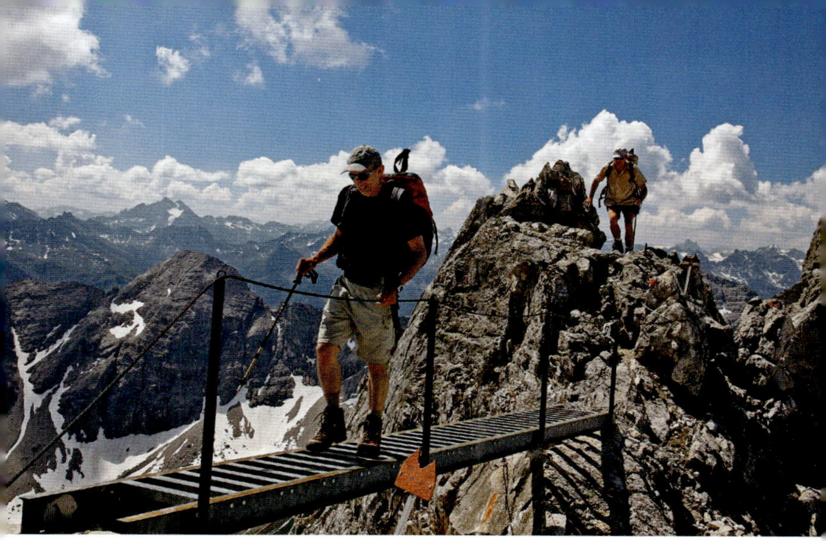

… gleich danach überbrückt man am Gipfel eine tiefe Kluft.

stumpfen, aber recht steilen Ostgrat erreicht werden kann. An beiden Gipfeln Stellen I (T4) und hin und zurück jeweils rund 50 Min. zusätzlich.

Von der **Rappenseehütte** ❶ geht es auf Route Nr. 439 mit reizvollem Rückblick zum Rappensee gegen die **Große Steinscharte**, 2262 m, hinan. Durch den Einschnitt betritt man das steinige obere Wieslekar, wo man sich leicht rechts haltend den Felsbereichen am Hohen Licht nähert. Im Zickzack über Schutt zu den ersten plattigen Felsen und von einem Band gesichert auf ein höheres Band. An dieser Stelle zweigt der markierte Abstecher zum Hohen Licht ab ❷. Speziell im Frühsommer lauern oft noch kritische Schneefelder im abschüssigen Gelände – man hüte sich vor leichtfertiger Begehung und lasse auch erhöhte Vorsicht walten, falls diese schon ausgeschaufelt worden sind! Wir schlüpfen als Nächstes durch den engen Spalt des Heilbronner Törls und gewinnen nach Querung einer Nische die **Kleine**

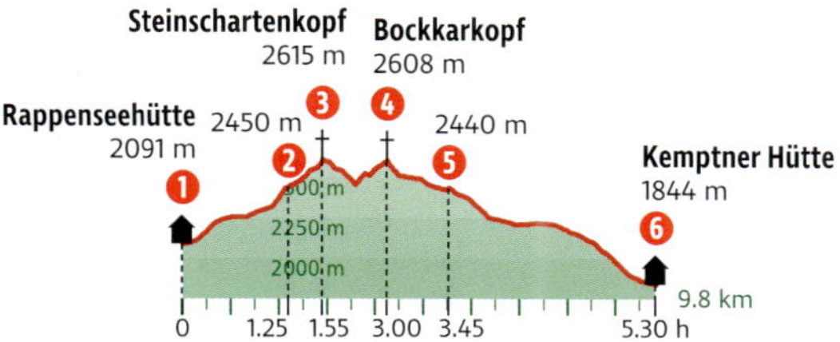

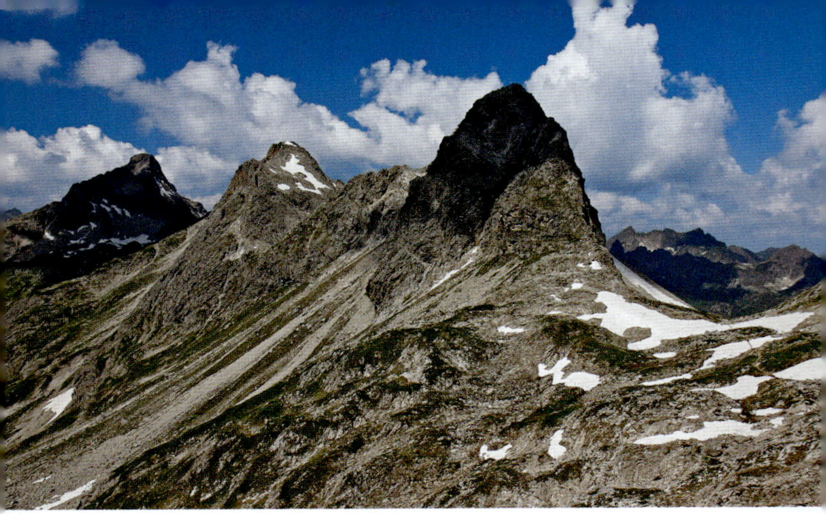

Der Hochgundkopf flankiert die Schwelle der Großen Steinscharte.

Steinscharte, 2541 m. Rechts vom Grat führt ein Quergang mit anschließender Spitzkehre zur berühmten Leiter auf den **Steinschartenkopf** ❸, 2615 m. Eine tiefe Kluft am Gipfel wird mittels liegender Leiter überbrückt. Im splittrigen Felsterrain kommen wir weiter Richtung Norden voran, passieren den Wilden Mann knapp rechts und steigen ziemlich steil in die **Socktalscharte**, 2446 m, hinunter. Hier besteht eine erste Ausstiegsmöglichkeit zum Waltenberger Haus. Indessen packt man den Gegenanstieg zum **Bockkarkopf** ❹, 2608 m, an, wobei im Wesentlichen der Grat verfolgt wird, etwas anspruchsvoller zwischendurch in einer kurzen schattseitigen Rinne bergab. Der jenseitige Abstieg leitet im Zickzack zu einer Gratlücke und – nach Querung eines sperrenden Kopfes – in die **Bockkarscharte**, 2504 m, zum zweiten Notausstieg Richtung Waltenberger Haus. Hier endet der klettersteigähnliche Teil des Heilbronner Weges, obgleich die Namensgebung auch für die leichtere Fortsetzung bis zur Kemptner Hütte üblich ist.

Rechts haltend gelangen wir zu einem beliebten Rastplatz (P. 2499) oberhalb des Schwarzmilzferners, welcher anschließend traversiert wird. Das ständige Firnfeld ist aufgrund geringer Neigung und nach tageszeitlicher Erwärmung in der Regel harmlos zu begehen. Die Stapfspur bringt uns nahe P. 2476

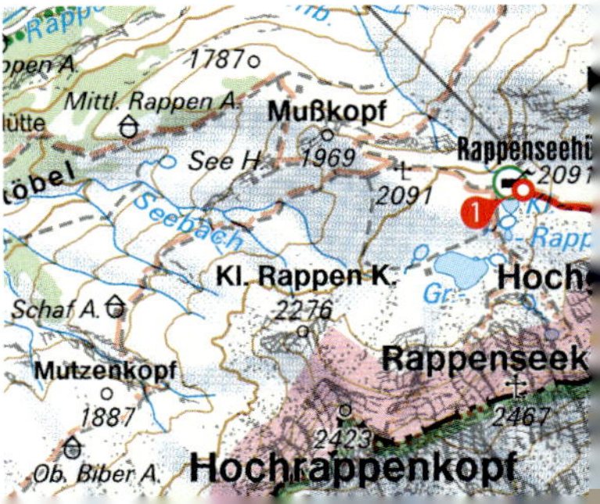

in der AV-Karte 5 an den Sockel der Mädelegabel, die von unermüdlichen Gipfelstürmern ebenfalls gern mitgenommen wird. Im weiteren Verlauf wechseln weitläufige Abwärtsstrecken und Querungen. Über die auffallend dunklen Böden der Schwarzen Milz kommen wir bis unter den zerklüfteten Kratzer voran, passieren das »kariöse« Gebiss aus gebietstypischem Hauptdolomit auf der Südseite und schlagen über P. 2190 den Bogen Richtung Mädelejoch. Im Abstieg über schrofig-felsdurchsetztes Terrain treffen wir auf den ebenfalls viel begangenen E5 (lokale Nr. 438) und haben schlussendlich nur noch den Auslauf über den Wiesenhang zur **Kemptner Hütte** 6 vor uns.

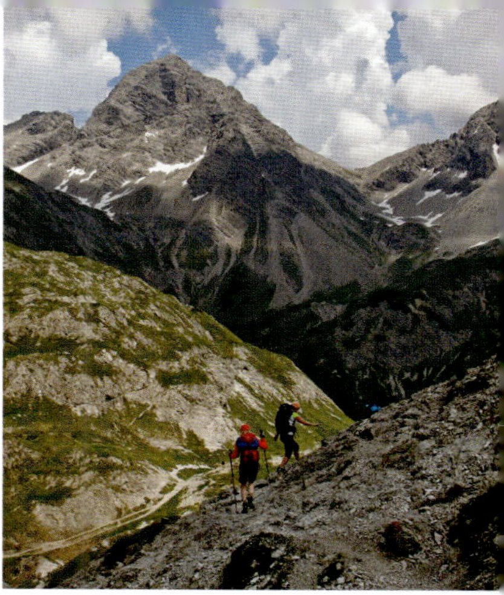

Kurz vor dem Mädelejoch im Angesicht des Großen Krottenkopfs – das Ende der Etappe naht …

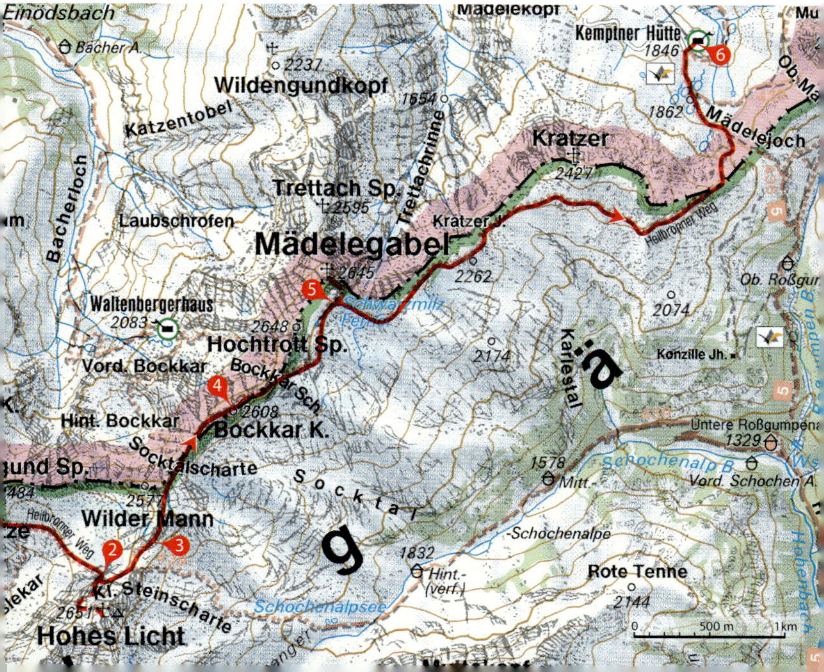

↗ 1580 m | ↘ 1500 m | 21.6 km

42 Kemptner Hütte – Nebelhornbahn

9.15 h

Verwinkelter Wandermarathon über Kreuzeck, Rauheck und Laufbacher Eck

Vor diesem Übergang ins Nebelhorngebiet haben Wanderer mitunter mehr Respekt als vor dem anspruchsvollen Heilbronner Weg. Mag die Route auch frei von alpintechnischen Schwierigkeiten sein, so lässt die angegebene Gehzeit doch aufhorchen: ein respektabler Tagesmarsch! Und zwischendurch steht keine Einkehrstation zum Auftanken zur Verfügung ... Doch welch Labsal für die Augen! Nachdem die zerklüfteten Krottenspitzen umkurvt sind, haben wir über Kreuzeck und Rauheck eine der schönsten Panoramastrecken weit und breit vor uns. Zahlreiche Details fügen sich wie ein gemächlich ablaufender Film aneinander. Interessant auch, wie sich das ständige Kulissenbild der Höfats perspektivisch sukzessive verändert. Sie gehört zu den profilierten Steilgrasbergen im Allgäu, ebenso wie der elegante Schneck, der sich uns später in den Weg stellt. Während wir einen großen Bogen via Himmelecksattel und Laufbacher Eck schlagen, offenbaren sich von verschiedenen Seiten aufschlussreiche Einsichten in Formgebung und Geologie der Allgäuer Alpen. Dass in derartig extremen Steilflanken noch Gras wachsen kann, erscheint wie ein geobotanisches Wunder! Und auch der zweistündige Laufbachereckweg hinüber zum Edmund-Probst-Haus am Nebelhorn gehört absolut in die Kategorie »Panoramaweg«. Kein Zweifel, auf dieser Etappe werden landschaftlich wirklich alle Register gezogen!

Immer wieder ein Blickfang: die formgewaltige Höfats.

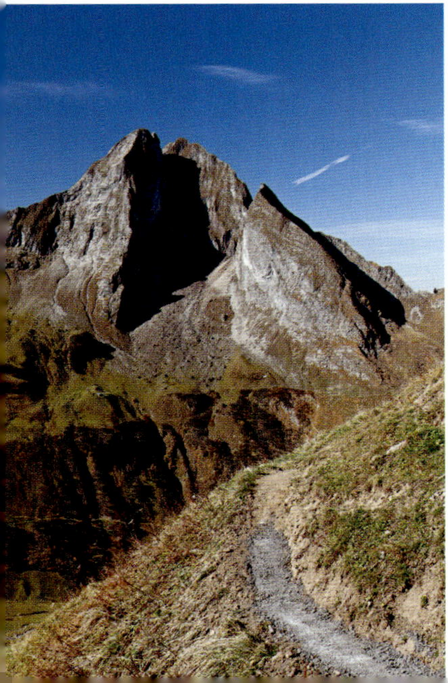

Ausgangspunkt: Kemptner Hütte, 1844 m.
Endpunkt: Station Höfatsblick der Nebelhornbahn, 1929 m, mit der man hinunter nach Oberstdorf schwebt. Die letzte Bahn fährt hier um 16.50 Uhr. Nebenan steht das Edmund-Probst-Haus mit Übernachtungsmöglichkeit.
Anforderungen: T3. Im Allgemeinen gut ausgebaute Bergwanderwege. Mit moderater Ausgesetztheit sollte man ver-

traut sein (daher elementare Trittsicherheit), die meiste Zeit aber keine sonderliche Absturzgefahr. Bei Nässe können manche Abschnitte unangenehm erdig werden, bei Schneefeldern heikel. Die Hauptanforderung ist angesichts der enormen Länge konditioneller Natur!
Einkehr/Unterkunft: Kemptner Hütte, Edmund-Probst-Haus (Tel. +49 8322 4795), Bergrestaurant Höfatsblick.
Beste Jahreszeit: Ende Juni bis Anfang Oktober.
Varianten: Vorzeitige Abstiegsmöglichkeiten bestehen am Kreuzeck über den Bettlerrücken zur Traufbergalpe und nach Spielmannsau, später vom Seichereck bzw. nochmals vom Wildenfeldhüttchen ins Oytal und Richtung Oberstdorf hinaus.

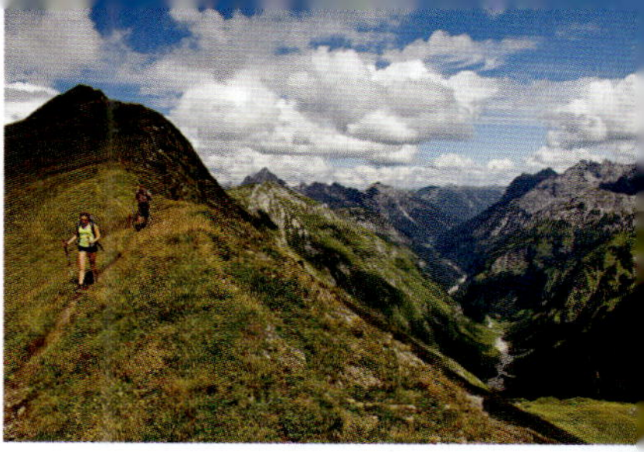

Ab Marchsattel steht eine längere Kammstrecke über Kreuzeck und Rauheck bevor.

Von der **Kemptner Hütte** ❶ zieht unser Höhenweg zunächst in weitem Linksbogen durch den Wiesenkessel, lässt die beiden Mädelejöcher jeweils rechts liegen und schlängelt sich durch die Flanken der Krottenspitzen diagonal zum **Fürschießersattel** ❷, 2208 m, hinauf. An diesem Eck tritt erstmals die formschöne Höfats so richtig ins Blickfeld. Wir queren mit leichtem Zwischenabstieg die Schuttfelder im Märzle und kommen am **March-**

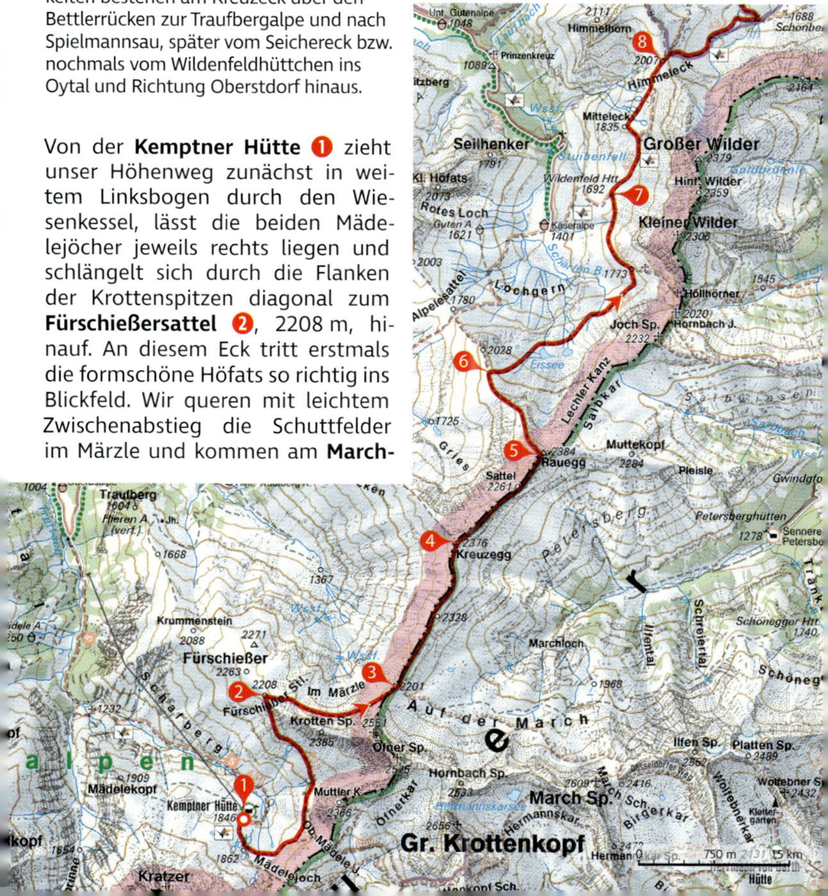

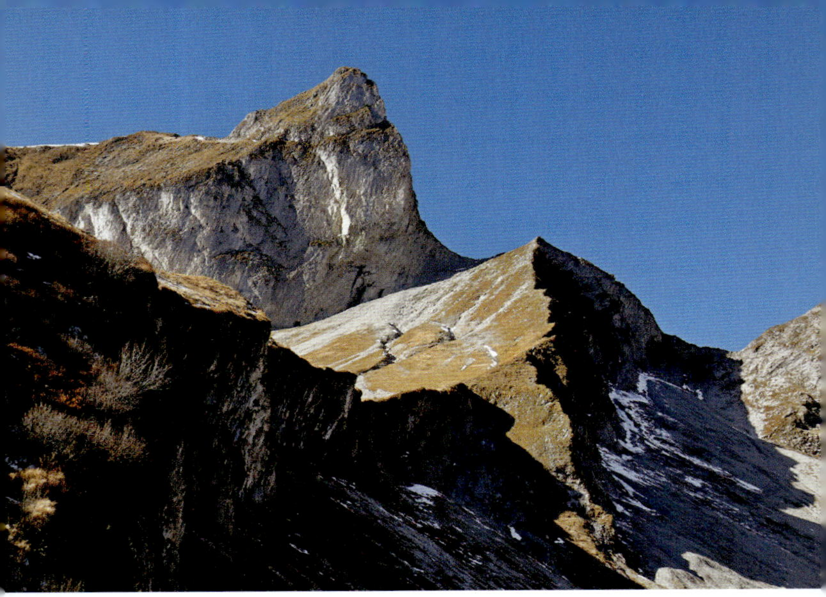

Die Schneck-Ostwand gilt als steilstes Gemäuer der Allgäuer Alpen.

sattel ❸, 2201 m, auf den Grenzkamm, der nun eine wunderbare Gratwanderung über **Kreuzeck** ❹, 2376 m, und **Rauheck** ❺, 2384 m, bereithält: ein Gefühl wie auf einem Dachfirst. Steile Graspleisen schießen beiderseits zu Tal, doch die ebenfalls begrünte Kammlinie wirft im leichten Auf und Ab keine besonderen Hindernisse auf.
Vom Rauheck führt die Route etwas steiler am Nordwestgrat hinab, bis am sogenannten **Seichereck** ❻, 2044 m, nach rechts Richtung **Eisseen**, 1827 m, abgerückt wird. Man überschreitet jetzt einen Geländebalkon oberhalb

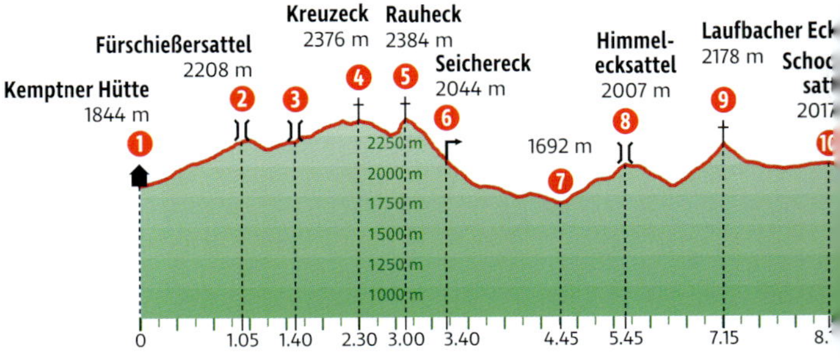

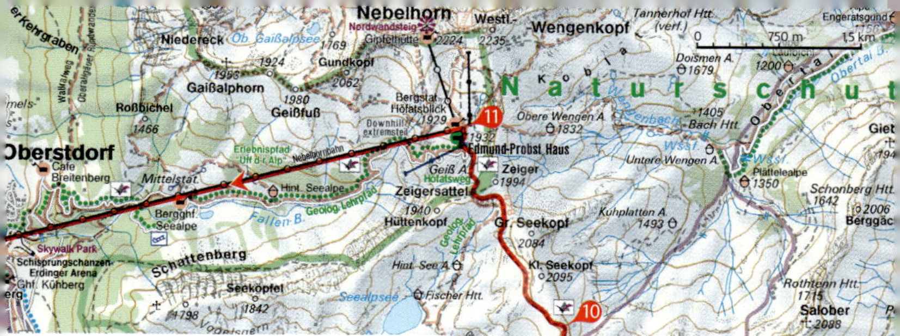

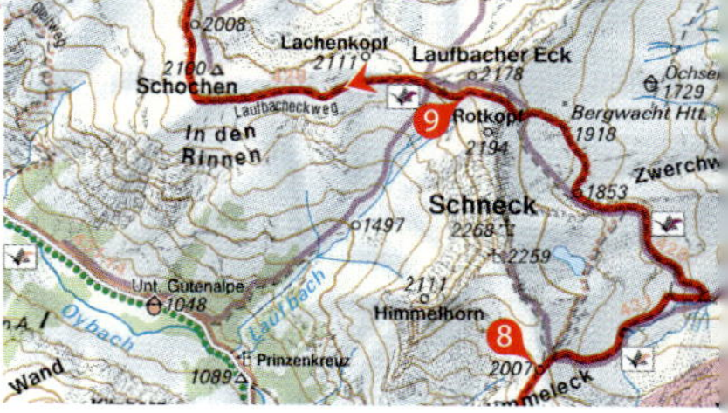

des inneren Oytals, geht die blockdurchsetzte Hangbucht unterhalb des Hornbachjochs aus und erreicht bei der **Wildenfeldhütte** ❼, 1692 m, den tiefsten Zwischenpunkt der Etappe. Eine einstündige Gegensteigung bringt uns auf gut saniertem Weg durchs Wildenfeld zum Absatz am Mitteleck und weiter bis in den **Himmelecksattel** ❽, 2007 m. Gleich dahinter trennen sich die Routen zum Edmund-Probst-Haus und zum Prinz-Luitpold-Haus.

Wir bleiben links am Hang und verlieren in steindurchsetztem Mattengelände bald wieder an Höhe. Man muss nämlich an der vom Schneck abstreichenden **Zwerchwand**, ca. 1840 m, vorbei, ehe der nächste Gegenanstieg Richtung Laufbacher Eck erfolgen kann. Der solide angelegte Steig führt dicht am Rotkopf vorbei und gewinnt im Zickzack den Gratüberstieg. Hier sollten wir die wenigen zusätzlichen Meter zum Gipfelpunkt am **Laufbacher Eck** ❾, 2178 m, nicht versäumen! Anschließend auf der Westseite in Kehren bergab zum Sattel P. 1999 und auf hoher Linie quer durch die Südhänge von Lachenkopf und Schochen (vereinzelt Drahtseile an ausgesetzten Stellen wie einem Felsband). Um das Eck am Schochen dreht die Route mehr in Nordrichtung ein, tangiert den **Schochensattel** ❿, 2017 m, und schneidet nun auch die Flanken von Kleinem und Großem Seekopf. Gegen Ende überschreiten wir den Zeigersattel und absolvieren den letzten kleinen Anstieg zum **Edmund-Probst-Haus**, 1927 m, unmittelbar neben der **Nebelhornbahn** ⓫. Und falls die letzte Gondel bereits im Tal ist, wird kein Drama daraus: Die Hütte offeriert eine ruhige, abendliche Atmosphäre außerhalb des täglichen Trubels im Nebelhorngebiet, so wie sie vielleicht die wenigsten kennen …

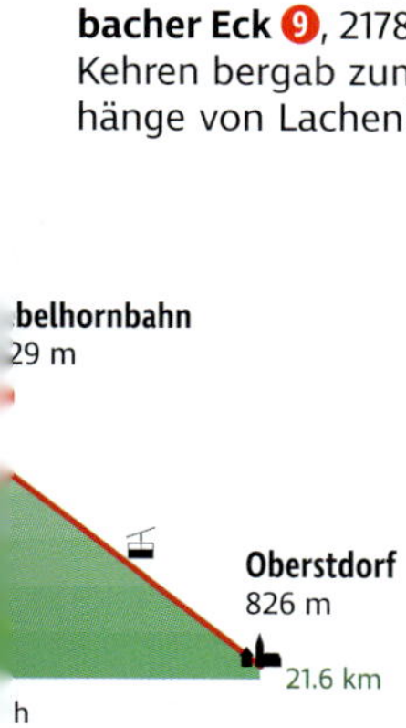

STICHWORTVERZEICHNIS

Umschlagbild: Panoramawandern auf der Walser Hammerspitze.

Bild im Innentitel: Am Kuhgehrensattel bewundern wir gegenüber das Profil des Hohen Ifen und die angrenzenden Flyschberge.

Bild auf den Seiten 38 / 39: Die schroffen Gipfel am Allgäuer Hauptkamm sind vom ersten Herbstschnee angezuckert.

Alle 161 Fotos vom Autor.

Kartografie:
42 Wanderkärtchen im Maßstab 1:50.000 / 1:75.000
sowie 2 Übersichtskärtchen im Maßstab 1:150.000 und 1:300.000
© Freytag & Berndt, Wien

Werk-Nr.: 4559

Die Ausarbeitung aller in diesem Führer beschriebenen Wanderungen erfolgte nach bestem Wissen und Gewissen des Autors. Die Benützung dieses Führers geschieht auf eigenes Risiko. Soweit gesetzlich zulässig, wird eine Haftung für etwaige Unfälle und Schäden jeder Art aus keinem Rechtsgrund übernommen.

6., aktualisierte Auflage 2024

ISBN 978-3-7633-4799-5

Wir freuen uns über jeden Korrekturhinweis zu diesem Wanderführer!
Bitte per E-Mail an: leserzuschrift@rother.de

ROTHER BERGVERLAG · Keltenring 17 · D-82041 Oberhaching
Tel. +49 89 608669-0 · rother.de